Marilyn Yalom

DIE UNSCHULD
DER OPFER

KINDHEIT
IM ZWEITEN WELTKRIEG

Vorwort von Meg Waite Clayton

Nachwort von Ben Yalom

Aus dem Englischen von
Cornelia Holfelder-von der Tann

btb

INHALT

VORWORT

Marilyn Yalom war eine Gemeinschaftsstifterin, jemand, die Menschen zusammenbrachte, eine Unterstützerin anderer und eine Autorin, die über jene Art von Freundschaft und Liebe schrieb, die sie selbst in ihrem unermesslich großzügigen Herzen trug. Darüber hinaus war sie eine besonders gute und aufmerksame Zuhörerin, war unermüdlich darin, sich für andere einzusetzen, und hatte einen großartigen Sinn für Humor. All dies kommt in ihrem neuen Buch zum Ausdruck – ein Buch, das für Leserinnen und Leser, die sie nicht persönlich kennen, sondern nur aus ihren Texten, überraschend sein mag. Genau genommen war es im ersten Moment auch für mich eine Überraschung.

Marilyn war eine frühe Feministin, und das von ganzem Herzen. Sie war eine der Gründerinnen und später Direktorin des heutigen Clayman Institute for Gender Research an der Stanford University. »Eine echte vor Ort arbeitende Gründerin« nennt sie die Historikern Edith Gelles und für Rhodes, die nachfolgende Direktorin, ist sie »ein echtes Vorbild«. Als Leiterin des Instituts unterstützte Marilyn Frauen allgemein und auch ganz individuell, indem sie Gastdozentinnen einlud und Konferenzen und Programme organisierte, um den Stimmen von Frauen Gehör zu verschaffen und deren Position zu stärken.

Als Bewunderin der von Frauen geprägten französischen Salonkultur vergangener Jahrhunderte war Marilyn, gemeinsam mit der Dichterin Diane Middlebrook, Gastgeberin eines Salons für Frauen in der San Francisco Bay Area: Journalistinnen, Schriftstellerinnen, Lyrikerinnen, Sachbuchautorinnen und Wissenschaftlerinnen aus allen Fachgebieten. Männer wurden nur einmal im Jahr eingeladen. Ich werde den Schrecken wohl nicht vergessen, den ich verspürte, als ich während einer Lyriklesung bei dem ersten Salon, zu dem Marilyn mich einlud, unter all diesen beeindruckenden Intellektuellen in Tränen ausbrach. Aber ich wurde wieder eingeladen, und ich glaube, danach ist kein Roman von mir erschienen, für den Marilyn nicht einen Salon zur Feier des Erscheinens gehalten hat, eine der vielen Arten, auf die sie so viele von uns unterstützt hat. Die Historikerin und Salonnière Leslie Berlin erinnert sich: »Ich war eine unbedeutende Doktorandin (…) studierte nicht an Marilyns Fakultät, nicht ihr Fachgebiet, befasste mich nicht einmal mit derselben Epoche.« Marilyn erkundigte sich dennoch, wie es mit ihrer Doktorarbeit voranging, und war auch später »immer mit unterstützenden Worten zur Stelle, wenn ich irgendwo etwas publiziert hatte«. Die in Deutschland geborene Autorin Renate Stendhal beschreibt den Salon als etwas, das sie »nie außerhalb Europas erwartet hätte (…) einen Ort, an dem man sich wie zu Hause fühlte aufgrund all der Wärme, Gastfreundschaft, des Geistes, der Kultur, der Gemeinschaft, des Schreibens (und des Backens!)«.

In Marilyns früheren Büchern standen vor allem Frauen

im Zentrum. Seit ihrem Debüt *Maternity, Mortality, and the Literature of Madness* verraten uns bereits die Titel, dass wir über das Leben von Frauen lesen werden: *Blood Sisters, A History of the Breast, A History of the Wife, The Social Sex: A History of Female Friendship (Freundinnen: Eine Kulturgeschichte), Compelled to Witness: Women's Memoirs of the French Revolution.*

In *Birth of a Chess Queen* untersucht sie die Entwicklung der einzigen weiblichen Spielfigur beim Schach von der ursprünglich schwächsten der Figuren zur stärksten. Das ist etwas, das Marilyn in ihrem Leben und ihrer Arbeit stets getan hat: Sie hat uns nicht nur zusammengebracht – ganz besonders Frauen –, sondern uns auch gestärkt.

Natürlich sind viele ihrer älteren Bücher ebenso wie die letzten drei, die zu ihren Lebzeiten publiziert wurden, von Geschichte durchdrungen, so wie es auch dieses ist. *The American Resting Place*, die Zusammenarbeit mit ihrem Sohn Reid, einem Fotografen, untersucht vierhundert Jahre Geschichte durch den Blick auf Friedhöfe. *How the French Invented Love (Wie die Franzosen die Liebe erfanden)* nimmt die Leserinnen und Leser mit auf eine Reise durch die französische Literatur über die Jahrhunderte. *The Amorous Heart (Das Herz: Eine besondere Geschichte der Liebe)* erkundet das Herz als Metapher und bildliches Zeichen über zweitausend Jahre.

Aber eine Sammlung von Texten in der Ich-Form von Menschen, die während des Zweiten Weltkriegs Kinder waren?

Warum dieses Buch? Und warum jetzt?

Im letzten Kapitel »Wenn die Erinnerung spricht« schreibt

Marilyn: »Ich nehme an, ich habe dieses Buch deshalb geschrieben – jetzt, lange nach dem Ende des Zweiten Weltkriegs –, weil ich schon mein Leben lang das Gefühl mit mir herumtrage, in der Schuld der Millionen Menschen zu stehen, die an meiner Stelle litten. Und es macht mich verzweifelt zu sehen, wie viele andere immer noch leiden.«

In diesem Buch tut sie etwas, das sie immer auf so wunderbare Weise in ihrem Schreiben und in ihrem Leben getan hat: Sie bringt ganz unterschiedliche Positionen zusammen und verknüpft sie, um sie zu erforschen und zu erklären. Indem Marilyn Erinnerungen erkundet, die fast ein Jahrhundert zurückreichen, ermöglicht sie es uns, besser zu verstehen, was es in der heutigen Zeit bedeutet, Mensch zu sein.

Dies ist ein Buch von Marilyn Yalom, darum keine Angst: Auch wenn das literarische Gebiet der Kriegsgeschichten so oft von Männern dominiert ist, gibt Marilyn den weiblichen Stimmen Raum. Drei Texte sind von Frauen geschrieben, davon einer von Marilyn selbst. Und die Texte von Männern beinhalten auch die Geschichten von Müttern.

Aber noch wichtiger ist ihr das zweite Thema aus *Birth of the Chess Queen*: die Verwandlung von Schwäche in Stärke. In *Die Unschuld der Opfer* zeigt sie uns diese Verwandlung anhand der Geschichten von Menschen, die den Zweiten Weltkrieg als verletzliche Kinder erlebten und zu bedeutenden Intellektuellen, Lehrern und Vorbildern wurden. Nicht ohne Fehler. Nicht ohne Verletzung. Aber dennoch stark.

In ihrem eigenen Text »Aus sicherer Warte« beschreibt Marilyn ihre Kindheit während des Krieges in Washington, D.C., wo ihr nie in den Sinn gekommen war, dass Juden zum Opfer von Attacken werden könnten. Sie aß weniger Süßes, aber sie musste nie hungern. Ihr Verhalten wurde von einer Lehrerin getadelt, die sich missbilligend über die Tätigkeit ihrer Mutter im Einsatz für den Krieg äußerte – eine Kritik, die Marilyn schon als Kind nur die Achseln zucken ließ. Ein wunderbares Vorzeichen ihrer Ehe mit Irvin Yalom, in der sie beide gemeinsam ihre vier Kinder großzogen und beide eine berufliche Karriere verfolgten.

Philippe Martial war fünf und hatte gerade seinen Vater durch Paratyphus verloren, als seine Familie von Djibouti im damaligen Französisch-Somaliland zu den Großeltern in die Normandie zog, kurz bevor der Krieg ausbrach. In »Unter deutscher Besatzung« schreibt er über seine Erlebnisse während des Krieges in Fleury-sur-Andelle in der Nähe von Rouen, das fast vollständig von alliierten Bombern zerstört wurde. Deutsche Soldaten beschlagnahmten und plünderten sein Zuhause. Er wuchs frierend und hungernd auf. Seine Mutter benutzte Asche als Seifenpulver. Er hatte eine Kindheit, von der wir froh sind, dass unsere Kinder sie nicht erleben müssen. Dennoch entschuldigt er sich dafür, sie zu erzählen – in Anbetracht dessen, was andere im Holocaust erlitten. Dieses Thema taucht auf die eine oder andere Art in vielen dieser Texte auf: Mein Schmerz war nichts im Vergleich zu dem von anderen. Meine Aufgabe ist es, meinen Schmerz auf eine solche Art und Weise zu verarbeiten, dass künftig Menschen gerettet werden, wo früher andere hätten gerettet werden müssen.

Stina Katchadourian schreibt: »Am Ende meines fünften Lebensjahrs wusste ich zwei Dinge ganz sicher: Solange ich meine Mutter an ihrem Schreibtisch sitzen und einen Brief schreiben sah, war mein Papi am Leben.« Ihre Mutter spendete ihren Ehering, um ihr Heimatland im Krieg zu unterstützen, und erhielt dafür einen Ring aus Eisen, den sie »ihr Leben lang trug wie ein Ehrenzeichen«. Katchadourians Geschichte »Zwischen zwei Aggressoren« ist eine Geschichte der Flucht: Ihre Mutter versuchte, ihre Familie in einem Land im Klammergriff zwischen der Sowjetunion und Nazi-Deutschland, in Sicherheit zu bringen, während ihr Vater an der Front Truppen kommandierte. Ihr Bericht, wie sie in ihrer vorübergehenden Heimat Freunde findet, ist besonders rührend ebenso wie der Abschied, den ihre Lehrerin und die Klassenkameraden ihr bereiten, als sie wieder nach Finnland zurückkehrt.

Dies ein weiteres Thema, das sich in vielen der Texte widerspiegelt: Was bedeutet es, die Heimat zu verlassen?

Susan Groag Bell wurde protestantisch getauft, doch die Rassengesetze Nazi-Deutschlands erklärten sie zur Jüdin, und sie musste aus einem privilegierten Leben in der Tschechoslowakei nach England fliehen. Sie floh mit ihrer Mutter in dem Glauben, ihr Vater würde nachkommen. In »Ins Exil« erzählt sie, wie sie aufgekratzt ihrem Vater winkte, der mit ihrem Hund am Bahnsteig stand und den sie niemals wiedersehen würde. Ihre Jahre während der Kriegszeit waren eine Herausforderung, sie lebte getrennt von ihrer Mutter, die sich in England als Hausangestellte verdingen musste. Sie kommt schließlich auf eine Schule für tschechische Flüchtlinge und kehrt mit ihren Klassenkameraden nach Kriegsende in ihre Heimat zurück. Ihre Rückkehr in ihr Heimatland gestaltete sich jedoch schwierig – ebenso, wie danach wieder nach England zu ihrer Mutter zu gelangen. Was bedeutet es, in die Heimat zurückzukehren, nur um herauszufinden, dass es nicht mehr die Heimat ist, die man verlassen hat? Dass es dort keinen Platz für einen gibt? Keinen Platz, um das Leben zu leben, das man sich vorgestellt hat?

Und was für eine Gesellschaft ist das, die entscheidet, in einer solchen Zeit – in jeder Zeit – ein Kind von seiner Mutter zu trennen?

»Im Inneren der Kriegsmaschinerie« ist einer der vielschichtigsten Texte dieses Buches – und vermutlich der verstörendste. Winfried Weiss, der Sohn eines linientreuen Polizeibeamten, wurde in seinen Kindertagen verfolgt von einer Geschichte, die er Erwachsene sich hatte erzählen hören: Ein »Nest von Juden hätte kleine Christenjungen und -mädchen entführt und getötet und abgeschlachtet«. Weiss' Vater kehrte nicht aus dem Krieg zurück. Das Ende des Kriegs markiert nicht das Ende dieser Geschichte: »Unsere Gefangennahme ging schnell; im einen Moment waren wir Bürger von Hitlers Reich, im nächsten Teil einer neuen Welt. Die Amerikaner drangen lautlos durch den Garten ein, umstellten uns und schubsten uns nach draußen.«

Mit der Auswahl und Präsentation der Geschichte von Winfried Weiss zeigt uns Marilyn: Auch wenn es noch so viel Böses gibt in der Welt, sind doch die Kinder sogar der schlimmsten Täter erst einmal unschuldig.

Irvin Yaloms und Robert Bergers Gespräch in »Den Nyilas entkommen« erkundet die Freundschaft zwischen zwei Männern, die es nicht schaffen, miteinander über den Holocaust zu sprechen, bis ein Ereignis in Bergers Leben seine Erinnerungen zurückbringt. Als dreizehnjähriger jüdischer Junge konnte er einer Massenfestnahme im Ghetto entkommen. Danach lebte er allein und gab vor, Christ zu sein, um der Deportation zu entkommen. Mit fünfzehn entging er nur knapp einem ungarischen Nazi, einem Pfeilkreuzler, jener »Miliz bewaffneter Schläger, die die Straßen unsicher machte, Juden zusammentrieb und sie entweder gleich an Ort und Stelle ermordete oder sie in ihre Parteigebäude schaffte, dort folterte und dann tötete«.

Wie schwer die Last dessen ist, was wir getan haben oder nicht getan haben, wird uns hier eindringlich vor Augen geführt. Die Tatsache, dass wir Kinder waren, bewahrt uns nicht vor dem Schuldgefühl wegen unseres Überlebensdranges oder wegen der Tatsache, dass wir überlebt haben.

In »Widerstand« erinnert sich der frühere Generalkonsul und Botschafter Alain Briottet an seine Kindertage im Vichy-Frankreich: Seine Mutter sorgte mit dem Fahrrad für Verbindung zwischen einzelnen Widerstandsgruppen, während sein Vater als Offizier in einem Gefangenenlager der Deutschen inhaftiert war. Es ist eine sehr detailreiche Geschichte, die mit einem der bewegendsten Momente im Buch endet. Einer alltäglichen Geste. Einer Berührung. Ein Augenblick der Zärtlichkeit, der uns daran erinnert, wie schön es ist, einfach zusammen sein zu können.

Indem Marilyn all diese Geschichten miteinander verwebt, überwindet sie den Graben zwischen dem Kind eines Nationalsozialisten und der Nichte eines Holocaustopfers. In Deutschland, Ungarn, Finnland und Washington, D.C.: Überall bedeutet Elternsein zu lieben und geliebt zu werden. Es bedeutet aber auch, Vermittler von Werten zu sein, eine Person, zu der man aufschaut, von der man lernt, der man vertraut und der man nacheifert. Richtig und falsch, gut und böse, Hass und Liebe – all diese Konzepte werden für uns als Kinder von unseren Eltern definiert. Und wir haben sie so sehr verinnerlicht, dass sie uns oftmals bis an das Ende unseres Lebens begleiten.

Die Unschuld der Opfer ist ein Aufruf an uns Erwachsene heute, unsere Gewissheiten infrage zu stellen. Zu verstehen, dass das, was wir heute weitergeben, vielleicht zu einem lebenslangen schmerzvollen Prozess des Wiederverlernens führt. Zu erkennen, wozu strikte, rigide Vorstellungen führen können, wenn sie auf Kinder treffen, die nicht gewappnet sind gegen fehlgeleiteten Patriotismus, Propaganda und Lügen.

Marilyn dringt in ihrem Buch zum Wesen der Erinnerung vor. Die kanadische Autorin Margaret Atwood fragt in *Der Report der Magd*, wer sich an den Schmerz erinnere, wenn er einmal vorbei sei. Der Schmerz sei vielmehr ein Schatten, nicht bewusst, sondern im Innersten verborgen. Der Schmerz zeichne den Menschen, aber zu tief, um an der Oberfläche sichtbar zu sein. Die Erinnerung hat ihre ganz eigene Logik, schreibt Marilyn Yalom. Und sie teilt mit uns – am Ende des Buches – eine Geschichte aus einer Zeit, als der Krieg lange vorbei war: Um in Frieden sterben zu können, sucht Marilyns Mutter nach einer Ersatz-Erinnerung an ihre Schwester, die im Holocaust ermordet wurde.

So wie die Erinnerung selbst dient diese Geschichte als eine Art literarisches Kaleidoskop, durch das wir die vorhergehenden Texte betrachten. Jede Erinnerung ist die einer einzelnen Person. Einige sind voller Fakten, einige sind von Verwandten oder anderen Personen untermauert. Vieles scheint gleichzeitig unwahrscheinlich und doch wahr. Das liegt in der Natur der Erinnerung: Ob jedes Detail der Wahrheit entspricht, ist weniger wichtig als das Ganze, das wir in uns tragen, oft so tief begraben, dass wir das Vergessen als den leichteren Weg wählen.

Aber natürlich dürfen wir nicht vergessen. Zu vergessen bedeutet, dass der Schrecken der Geschichte sich wiederholen kann. Sich zu erinnern, bedeutet sowohl Heilen als auch Vorbeugen.

Und so ist *Die Unschuld der Opfer* auch ein Aufruf, die heutige Situation genau zu betrachten, wachsam zu sein, in welche Richtung sich Dinge entwickeln, wenn es mit der Trennung von Familien beginnt, dem Schließen von Grenzen oder darum, Vorurteile stillschweigend hinzunehmen, die auch unter den »Schachköniginnen« der mächtigsten Nationen weit verbreitet sind. Diese Geschichten von Gewalt aus den Zeiten eines längst vergangenen Krieges lehren uns, wie jede Art von Gewalt, die Kinder miterleben – Drogenkrieg in den Straßen, Amokläufe in Schulen, terroristische Akte gegen Menschen anderer Hautfarbe oder Religion –, über Generationen nachhallt. Es ist ein niederschmetternder Beleg für die langfristigen Auswirkungen von Gewalt in jeder Zeit.

Aber vor allem ist es eine Hommage an das fundamental Gute der menschlichen Seele und an die Kraft durchzuhalten, die auch die Kinder in ihrem Innersten bergen. Es ist ein überaus wichtiges Projekt, diese unterschiedlichen Erfahrungen zu sammeln und in einem Narrativ zu vereinen, ein lebensbejahendes literarisches Geschenk, das – gerade in Zeiten wie den jetzigen – ebenso nötig wie inspirierend ist.

Meg Waite Clayton
April 2020

EINLEITUNG

Ich gehöre zur Generation derer, die während des Zweiten Weltkriegs Kinder waren. Wir alle, ob in den USA lebend wie ich oder in Europa wie einige meiner Freunde, haben dauerhafte Erinnerungen an die Jahre von 1939 bis 1945. Trotz nachfolgender militärischer Interventionen der amerikanischen Armee in Korea, Vietnam, Irak, Afghanistan und weiteren Ländern bleibt der Zweite Weltkrieg bis heute »unser« Krieg.

Dieses Buch versucht, die Auswirkungen der Kriegserfahrung auf Kinder jener Tage in Europa und Amerika zu verstehen. Es basiert auf den persönlichen Erinnerungen von Menschen, die ich als Erwachsene gut kannte und mit denen ich mich über Jahrzehnte ausgetauscht habe. Als Kinder in der Zeit des Krieges konnte ich sie nicht kennen, aber selbst damals beeinflussten ihre Erfahrungen, so wie ich sie mir vorstellte, meine innere Welt, und später machte ich mich auf die Suche nach ihren Geschichten.

Jede dieser Geschichten zeigt uns einen Mikrokosmos des Zweiten Weltkriegs, gesehen durch die Augen eines Kindes und erlebt mit den Gefühlen eines Kindes, und führt uns in die Welt des jeweiligen Kindes. Natürlich kannte ich all diese

Zeugen des Krieges nur als Erwachsene und musste mich auf ihre rückblickenden Erinnerungen verlassen. Dennoch, trotz der Fallstricke, die dies birgt – am Ende des Buches setze ich mich mit dieser Thematik auseinander –, vertraue ich der Substanz ihrer Berichte. Kinder erleben die alltäglichen Mechanismen des Krieges, und wenn das Erlebte wieder ans Tageslicht kommt, machen uns die Erinnerungen der Kinder zu Zeugen der brutalen Realität des Krieges.

Es gibt natürlich bereits andere Bücher zu dem Thema. Ich denke da besonders an Swetlana Alexijewitschs brillantes *Last Witnesses: An Oral History of the Children of World War II*, 1985 auf Russisch erschienen, aber erst 2019 auf Englisch (*Die letzten Zeugen: Kinder im Zweiten Weltkrieg). Die letzten Zeugen* besteht aus kurzen Aussagen von ungefähr hundert russischen Kindern; sie alle erinnern die Grausamkeit der Nazi-Invasoren erinnern, die weder Väter, Mütter noch Kinder verschonten. Nach dem Lesen dieses Buches ist man überwältigt von dem enormen Leid, das dieser epische Chor der Kinderstimmen verkündet.

Mein Buch ist weit von solchen Dimensionen entfernt. Es versammelt vielmehr eine kleine Zahl sehr persönlicher Berichte, durch die wir daran teilhaben, wie die Autoren als Kinder im Krieg aufwuchsen und versuchten, die Welt um sie herum zu verstehen, während ihre Familien ums Überleben kämpften. Meiner eigenen Geschichte habe ich sechs Geschichten von Freunden und Kollegen hinzugefügt, sie alle haben aufschlussreiche und bewegende Erinnerungen geschrieben. Ich möchte hier die Autoren in der Reihenfolge, wie sie im Buch erscheinen, kurz vorstellen.

Alain Briottet wurde in Paris in einer französischen Mittelklassefamilie geboren. Sein Vater unterrichtete und war Reserveoffizier der französischen Armee. 1940 wurde er von den Deutschen gefangen genommen und kam in ein Kriegsgefangenenlager in Pommern (im heutigen Polen). Erst 1945 kam er frei. Alains Memoir *Sine Die* (in Frankreich 2016 veröffentlicht) beschreibt, wie seine Familie während der Inhaftierung seines Vaters nach Zentralfrankreich floh, seine Mutter für die Résistance tätig war und sie unter großen Entbehrungen im mit den Nazis kollaborierenden Vichy-Frankreich überlebten. Hier ist ein Auszug daraus zu lesen.

Philippe Martial war fünf Jahre alt, als der Krieg begann. Er verbrachte die Kriegsjahre bei seinen Großeltern mütterlicherseits in der Normandie. Als sein Vater, Militärarzt in Französisch-Somali-Land, 1939 kurz vor Beginn des Krieges starb, blieb seine Mutter als Witwe mit drei kleinen Kindern – Philippe und seinen jüngeren Zwillingsschwestern – zurück. In der Normandie unter deutscher Besatzung erlebten sie die Entbehrungen des Krieges – Hunger und Kälte – und die Boshaftigkeiten der anderen Kinder, die keine Kinder mit dunkler Haut und krausem Haar kannten. Philippe erzählt von den Deutschen, die bei seiner Familie einquartiert waren, von schrecklichen Bombenangriffen und der berauschenden Befreiung durch die amerikanischen Soldaten. In seinen Achtzigern schrieb Philippe ein kurzes Memoir seiner Kriegsjahre, das hier wiedergegeben ist.

Winfried Weiss wuchs als Sohn einer bayerischen katholischen Familie in eher bescheidenen Verhältnissen auf. Sein Vater, Polizeibeamter und Mitglied der Nationalsozialistischen Partei, kam 1943 an der russischen Front um. Bis zu diesem Moment hatte Winfried seiner Erinnerung nach eine glückliche Kindheit in der Gemeinschaft von Gleichgesinnten: Alle waren Hitler treu ergeben, alle hassten Frankreich, England und Amerika und verachteten Juden. Viele Jahre nachdem wir uns kennengelernt hatten, unterstützte ich Winfried dabei, sein Buch *A Nazi Childhood* zu schreiben und zu veröffentlichen. Sein literarisches Memoir empfand Nobelpreisträgerin Doris Lessing in einer Rezension als »schockierend«. Seine Geschichte öffnet uns die Tür in eine Welt, die zugleich fremd und vertraut ist und, ja, tatsächlich auch schockierend.

Stina Katchadourian wurde 1937 als Tochter einer Familie, die der schwedisch sprechenden Minderheit in Finnland angehörte, geboren. Ihr Vater hatte eine gehobene Stellung in der finnischen Holzindustrie, als er 1939 eingezogen wurde. Die folgenden sechs Jahre kämpfte er an der Front gegen die russischen Aggressoren. Während der Abwesenheit ihres Vaters versuchte die Mutter, die Familie in Sicherheit zu bringen, dazu zogen sie bis nach Lappland und konnten sich schließlich nach Schweden retten. Diese turbulente Zeit schildert Stina in ihrem Memoir *The Lapp King's Daughter*.

Susan Groag Bell stammt aus einer großbürgerlichen Familie aus Troppau (Opava) in der Tschechoslowakei. Obwohl ihre Eltern jüdisch waren, ließen sie Susan taufen und im protestantischen Glauben aufwachsen. Dies schützte sie allerdings nicht davor, dass sie nach dem Einmarsch der Deutschen 1938 als Jüdin nicht mehr die Schule besuchen durfte. Im folgenden Jahr floh Susan mit ihrer Mutter nach England, wo ihre Mutter als Hausangestellte arbeitete und sie selbst unter Erlassung des Schulgelds an einer privaten Mädchenschule aufgenommen wurde. Ihr Vater, ein vormals gut situierter Anwalt, blieb zurück und wurde ein Opfer des Holocaust. Susan lobte meinen »redaktionellen Bleistift«, mit dem ich ihr bei der Arbeit zu *Between Worlds: In Czechoslovakia, England, and America* helfend unter die Arme griff. Ein Auszug aus diesem Text findet sich hier.

Robert Berger wurde durch die Nazis von seinen Eltern getrennt, als er Teenager war. Als jüdischer Junge, der vorgab, Christ zu sein, musste er Gräueltaten mit ansehen, die ihn für den Rest seines Lebens verfolgen sollten. Er und mein Ehemann Irvin Yalom lernten sich im Medizinstudium kennen und wurden Freunde. Viele Jahre später veröffentlichten sie gemeinsam *I'm Calling the Police (Ein menschliches Herz)*, das Bergers tragische Jugendjahre heraufbeschwört. Ein Auszug aus diesem Buch erscheint hier.

Erstaunlich wenige dieser Kindheitsgeschichten thematisieren nur die Schrecken des Krieges. Wir waren Kinder, und so ging unser unschuldiges Leben doch weiter, erfreuten wir uns an Erlebnissen mit Familie und Freunden und hatten Alltagsroutinen. Wo immer wir auch waren, fanden wir einen Weg, unsere Situation als »normal« zu betrachten – zumindest bis zu dem Moment, wo eine alles überschattende Katastrophe auch diese Illusion zerstörte.

Kinder erinnern sich daran, was es zu essen gab und was nicht, und vor allem den Hunger und den Egoismus derjenigen, die ihnen das Essen nicht gönnten. Sie erinnern sich an unerwartete Freundlichkeit von Fremden, die sie in ihr Heim aufnahmen, und an die klirrende Kälte ungeheizter Räume. Sie erinnern sich an ein ein Spielzeug, das ihnen am Geburtstag oder zu Weihnachten geschenkt wurde. Sie erinnern sich, wie sie mit anderen Kindern spielten, von denen einige aus ihrem Leben verschwanden: vertrieben, deportiert, getötet. Sie erinnern sich an den Klang der Sirenen und der Explosionen und an die Leuchtgeschosse, die den Nachthimmel erhellten.

Im Gegensatz zu Menschen, die während des Krieges Erwachsene waren, müssen sich Kinder in ihren späteren Berichten nicht für ihr Tun rechtfertigen. Sie waren nicht verantwortlich für die Gräuel, die der Krieg über sie und Millionen anderer brachte, die verletzt oder getötet wurden. Vielmehr wurden sie in die Ereignisse um sie hineingezogen, versuchten zu lernen und die Welt um sie herum zu verstehen, die ihnen bisweilen ganz normal erschien, sogar freundlich. Wenn wir diese Berichte lesen, lernen wir viel darüber, was es bedeutet, ein Mensch zu sein, losgelöst vom Blickwinkel geopolitischer Geschichte oder moralischer Wertung, aus dem wir selbst rückblickend die Ereignisse betrachten.

Da all ihre Erinnerungen später im Leben verfasst wurden, zeigen sämtliche Autoren, die hier versammelt sind, ein Gefühl für Timing und Geschichtenerzählen. Die Auswahl, die ich bei den Texten getroffen habe, erzählt ihre Geschichten so deutlich wie möglich, oftmals sind die Stimme des Kindes und die des Erwachsenen verknüpft und werden so zu einer einzigartigen vielschichtigen Stimme.

Ich bin all diesen Menschen begegnet, als sie längst keine Kinder mehr waren, und ich bewundere ihre Fähigkeit, ihre Vergangenheit hinter sich zu lassen und sich zu verantwortungsvollen und großartigen Menschen zu entwickeln. Man kann anhand ihrer Erinnerungen darüber spekulieren, was ihnen dabei geholfen hat zu überleben. Welche Erwachsenen haben ihnen damals Halt und Hoffnung gegeben und sie durch die schlimmste nur denkbare Zeit begleitet? Welche Fähigkeiten haben es ihnen ermöglicht, zu kompetenten Erwachsenen zu werden? Wie sind sie mit ihren traumatischen Kindheitserinnerungen umgegangen? All diese Fragen greife ich am Ende des Buches auf.

Einige von ihnen weilen nicht mehr unter uns, und der Rest von uns wird ihnen unzweifelhaft folgen. Darum ist es mir ein besonderes Anliegen, diese Geschichten weiterzugeben. Die Kriegserinnerungen, die in diesem Buch vereint sind, stammen von Freunden, die ihre Kindheit und Jugend in Frankreich, Deutschland, Ungarn, der Tschechoslowakei, England, Finnland, Schweden, Norwegen und den Niederlanden verbracht haben. Als Ergänzung zu ihren Erinnerungen füge ich meine eigenen Erinnerungen an die Kriegszeit hinzu – die Erinnerungen eines amerikanischen Mädchens, das geschützt und weitab vom Kriegsgeschehen in Washington, D.C., aufwächst, während in Europa die Bomben fielen.

Wir sind die letzte Generation, die sich noch an den Zweiten Weltkrieg erinnern kann, und bald wird niemand von uns mehr da sein. Ich lasse dieses beredte Zeugnis zurück in der Hoffnung, dass unsere Geschichten wachrütteln und die Aufmerksamkeit auf die schreckliche Tragödie des Krieges lenken. In der aktuellen Situation, im Angesicht von erstarkendem Nationalismus und eskalierenden Konflikten, sollten uns diese Geschichten als Mahnung dienen und uns zwingen zu fragen, ob unsere Kinder und Enkelkinder auch Opfer von machthungrigen Erwachsenen werden. Müssen Kinder immer noch ihre kämpfenden Väter – und heute mehr und mehr auch Mütter – verlieren? Wie viele Kinder werden aus ihrer Heimat vertrieben in diesem Zeitalter der

Flüchtlinge? Wie viele Kinder werden von ihren Eltern getrennt und landen in Flüchtlingscamps an der Grenze zu Ländern, in denen sie Zuflucht suchen? Wie viele werden aufgrund ihrer Hautfarbe verurteilt? Wie viele werden Hunger, Kälte, Verletzungen und Tod erleiden?

Kapitel 1

Aus sicherer Warte

Meine amerikanische Kindheit
und meine Beziehung zu Frankreich

Der 7. Dezember 1941, »ein Datum, das in Schande leben
wird«, wie Präsident Roosevelt in seiner bewegenden Rede
sagte, hätte in unserer Familie ein Festtag werden sollen. Da
der Geburtstag meiner Mutter am 8. Dezember in jenem Jahr
auf einen Montag fiel, hatten wir beschlossen, am Sonntag
zu feiern, wenn das Lebensmittelgeschäft meines Vaters geschlossen hatte. Zum Mittagessen hatte Mutter ihr traditio-
nelles Sonntagsmahl zubereitet, Brathähnchen, Kartoffeln
und Gemüse und als besondere Leckerei selbst gemachtes
Fudge, genau das Richtige für mich Süßschnabel.

Wir aßen zu Mittag, verspeisten das Fudge und machten
es uns dann im hinteren Zimmer gemütlich, wo ein hölzernes Radio von einem Meter zwanzig Höhe meinen Vater erwartete. Der Laden meines Vaters befand sich in einem weit
entfernt gelegenen Stadtteil, und der Sonntag war der einzige Tag, an dem er zu Hause war und nachmittags klassische
Musik genießen konnte.

Ich las wohl in einem der drei Bücher, die ich mir jede
Woche aus der Leihbücherei holte, als um 13 Uhr eine er-
schreckende Nachricht das Radioprogramm unterbrach. Die

Japaner hatten Pearl Harbor bombardiert. Am Ton des Radiosprechers erkannte ich, dass etwas sehr Schwerwiegendes passiert sein musste. Aber wo war Pearl Harbor? Und warum die Japaner? Verdankten wir denen nicht die schönen Kirschblüten, die wir jeden Frühling am Tidal Basin bewunderten?

Mutter und Dad saßen fast den ganzen Nachmittag vor dem Radio, daher wusste ich, es war sehr, sehr ernst. Noch heute, da meine Mutter schon lange tot ist, verbinde ich ihren Geburtstag, den 8. Dezember, mit der Tragödie von Pearl Harbor.

Wir wohnten in einem Backstein-Reihenhaus, Fourth Street NW, Nr. 5104, in Washington. Wir waren 1938 eingezogen, als ich sechs war, und sollten dort wohnen bleiben, bis ich 1959 aufs College gehen würde. Von der ersten bis zur sechsten Klasse ging ich zu Fuß in die drei Blocks weiter gelegene Barnard Elementary School, wo mir die Lehrerin im Zeugnis der zweiten Klasse bescheinigte, ich sei »freundlich, höflich und hilfsbereit«, und bewiese »ein hohes Maß an Originalität«.

Nach der Schule lief ich schnell nach Hause und spielte dann mit meiner Freundin Janice Reiskin gleich um die Ecke oder mit Doran Michell, der einen Block weiter wohnte. Janice hatte dicke braune Korkenzieherlocken und war immer hübsch gekleidet und wohlerzogen. Vom Benehmen her konnte ich nicht mit ihr mithalten, aber in der Schule war ich besser. Doran war so ziemlich das Gegenteil von uns beiden. Er nahm die Schule auf die leichte Schulter und war außerhalb der Schule ungebärdig, verströmte aber eine solche Lebensfreude, dass ich ihn auf eine kindliche Weise liebte. Sooft ich konnte, machte ich auf dem Heimweg von der Schule noch bei ihm Halt, um seine beiden kleinen Zwillingsschwestern zu bewundern und mich bei seiner Mutter beliebt zu machen.

Meine Mutter war immer nett und gastlich zu unseren Freundinnen und Freunden, sowohl zu meinen als auch zu denen meiner beiden Schwestern, Beatrice und Lucille. Mutter war 1904 in London geboren, aber von 1906 bis 1914 in Krakau aufgewachsen und von dort dann mit ihren Eltern, ihrem Bruder Alfred und ihrer Schwester Ann nach Chicago ausgewandert. Sie sprach Deutsch, Polnisch und Englisch und sang in allen drei Sprachen. Dad, der direkt nach dem Ersten Weltkrieg aus Russland in die Vereinigten Staaten gekommen war, konnte Russisch, Hebräisch und Englisch lesen, sprach aber mit uns nur Englisch. Obwohl meine Eltern wahrscheinlich beide Jiddisch konnten, hörte ich von ihnen nie ein jiddisches Wort. Es war für sie eine Frage der Ehre, nur Englisch zu sprechen, damit wir alle »Amerikaner« sein konnten. Sie schickten mich sogar mit fünf zum Rhetorikunterricht, damit meine Sprechweise den rechten Schliff bekäme. Also lernte ich jeden Samstag für 25 Cent die Unterrichtsstunde, vor Miss Betty zu knicksen und einfache Gedichte zu rezitieren.

Es gab aber eine Familie in der Gegend, mit der meine Mutter Deutsch sprach: die Steiners. Sie stammten aus Österreich, und meine Mutter war eng befreundet mit Mrs. Steiner. Deren Mann, Max Steiner, von Beruf Oberkellner im Mayflower Hotel, hatte ein dermaßen würdevolles Auftreten, dass ich jedes Mal Angst bekam, wenn er den Raum betrat. Aber ich war hingerissen von ihren drei Söhnen Rudy, Frankie und Jimmy – vor allem von Jimmy, der zwei, drei Jahre älter war als ich. Mit seinem hellblonden Haar, seinen blauen Augen und seiner netten Art war er während des größten Teils meiner Kindheit der Held meiner romantischen Träume. In der Weihnachtszeit gingen wir immer zu den Steiners und genossen ihren Weihnachtsbaum und ihr österreichisches Backwerk. Ich liebte den *Apfelstrudel* und den *Mohnkuchen* und wünschte, meine Mutter könnte beides auch backen.

Durch die Steiners wusste ich schon vor Pearl Harbor, dass es »in Übersee« Probleme gab. Mit sechs oder sieben hörte ich sie wiederholt ein deutsches Wort sagen, das wie unser *crystal* klang, gefolgt von dem Wort *Nacht*, das ich aus einem Schlaflied meiner Mutter kannte – »Guten Abend, gut Nacht« (obwohl ich keine Ahnung hatte, wie diese Wörter geschrieben wurden). Die Steiner-Söhne scharten sich um meine Mutter und versicherten ihr: »Keine Angst, wenn die Deutschen nach Amerika kommen, beschützen wir euch.« Ich begriff nicht, wovon sie sprachen. Ich wusste nicht, dass es um die Kristallnacht ging, in der die Nazis 1938 in Deutschland Hunderte jüdischer Synagogen, Gebäude und Geschäfte zerstörten und Tausende jüdischer Männer verhafteten. In der amerikanischen Umgebung, in der ich lebte, kam ich gar nicht auf die Idee, dass Juden ein spezielles Angriffsziel sein könnten.

Um Weihnachten 1939 hörte ich zum ersten Mal das Wort *Anschluss* und bekam mit, dass Hitler das Heimatland der Steiners übernommen hatte. Wir hatten Bilder von Hitler in der Zeitung und im Kino gesehen, darum sahen in meinem Kopf alle Deutschen so aus wie er. In meiner Vorstellung waren da kleine Männer mit dunklen Bärtchen, die in österreichische Häuser, ähnlich dem unseren, marschierten. Warum wollten die Steiners und meine Mutter dann Deutsch sprechen? Warum sprachen sie nicht einfach Englisch wie gute Amerikaner?

Schwarze Kinder kannte ich keine, da die Schulen und Wohnviertel in Eashington damals strikt nach dem Prinzip der »Rassentrennung« aufgeteilt waren. Tatsächlich waren die einzigen Afroamerikaner, die ich kannte, eine Abfolge von Hausmädchen und die Männer, die uns mit dem Lieferwagen meines Vaters Lebensmittel ins Haus brachten. Obwohl mein Vater der Nationalen Vereinigung für die Förderung Farbiger Geld spendete und an die »Bruderschaft der Menschen« glaubte, hatten weder er noch meine Mutter noch irgendwelche Weißen, die wir kannten, sozialen Umgang mit Afroamerikanern.

Ich hatte aber ein enges Verhältnis zu einer erwachsenen Afroamerikanerin, Annabelle, die ihr ganzes Arbeitsleben lang Hausmädchen bei meiner Tante Esther Eig war. Sie kümmerte sich im herrschaftlichen Haus von Tante Esther und Onkel Sam eine Woche lang um mich, als meine Mutter zur Geburt meiner kleinen Schwester Lucy im Krankenhaus war. Sie bürstete mir die verfilzten Haarsträhnen und sorgte dafür, dass meine Cousins Buddy und Blaine mich nicht ärgerten. Sie brauchte mich nicht zu ermahnen, meinem knurrigen Onkel Sam aus dem Weg zu gehen, der aufgrund seiner Immobiliengeschäfte enorm reich war und seinen bedrohlichen Schatten über die ganze Familie warf.

An den jüdischen Feiertagen – Pessach, Rosch ha-Schana, Jom Kippur und Chanukka – besuchten wir unsere Onkel und Tanten. Da galt es dann für die Frauen, ihre kulinarischen Fähigkeiten unter Beweis zu stellen. Tante Frances war berühmt für ihren butterzarten Gefilte Fisch mit frisch geriebenem Meerrettich. Tante Adeline fabrizierte köstliches Backwerk: traditionellen Honigkuchen und Kekse mit einem Kleks Himbeermarmelade. Wer machte diese luftig-leichten Matzebällchen zu Pessach? Bestimmt nicht meine Mutter, die das Stigma der schlechtesten Köchin von allen weghatte.

Mein Lieblingsfest war Halloween. Da konnte ich mich verkleiden und jemand anders sein: eine Fee, eine Prinzessin, eine Hexe, ein österreichisches Mädchen im Dirndl. Ich konnte mir die Lippen anmalen und alte Hüte und den Modeschmuck meiner Mutter tragen, wenn ich mir auch ihre streng gehüteten venezianischen Mosaikperlen nie ausborgen durfte. Die Jungen in der Schule hatten Spaß an ihren aufgemalten Schnurrbärten und furchteinflößenden Masken. Sie waren Piraten, Gespenster, Skelette, Frankenstein-Monster, aber manche von ihnen machten mir ohne Maske mehr Angst. Als Kleinste meiner Klasse ging ich Schulhof-Rowdys und selbst einigen ruppigeren Mädchen lieber aus dem Weg.

Nur ein Kind war noch kleiner und dünner als ich – die Nachbarstochter Betsy. Betsy hatte allen Grund davon auszugehen, dass das Leben unfair war, denn sie war mit missgebildeten Händen zur Welt gekommen. An der einen Hand hatte sie nur zwei Finger und einen Daumen, an der anderen einen Daumen, zwei normale Finger und zwei, die so miteinander verwachsen waren, dass der kleine Finger und der Ringfinger ein Y bildeten. Ein Jahr jünger als ich, mit großen braunen Augen, hatte Betsy etwas von einem Vögelchen, und sie löste in mir einen Beschützerinstinkt aus, den ich sonst nicht kannte. Wenn andere Kinder sie mit Spottnamen wie »Drei-Finger-Betsy« ärgerten, erklärte ich ihnen, dass das gemein sei. Weiter ging meine Courage aber auch nicht.

Meine Erinnerungen an diese frühen Kindheitsjahre sind im Ganzen betrachtet glücklich. Ich fühlte mich zu Hause geliebt und in der Schule beliebt. Laut meinem Zeugnis von 1940 war ich »fleißig«, »sehr begeisterungsfähig« und »ausgesprochen nett und freundlich«.

Ich war fast zehn, als ich im Februar 1942 in die fünfte Klasse kam. Zwei Monate zuvor hatten die USA Japan, Deutschland und Italien den Krieg erklärt, und wir waren jetzt mit England und Frankreich verbündet. Der Krieg würde der Hintergrund meiner frühen Jugend sein.

Inwiefern wirkte sich der Krieg auf mich persönlich aus? Wie alle Amerikaner bekam meine Familie ein Lebensmittelmarkenheft. Es enthielt Marken, für die man knappe Produkte wie etwa Zucker, Butter oder Fleisch bekam. Ich weiß noch, wie ich die Marken betrachtete, auf denen Bildchen von einem Flugzeug oder Panzer oder sonst irgendein Kriegssymbol zu sehen waren. Da ich alles Süße schrecklich gern mochte, erklärte mir meine Mutter, mein Beitrag zu den Kriegsanstrengungen würde es sein, weniger Zucker zu mir zu nehmen. Ich erinnere mich, dass ich so wenig braunen Zucker wie möglich auf meinen Haferbrei tat und es mir verkniff, meine Mutter um einen zweiten Keks zu bitten, wenn ich von der Schule zurück war. Aus Butter machte ich mir nicht viel, also hatte ich nichts gegen Margarine, die damals in ihrem talgweißen Originalzustand verkauft wurde, zusammen mit einem Klecks bräunlicher Flüssigkeit, mit der man sie vermischte, um eine butterähnliche Farbe zu erreichen.

Da mein Vater ein Lebensmittelgeschäft besaß, vermute ich, dass er uns etwas mehr beschaffte, als uns zustand. Wir hatten immer genug Lebensmittel, einschließlich Speck, den ich liebte, und Büchsenmilch, die ich verabscheute. Kaffee war ebenfalls rationiert, aber das machte uns nicht viel aus, weil wir hauptsächlich Tee tranken. Ich weiß noch, wie ich meinen Vater einmal fragte, was der »Schwarzmarkt« sei. Er erklärte mir, manche Händler schafften es, hintenherum an Waren zu kommen, und verkauften sie dann zu höheren Preisen, aber er werde das nicht tun. Das sei nicht »patriotisch«.

Kinder konnten patriotisch sein, indem sie Blechdosen, Stanniol und Aluminium sammelten, Material, das dann für Munition wiederverwendet wurde. Ich erinnere mich, wie ich mit Doran Mitchell und seinem Leiterwagen von Haus zu Haus ging und nach diesen kostbaren Dingen fragte. Und ich erinnere mich auch, wie ich Rabattmarken in Kriegsanleihen-Büchlein klebte, die zur Finanzierung der Kriegsanstrengungen beitrugen und nach dem Krieg eingelöst werden sollten. Und ich erinnere mich vage an die schweren Verdunkelungsvorhänge, die verhindern sollten, dass hinausdringendes Licht feindlichen Flugzeugen Ziele verriet. Da wir Filmaufnahmen davon gesehen hatten, wie deutsche Flugzeuge England bombardierten, wo Verwandte lebten, befürchteten wir das Gleiche auch bei uns.

Vom Winter 1942–43 bis zum Juni 1944 kam es zu einer großen Veränderung in unserer Familie: Meine Mutter arbeitete für die US-Regierung! Ich war so stolz, dass meine Mutter jetzt »Regierungsangestellte« war, auch wenn ihre Arbeit nur darin bestand, Papiere abzulegen. Sie war ebenfalls froh, außer Haus zu arbeiten und zum ersten Mal in ihrer Ehe eigenes Geld zu verdienen. Mir fielen hübsche neue Details bei unserem sonntäglichen Mittagessen auf: Kristallgläser und Sterlingsilberbesteck.

Außer diesen neuen Dingen erwarb Mutter auch noch eine neue Freundin, ihre Vorgesetzte, Mrs. Chmielewski. Sie war wie meine Mutter in Polen aufgewachsen, und die beiden gingen dazu über, miteinander Polnisch zu sprechen. Ich hörte diese Sprache sehr gern, obwohl ich nur den einen Satz verstand, *I panya popolska?* (Sprechen sie Polnisch?) Da Mrs. Chmielewski keine Kinder hatte, war sie ganz vernarrt in uns. Jedes Mal konnte ich es kaum erwarten, dass sie uns besuchte, weil sie uns polnische Spezialitäten mitbrachte, Piroschki und Gebäck, und manchmal auch ein Halstuch oder Haarbänder für mich. Jetzt hatte Mutter außer Mrs. Steiner noch eine katholische Freundin aus Europa, mit der sie eine fremde Sprache sprach. Wenn ich die beiden zusammen sah, wirkten sie meistens wie fröhliche Schulmädchen. Aber manchmal ertappte ich sie auch dabei, wie sie in betrübterer Stimmung miteinander flüsterten, über Sachen, die ich nicht hören sollte. Ich wusste, es hatte mit den Menschen zu tun, die sie in Polen zurückgelassen hatten – der Schwester meiner Mutter, deren Mann und die Tochter der beiden, die in meinem Alter war und Zöpfe hatte wie ich.

Die Berufstätigkeit meiner Mutter hatte allerdings auch eine völlig unvorhergesehene Folge: Ich veränderte mich, laut meinen schulischen Beurteilungen vom Frühjahr 1943, zum Schlechteren. Meine weißhaarige Lehrerin, Mrs. Ellenor B.

Whitney, schrieb meiner Mutter am 9. April 1943: »Marilyn ist eine begeisterte, fleißige Schülerin. Sie ist immer freundlich und hilfsbereit. Sie ist sehr tüchtig und liefert gute Arbeiten.« Dann fügte sie mit einem etwas dunkleren Stift hinzu: »Aber in letzter Zeit frage ich mich aufgrund von Veränderungen ihres Betragens, ob Marilyn zu viel Freiheit hat und zu viel sich selbst überlassen ist, weil Sie den ganzen Tag weg sind.«

Was auch immer zu dieser Zeit in meinem Leben geschah – beispielsweise erschütterte es mich sehr, im zarten Alter von elf Jahren meine Periode bekommen zu haben –, Mrs. Whitney schrieb alles der Tatsache zu, dass meine Mutter arbeiten ging. In meiner Beurteilung vom 23. Juni 1943 führte Mrs. Whitney ihre Kritik fort: »Sie schwatzt zu viel und ist oft zu sehr damit beschäftigt, ihren Sitznachbarn zu helfen, wenn ihre ganze Aufmerksamkeit doch dem gelten sollte, was sie selbst zu tun hat. Sie muss ruhiger werden.«

Irgendwie muss ich wohl ruhiger geworden sein, ehe ich im Februar 1944 die Barnard-Grundschule verließ, denn im Januar 1944 schrieb Mrs. Whitney in mein Poesiealbum: »Dir, Marilyn alles Gute, viel Glück und Erfolg. Ich werde dich immer in guter Erinnerung behalten.«

Einträge von Klassenkameraden und -kameradinnen im selben Album zeugen von der alles durchdringenden Gegenwart des Krieges. Gloria Wallerstein verewigte sich mit diesem Vers:

Gummi ist rationiert,
Zucker auch,
Aber an Süßem
Bist du alles, was ich brauch.

Ginger Wilner schrieb:

Tojo in der Küche
verbrennt sich die Pfote,
Hitler in der Wanne
versenkt Unterseeboote.

Janice Harsh, eine meiner besten Freundinnen, mahnte: »Vergesst Pearl Harbor nicht«, und John Waters forderte mit dem Army Air Corps: »*Keep 'em flying!*«

Im Frühjahr 1944 kam ich auf die McFarland Junior High School, womit ein entscheidendes Kapitel meines Lebens begann. Da meine neue Schule weiter weg lag und die Anforderungen höher waren, kam ich jetzt nicht mehr zum Mittagessen nach Hause, und ich lernte eine neue Sprache: Französisch. Von den ersten Sätzen Mademoiselle Vestals an wusste ich, dass ich eine zauberhafte Welt betreten hatte, in der so profane Dinge wie »Pult« oder »Treppe« sich in magische Worte wie *pupitre* und *escalier* wandelten. Und da war das unvergleichliche *Voilà!*, das meine verbal minderbemittelten englischsprachigen Landsleute entbehren mussten. Nach wenigen Wochen schon verkündete ich meiner Familie, dass ich nicht Bibliothekarin oder Englischlehrerin werden würde. Ich würde Französisch unterrichten. Und tatsächlich blieb ich diesem Entschluss die nächsten drei Jahrzehnte treu und verbrachte einen Großteil meines Lebens als Professorin für französische Literatur.

Selbst ich wusste damals, dass Frankreich von den Deutschen besetzt war und dass französische Männer und Frauen unter der Führung von General de Gaulle Widerstand leisteten. Jeden Samstag fieberten wir während der Wochenschau im nächstgelegenen Kino mit der Résistance mit. Irgendwo sah ich den Anti-Nazi-Film *Dies ist mein Land* mit Charles Laughton, Maureen O'Hara und George Sanders unter der Regie von Jean Renoir. Es war einer der ersten amerikanischen Propagandafilme, in denen sich tapfere Widerstandskämpfer grausamen Deutschen entgegenstellten, und ich erinnere mich noch an die schreckliche Szene mit der Geiselerschießung.

Der Patriotismus unserer Familie drückte sich darin aus, dass wir eine Regierungsangestellte als Untermieterin aufnahmen. Da Wohnraum während der Kriegsjahre in Washington knapp war, befanden meine Eltern, dass sich das hintere Zimmer leicht in ein Schlafzimmer umwandeln ließe, auch wenn man dann durch die Küche musste, um nach oben ins Bad zu kommen. Also zog irgendwann im Spätjahr 1944 Mrs. Harris bei uns ein.

Mrs. Harris war aus dem Süden nach Washington gekommen, um für die Regierung zu arbeiten, während ihr Mann im Krieg war. Sie war eine große Frau mit sehr schöner gepuderter Haut und einer energischen Art. Kaum, dass sie da war, nahm sie mich unter ihre Fittiche, was meine Entwicklung zur jungen Dame anging. »Komm rein, Schätzchen«, sagte sie, wenn ich in der Tür von der Küche zu ihrem Zimmer stand. Wenn ich dann in dem Sessel neben ihrem Bett saß, ordnete sie die Sachen, die mir so unglaublich chic erschienen: Strümpfe und Strumpfhalter und Spitzenunterwäsche.

Sie erklärte mir, ich könne viel für mein Aussehen tun. Wenn mein Haar glänzen sollte, müsste ich es täglich mit hundert Bürstenstrichen bürsten und beim Waschen mit verdünntem Zitronensaft spülen. Wenn ich einen größeren Busen wollte (meiner war kaum vorhanden), sollte ich meinen Büstenhalter mit Watte ausstopfen. Sie schmierte mir die Hände mit Lotion ein, tupfte mir Parfüm hinter die Ohren und verabschiedete mich mit einem Wangenküsschen, als wären wir Freundinnen.

Während im Krieg Millionen Leben ausgelöscht wurden, erfuhr ich, dass in einer Person ganz in meiner Nähe ein kleines Leben heranwuchs. Mrs. Harris war schwanger.

Mutter verkündete uns am Esstisch, dass Mrs. Harris ein Baby bekomme und dass sie sich etwas anderes zum Wohnen suchen werde, was aber einige Zeit dauern könne, da Mietwohnungen schwer zu finden seien. Wir Mädchen fanden die Vorstellung, ein Baby im Haus zu haben, sehr aufregend. Ob meine Schwester Bea und ich es dann hüten könnten? Trotz des freundlichen Lächelns meiner Mutter spürte ich ihr Unbehagen, vor allem, nachdem ich sie zu meinem Dad hatte sagen hören: »Wie hätten wir sie denn rauswerfen sollen?«

Ein paar Monate darauf kam das Baby zur Welt. Ich erinnere mich, wie ich mich über ein Metallgitterbettchen beugte, das an der Wand des hinteren Zimmers stand, und einen pausbackigen Säugling mit rotem Gesicht betrachtete. Ich mochte es, meinen Daumen in sein Händchen zu legen und zu fühlen, wie ihn die winzigen Finger instinktiv umklammerten. Bald schon ging Mrs. Harris wieder arbeiten und ließ ihr Baby solange in einer Krippe. Wir verbrachten jetzt weniger Zeit miteinander, weil sie immer in Hektik war und abgespannt nach Hause kam.

Dann, eines Tages, änderte sich alles. Bei meiner Rückkehr von der Schule sah ich ein Polizeiauto vor unserem Haus stehen. Drinnen im Wohnzimmer redeten zwei Polizisten mit meiner Mutter. Ich blieb im Flur stehen und hörte mit, wie sie sie über Mrs. Harris ausfragten. »Sie ist eine sehr gute Mutter«, sagte meine Mutter. »Kümmert sich wirklich gut um das Baby.« Nein, einen Ausweis habe Mutter nie sehen wollen. Nein, sie wisse nicht genau, wo Mrs. Harris arbeite. Nein, deren Mann habe sie nie getroffen … er sei ja im Krieg.

Anscheinend war Mrs. Harris gar nicht Mrs. Harris. Sie war noch nicht mal verheiratet. Sie hatte sich den Nachnamen eines Captain Harris zugelegt, der der Vater des Kindes war, aber mit einer anderen verheiratet. Und es kam noch schlimmer. Mrs. Harris hatte versucht, Captain Harris zu töten, der, wie sich herausstellte, keineswegs im Krieg war. Sie war in seinem Büro in der Washingtoner City aufgetaucht, mit einem Koffer voller tödlicher Gegenstände, darunter Messer und eine Pistole. Sie hatte ihn bedroht, aber weiter war sie nicht gekommen, da es Captain Harris gelang, sie zu entwaffnen und die Polizei zu rufen.

Diese sensationelle Geschichte erschien am nächsten Tag auf der Titelseite der *Washington Post*, mit einem Foto des offenen Koffers und seines tödlichen Inhalts. Ich war am Boden zerstört, weniger um Mrs. Harris' willen als meinetwegen. Da stand unsere Adresse, schwarz auf weiß in der Zeitung, wo all meine Mitschüler und Mitschülerinnen sie sehen konnten. Unser Haus in der Fourth Street NW, Nr. 5014 hatte nicht nur die friedliche Familie Koenick beherbergt, sondern auch eine Möchtegernmörderin. Wie schnell ich die warmherzige, großzügige Frau vergaß, die aus mir eine junge Dame hatte machen wollen! Ich habe nie versucht herauszubekommen, was aus ihr geworden ist.

Nur meiner stets mitfühlenden Mutter tat Mrs. Harris leid. Aber sie hatte noch weit größere Sorgen. Jetzt, da der Krieg sich dem Ende näherte, forschte sie aktiver nach, was aus ihrer Schwester Regina in Polen geworden war. Das Rote Kreuz versicherte ihr, man tue alles, dem Schicksal polnischer Juden nachzugehen, und werde sie kontaktieren, sobald man etwas wisse. Mutter wurde immer besorgter, als Wochenschau-Aufnahmen befreite Konzentrationslager zeigten: wie Brennholz gestapelte Leichen und bis auf die Knochen abgemagerte Häftlinge in gestreifter Häftlingskleidung. Die Bilder waren so schrecklich, dass ich nicht hingucken konnte und mir die Augen zuhielt. Ich weiß nicht mehr genau, wann Mutter die traurige Nachricht bekam, aber ich sehe es noch vor mir – habe es mein Leben lang vor mir gesehen –, wie sie in Tränen ausbrach und unkontrollierbar schluchzte, als der Brief kam, in dem stand, dass ihre Schwester in einem Konzentrationslager umgekommen sei, ebenso deren Mann und Tochter. Ich würde die Cousine mit den Zöpfen wie meine nie kennenlernen.

So genau wie an den Kriegseintritt am 7. Dezember 1941 erinnere ich mich auch an das Kriegsende im August 1945. Ich war in einem Sommercamp in Maryland, als plötzlich die Glocken läuteten und wir die freudige Nachricht hörten: »Der Krieg ist aus!« Es war VJ-Day, was für *Victory over the Japanese* steht: Sieg über die Japaner. Wir Mädchen fielen einander um den Hals, rannten zum Kantinengebäude, wo die Fahne gehisst wurde, und sangen *God Bless America*. Unsere Betreuerin – ich sehe immer noch ihr lächelndes Gesicht vor mir, obwohl ich ihren Namen längst vergessen habe – ließ uns wild durcheinandertoben, statt uns wie sonst immer zur Ordnung zu rufen. Mit dreizehn erlebte ich, gemeinsam mit meinen Camp-Kameradinnen, ein Höchstmaß an Glück, das auch jetzt noch in mir nachhallt, wenn ich – inzwischen in den Achtzigern – an jenen Freudentag zurückdenke.

Im Herbst 1952 bekam ich zum ersten Mal persönlich einen Eindruck von der verheerenden Zerstörung, die der Zweite Weltkrieg gebracht hatte. Ich studierte mittlerweile, und eine meiner Professorinnen am Wellesley College schlug mir vor, mein vorletztes Studienjahr in Frankreich zu verbringen. Ich ergriff die Chance sofort.

Die ersten sechs Wochen meines Auslandsaufenthalts verbrachte ich bei einer französischen Familie, den Quantins, im Universitätsstädtchen Tours. Auch jetzt noch, sieben Jahre nach dem Krieg, gab es in Tours zerbombte Straßenzüge. Die alte Kirche nahe der Loire lag teilweise noch in Trümmern, und an der Straße türmten sich Steinhaufen.

Zu meinem Kummer erfuhr ich, dass die Zerstörung von amerikanischen Bombern verursacht worden war. Der Sohn der Quantins, Michel, ein junger Mann in den Zwanzigern, erklärte mir, dass die Amerikaner die Bomben aus sehr großer Höhe abgeworfen hatten und weniger zivile Gebäude getroffen hätten, wenn sie tiefer geflogen wären.

»Après tout, nous étions vos alliés«, sagte er. Schließlich waren wir eure Verbündeten.

Me

Aug' 46   North Beach

Marilyn Yalom mit vierzehn, Washington, D.C., 1946

Häufiger jedoch priesen die Einwohner von Tours die Amerikaner als ihre Retter. Ein bewegender Vorfall ist mir bis heute lebhaft im Gedächtnis. Ich saß in einem Nahverkehrsbus irgendwo außerhalb der Stadt neben einer Bäuerin mit einer dicken Henne auf dem Schoß. Als sie herausfand, dass ich Amerikanerin war, nahm sie meine Hand und sagte: »Quand je pense à tous ces jeunes américains qui sont venus mourir en France pour nous …« Wenn ich an all die jungen Amerikaner denke, die hier in Frankreich für uns gestorben sind … Die Franzosen äußerten mir gegenüber oft Dankbarkeit, aber nie so eindrücklich wie jene Frau in dem Bus voller Bauern und ihrer Erzeugnisse.

Was Michel betraf, lagen die Dinge allerdings komplizierter. Mit Mitte zwanzig wohnte er noch bei seinen Eltern, nachdem er als Jugendlicher einen kriegsbedingten psychischen Zusammenbruch erlitten hatte, der es ihm unmöglich machte, seinen Bildungsweg über die lokale Jesuitenschule hinaus fortzusetzen.

Michels Mutter, Madame Quantin, war eine höchst ungewöhnlich aussehende Frau. Sie hatte ein teigweißes Gesicht, schwarz gefärbte Haare und eine theatralische Art. Sie trug immer eine weiße Jacke und eine schmale Herrenkrawatte – ein Stil, den sie sich in den Dreißigerjahren als Inhaberin eines Damenhutgeschäfts zugelegt hatte. Madame Quantin war eine Art Lokalberühmtheit von schillerndem Ruf; so war etwa allgemein bekannt, dass Michels Erzeuger nicht ihr Ehemann war, sondern ein Mann von niederem Adel.

Sie hatte noch einen älteren Sohn, Jean-Jacques, aber ihr Liebling war eindeutig Michel. Er erzählte mir, sie habe ihn bis in seine Teenagerjahre jeden Tag von seinem Kindermädchen zur Schule bringen lassen, was für einen Jungen in der Pubertät zutiefst peinlich gewesen sein muss.

In der Vorkriegszeit wären die Quantins wie viele rechts gesinnte Katholiken lieber eine Allianz mit den Deutschen eingegangen als mit dem gemeinsamen Feind, den Kommunisten. Das war mir gänzlich neu, ich hatte nicht gewusst, dass manche ehrbaren Franzosen die Deutschen mehr oder weniger willkommen geheißen hatten. Aber die Einwohner von Tours, gleich welcher politischen Ausrichtung, mussten bald lernen, dass die Deutschen Tod und Zerstörung mit sich brachten. Im Juni 1940 machte die Wehrmacht durch brutalen Artilleriebeschuss fünf Hektar der Stadt dem Erdboden gleich und zwang das demoralisierte Tours zur Übergabe.

Michel erzählte von der Panik, die ihn gepackt hatte, sooft er Kriegsgeräusche hörte: Einschläge, Detonationen, Einstürze, Sirenen. Und dann die permanente Anwesenheit deutscher Soldaten auf den Straßen anstelle der französischen Männer, die größtenteils in Kriegsgefangenenlager gesteckt oder als Zwangsarbeiter nach Deutschland gebracht wurden. Nur die tröstliche Gegenwart der Jesuitenbrüder, sagte er, habe ihn halbwegs bei Verstand gehalten.

Man muss Michel gekannt haben, um seinem Charme gerecht zu werden. Schlank und dunkelhaarig auf französische Art, belesen, gebildet und mit ausgezeichneten Manieren, wirkte er gleichzeitig hochkultiviert und hochneurotisch. Er konnte mir mit der mühelosen Eleganz eines Gentleman ein Glas Wein einschenken und im nächsten Moment in rüdes Schweigen verfallen. Manchmal ließ er einen freigiebig an seinem Wissen über französische Geschichte und Kultur teilhaben, dann wieder war er so kurz angebunden, dass es schon an Unhöflichkeit grenzte. Ich habe mich immer gefragt, wie viel von seiner neurotischen Art mit seinen Erlebnissen während des Krieges zusammenhing, wie viel mit seiner bizarren Mutter und der unklaren Vaterschaft und wie viel schlicht mit Veranlagung.

Den Rest des Studienjahrs verbrachte ich in Paris. Gemeinsam mit einer anderen amerikanischen Studentin wohnte ich *chez* Madame Dubois, Avénue Kléber 96, im schicken 16. Arrondissement. Dort, in einer Ancien-Régime-Atmosphäre von Louis-seize-Möbeln und kunstvollen Stichen, schien es, als hätte es nie einen Krieg gegeben. Doch ein paar Überreste der Zeiten der Entbehrung gab es noch. Ein einziger kleiner Ofen lieferte die Wärme für sämtliche Zimmer, und im Bad erhitzte ein Badeofen das Wasser. Meine Mitbewohnerin und ich durften nur einmal in der Woche baden. Butter war immer noch knapp, deshalb waren wir gehalten, sie sparsam zu verwenden. Und es gab einen florierenden Schwarzmarkt für ausländische Währungen. Zu meiner Schande muss ich gestehen, dass ich ihn immer nutzte, wenn ich knapp bei Kasse war, denn schwarz getauscht erzielten amerikanische Dollar einen besseren Wechselkurs als offiziell.

Ich besuchte Kurse in zeitgenössischer französischer Literatur an der Sorbonne und in Bildhauerei des Mittelalters im Louvre und verbrachte meine Wochenenden damit, Kultur in mich aufzusaugen. Es war die Hochphase des Existenzialismus, und das Quartier Latin, wo ich studierte, war seine Heimat. Wir hielten Ausschau nach Jean-Paul Sartre und Simone de Beauvoir in den Cafés von Saint-Germaindes-Prés, wo sie bekanntermaßen verkehrten, bekamen sie aber nie zu Gesicht. Was ich hingegen sah, war die Erstinszenierung von *Warten auf Godot*, und ich erkannte unschwer die existenzialistische Hoffnungslosigkeit, auch wenn sie im Gewand einer Vaudeville-Komödie daherkam. Es war offenkundig, dass »Godot« für »kleiner Gott« stand und dass Gott niemals kommen würde. Der Krieg hatte ein intellektuelles Klima hervorgebracht, das viele traditionelle französische Institutionen wie etwa die Kirche infrage stellte und das Leben für bestenfalls »absurd« erklärte. Es sollte noch viele Jahre dauern, bis die Franzosen ihre Erfahrungen der Kriegsjahre sachlicher betrachten würden.

Ich studierte zwar an der Sorbonne und im Louvre mit jungen Franzosen und Französinnen, aber außerhalb der Lehrveranstaltungen war es schwer, mit ihnen in Kontakt zu kommen. Sie waren Ausländern gegenüber einfach nicht sonderlich freundlich. Stattdessen lernte ich eine Gruppe norwegischer Studenten kennen. Es gab da in meinem Literaturkurs einen jungen Mann, Halvor. Er hatte lockiges rotes Haar, grüne Augen und jenen ungewaschenen Geruch, an den wir Amerikaner uns nie gewöhnen würden. Ich lud Halvor zu einer Party bei uns ein, und er kam mit ein paar Freunden, die sich an der Tür hintereinander anstellten und dann mit einer höflichen Verbeugung eintraten, wobei jeder sorgsam artikuliert seinen Namen sagte: Halvor, Lars, Tor, Olaf. Sie sprachen alle hervorragend Französisch und ein tadelloses Englisch. Olaf, der Größte von ihnen, hatte klarblaue Augen und strohblondes Haar. Er studierte am Sciences Po und sollte mein Pariser Boyfriend werden.

Ein paar Jahre älter als ich, hatte Olaf die Kriegsjahre unter deutscher Besatzung erlebt. Er war elf oder zwölf, als die Deutschen in Norwegen einfielen. Er stammte aus einer Intellektuellenfamilie, zu der auch der bekannte Linguist Olaf Broch gehörte, und war nach diesem genannt worden. Den Krieg hatte Olaf als eine Zeit der Entbehrung und des Leids in Erinnerung. Er sagte, als Junge im Wachstum – er erreichte schließlich die Größe von einem Meter dreiundneunzig – sei er immer hungrig gewesen. Es habe einfach nicht genug zu essen gegeben, obwohl seine Familie begonnen habe, mitten in der Großstadt Oslo Gemüse zu ziehen und ein paar kleine Nutztiere zu halten.

Er erinnerte sich, dass seine Familie Nazi-Kollaborateure verachtet hatte, angefangen mit dem infamen Vidkun Quisling, der als Ministerpräsident die Marionettenregierung der Nazis in Norwegen führte. Seine Familie, sagte Olaf, sei auf Seiten König Haakons gewesen, der sich der Übernahme Norwegens durch die Deutschen mutig widersetzt hatte, und er erinnerte sich an das erleichterte Aufatmen, als bekannt wurde, dass der König und der Kronprinz in England in Sicherheit waren. Er hegte immer noch Ressentiments gegen die benachbarten Schweden, die er die »Deutschen des Nordens« nannte. Die schwedische Königsfamilie hatte Sympathien für die Nazis gezeigt, zum einen, weil die Königin aus einem deutschen Adelshaus stammte, aber auch, um einem deutschen Angriff zu entgehen und im Krieg neutral zu bleiben. Olaf hielt den Schweden nicht einmal zugute, dass sie viele Flüchtlinge aufgenommen hatten, darunter eine beträchtliche Zahl akut gefährdeter Juden aus Dänemark. Er war stolz auf die vielen Norweger, die organisierten

Die einundzwanzigjährige Marilyn Yalom entdeckt Paris
in ihrem Auslandsstudienjahr 1953

und erfolgreichen Widerstand gegen die Nazis geleistet hatten, schämte sich aber für die vielen norwegischen Frauen, die Beziehungen mit deutschen Soldaten eingegangen waren. Nach dem Krieg hatte man diesen Frauen, den sogenannten »Deutschenmädchen«, die norwegische Staatsbürgerschaft entzogen und sie samt ihren Kindern nach Deutschland ausgewiesen. Als ich 2018, dreiundsiebzig Jahre nach Kriegsende, diese Passage schrieb, erfuhr ich aus meiner Morgenzeitung, dass sich die norwegische Regierung gerade offiziell bei diesen »Deutschenmädchen« entschuldigt hatte.

Auch französische Frauen, die sich mit deutschen Soldaten eingelassen hatten, wurden nach dem Krieg bestraft. Nicht weniger als zwanzigtausend erlitten die Demütigung, öffentlich kahl geschoren und auf Lastwagen zur Schau gestellt zu werden. Ich sah in Wochenschauen und Zeitschriften solche Bilder und auch Fotos anderer »Verräter«, an denen – zum Teil gewaltsam – »Gerechtigkeit« geübt wurde. Doch wie so oft dienten vor allem Frauen als Sündenböcke für die Schande der Kollaboration mit dem Feind, deren Details in Frankreich erst Jahrzehnte nach dem Krieg umfassend aufgedeckt wurden.

Trotz dieser unrühmlichen Beispiele konnten die Franzosen für sich in Anspruch nehmen, dass ein großer Teil ihrer jüdischen Bevölkerung nicht umgekommen war. Neuesten Schätzungen zufolge lag die Überlebensrate der Juden in Frankreich bei fünfundsiebzig Prozent. Viele jüdische Kinder wurden in Klöstern und Familien versteckt, so auch zwei spätere Freundinnen von mir, Marguerite Lederberg und Nellie Langmuir. Sie wurden von christlichen Familien aufgenommen und für deren eigene Kinder ausgegeben. Eine katholische Familie in der Provinz schützte unter Gefährdung des eigenen Lebens Nellie und deren Schwester, die beide schon alt genug waren, um zu verstehen, was ihnen drohte. Marguerite hingegen, die die Kriegsjahre in einer protestantischen Familie in der Nähe von Cognac verbrachte, während ihre Eltern in der Résistance waren, wusste gar nicht, dass sie Jüdin war, bis ihre Eltern sie nach Kriegsende wieder abholten.

Leider kamen viele andere jüdische Kinder nicht mit dem Leben davon. Direkt nach dem Krieg erfuhr mein Freund Howard Epstein, dass das Zimmer, das er in Paris mietete, einem jüdischen Mädchen gehört hatte, bevor das Kind deportiert und umgebracht worden war. Weil ihn dieses Schicksal und das anderer getöteter Kinder nicht mehr losließ, wurde er Mitherausgeber der amerikanischen Ausgabe von *Le mémorial des enfants juifs déportés de France*, Serge Klarsfelds Dokumentation der Ermordung jüdischer Kinder aus Frankreich. Klarsfeld, der selbst als jüdisches Kind die Nazi-Besatzung überlebt hatte, sammelte jahrzehntelang das Material für die fast 2 000 Seiten mit den Namen und Daten von 11 402 jüdischen Jungen und Mädchen, die in den Jahren 1942 bis 1944 von französischen und deutschen Behörden zusammengetrieben und nach Auschwitz und in andere Todeslager deportiert wurden. Von diesen Kindern überlebten etwa dreihundert. Klarsfelds »Denkmal« für die ermordeten jüdischen Kinder, das auch 2 500 Fotos enthält, bezeugt die monströsen Verbrechen, die nicht nur die deutschen Besatzer begingen, sondern auch deren französische Kollaborateure. Diese Kinder konnten ihre Geschichte nicht mehr selbst erzählen.

Lange nach dem Krieg erkannten die Franzosen allmählich an, welchen Part viele ihrer Landsleute bei der Deportation französischer und anderer Juden aus Frankreich innegehabt hatten. Widerwillig gestanden sie auch die wichtige Rolle der Kommunisten in der Résistance ein, obwohl sie immer noch in erster Linie die Bedeutung General de Gaulles und seiner Anhänger hervorhoben. Doch 1952, als ich das erste Mal in Frankreich war, wollten die Franzosen, die ich kannte, kaum über den Krieg reden. Ihre Erinnerungen waren zu schmerzlich und in manchen Fällen auch zu sehr mit Schuldgefühlen behaftet. Anders als man uns Amerikaner glauben gemacht hatte, hatten viele Franzosen und Französinnen die deutsche Besatzung stillschweigend akzeptiert und viele weitere die Kollaborationsregierung unter Marschall Pétain aktiv unterstützt. Erst etliche Jahre später traf ich französische Männer und Frauen, die willens waren, mir ehrlich von ihren Erfahrungen während der Kriegszeit zu erzählen.

Von meinen europäischen Freunden, die den Krieg aus nächster Nähe erlebten, kommen die französischen in diesem Buch zuerst, zum einen wegen meiner langjährigen Verbundenheit mit Frankreich und zum anderen, weil der Ausgangspunkt des ganzen Projekts die außergewöhnlichen Quellen sind, die ich in den nächsten beiden Kapiteln vorstelle: die erste ein Text von Alain Briottet, die zweite von Philippe Martial. Briottet und Martial litten beide unter der Abwesenheit ihrer Väter: Der eine war unmittelbar vor dem Krieg im Dienst als Militärarzt gestorben, der andere war fast sechs Jahre in deutscher Kriegsgefangenschaft. Beide Jungen verbrachten den größten Teil der Kriegszeit mit ihren Müttern und Geschwistern auf dem Land, wo hauptsächlich Bauern und andere nicht mit dem Pariser Bürgertum vergleichbare Bevölkerungsgruppen lebten. Beide erlebten Entbehrung, Hunger, Kälte und die Vertreibung von zu Hause. Beide hatten unter dem Wüten der deutschen Wehrmacht und den Bombardements der Alliierten zu leiden. Und doch unterscheiden sich ihre Erfahrungen beträchtlich. Ihre Geschichten zeigen, wie zwei Jungen mit ähnlich gelagertem sozialem Hintergrund zu ganz verschiedenen Sichtweisen gelangen können. Für Philippe war der Krieg ein totales Desaster, und es gab wenig, worauf die Franzosen stolz sein konnten. Für Alain war der Krieg ebenfalls ein totales Desaster, aber manche Franzosen, darunter seine Mutter, handelten heldenhaft. Diese bei den Geschichten über das Alltagsleben unter der deutschen Besatzung sind Widerspiegelung und Widerspruch zugleich.

Kapitel 2

Widerstand

In der »freien Zone« Frankreichs

ALAIN BRIOTETT war erst zwei Jahre alt, als sein Vater, Reserveoffizier der französischen Armee, einberufen wurde. Monsieur Briottet geriet in der Schlacht von Dünkirchen am 4. Juni 1939 in deutsche Gefangenschaft und wurde die nächsten fünf Jahre zwischen verschiedenen Gefangenenlagern umhergeschoben. Als sein Vater heimkehrte, war Alain sieben, und die Abwesenheit des Vaters während dieser entscheidenden Jahre hinterließ bei dem Jungen Spuren fürs Leben.

Alain Briottets Mutter zog 1941 mit ihren drei Kindern – Alain, seinem älteren Bruder und seiner älteren Schwester – aus dem besetzten Paris in die *zone libre*, die vom Vichy-Regime unter Marschall Philippe Pétain kontrolliert wurde. Sie gingen mit großen Hoffnungen dorthin. »Wir bezweifelten nie«, schreibt Alain Briottet, dass die »ungeduldige junge Résistance des Limousin, von der die Leute Anfang 1941 flüsternd sprachen, beträchtlich wachsen und eine enorme Rolle im Kampf gegen die Besatzung spielen würde.«

Sein Memoir *Sine Die*, aus dem ich hier Auszüge in meiner Übersetzung wiedergebe, erschien 2016.

In den ersten Monaten der deutschen Besatzung traf alles zusammen, um unser Leben in Paris noch mühsamer und schwieriger zu machen. Nachts erfolgten die ersten britischen Luftangriffe auf die Hauptstadt. Das schrille Heulen der Sirenen riss uns aus ohnehin schon unruhigem Schlaf. Mit unseren armseligen Gasmasken gingen wir schnell in den Keller, der zum Luftschutzkeller umfunktioniert worden war. Im Dunkeln saßen wir auf Brettern, die jetzt Bänke abgeben mussten, und atmeten den Staub ein, der nach Rattenkot und Kanalisation stank. Angespannt warteten wir auf die Sirenen, die das Ende dieses Alarms oder den Beginn von etwas Schlimmerem verkünden würden.

Da in unserem Haus nicht mehr geheizt werden konnte, litten wir zunehmend unter der Kälte. Wie so viele Pariser verbrachten wir den Nachmittag oft in der Métro, um uns ein bisschen aufzuwärmen. Noch schlimmer war der Hunger. Mit unseren Lebensmittelkarten stand mein Bruder in den langen Schlangen vor den Geschäften an. Durch sorgsames Eintauschen unserer Marken versuchte er, etwas Milch und Brot und ein paar Kartoffeln zu ergattern. Der geringe Offizierssold, den meine Mutter erhielt (im Gefangenenlager behielt mein Vater kaum etwas für sich), erlaubte uns nicht, uns auf dem Schwarzmarkt zu versorgen, der in der Hauptstadt bald schon entstand. Für Geld konnte man alles bekommen. Nachdem die Miete bezahlt war, blieb vom Sold meines Vaters nicht genug, um den täglichen Bedarf von vier Personen zu decken. Meine Mutter opferte sich für uns auf: Sie wurde sehr dünn, aß nur noch extrem wenig. Sie dachte zunehmend darüber nach, ob wir nicht auf dem Land mit wenig Geld besser leben könnten. Zu Beginn des Winters 1941 beschloss meine Mutter, Paris zu verlassen und mit uns nach La Creuse zu gehen, einem Département in der *zone libre*, der »freien Zone«. (Während der Norden Frankreichs einschließlich Paris direkt unter deutscher Besatzung stand, wurde die *zone libre* im Süden nominell von den Franzosen selbst kontrolliert.)

Die *zone libre*. Ich war noch zu klein, um genau zu verstehen, was das bedeutete, aber es schien doch ein Ort zu sein, wo keine deutschen Soldaten mehr wären, die uns bedrohten, uns womöglich verhaften, vielleicht sogar töten oder, schlimmer noch, trennen würden.

Die *zone libre* – meine Mutter sprach oft davon, und nie sagte sie »die Südzone«. Sie schien sich an das Wort *libre* zu klammern. Aus ihrem Mund klang *zone libre* verheißungsvoll, als bezeichnete es ein Land, wo wir nicht mehr leiden würden, wo wir keine Angst mehr zu haben bräuchten, wo

Der kleine Alain Briottet (Mitte) mit Mutter, Geschwistern und Cousine
in La Creuse, 1942

wir so viel essen könnten, wie wir wollten, das Land, wo wir zusammenbleiben würden.

Die freie Zone tat sich vor uns auf.

Zu diesem Zeitpunkt ahnten wir nicht, dass sie auf so brutale Weise verschwinden könnte und dass die Ruhe und der scheinbare Friede nicht lange anhalten würden.

Zu diesem Zeitpunkt ahnten wir nicht, dass es dort, wo wir hingingen, noch gefährlicher sein würde als dort, wo wir herkamen, dass wir Zuflucht in einem kleinen Dorf suchten, das noch bedrohter sein würde als die Großstadt, aus der uns unsere Mutter unter solchem Einsatz fortbrachte. Wir ahnten nicht, dass in dem Wüten der letzten Kriegsmonate La Creuse mit so viel Blut getränkt werden würde.

Während der gesamten Kriegszeit war es für meine Mutter Ehrensache, sich immer gut zu kleiden. Sie wäre nie mit einer Laufmasche aus dem Haus gegangen, nicht mal zum Einkaufen oder auf die Post. In der Stadt trug sie, wenn sie ausging, stets Handschuhe – je nach Jahreszeit Leder- oder Netzhandschuhe – und ihre geräumige schwarze Lederhandtasche mit der vergoldeten Schließe, ein Symbol vergangenen Wohlstands, das immer noch ihr Geld und ihre Ausweispapiere enthielt. Bevor wir in die *zone libre* aufgebrochen waren, hatte meine Mutter eine Brosche an ihre Kostümjacke gesteckt, die für sie eine Art Glücksbringer war – mein Vater hatte sie ihr zur Verlobung geschenkt, ein silbernes Seepferdchen mit großen Augen aus blauen Steinen. Ich fand dieses Meeresgeschöpf nicht besonders schön, aber meine Mutter schrieb ihm geheimnisvolle, positive Kräfte zu.

Meine Mutter ging Risiken ein, ohne allzu viel über die
möglichen Folgen nachzudenken. Schon bald nach unserer
Ankunft in La Creuse übernahm sie Verbindungsaufgaben
zwischen den vielen verschiedenen, teilweise in Opposition
zueinander stehenden Widerstandsbewegungen, die sich bildeten. Sie nutzte dazu ihr Fahrrad, häufig ohne Rücksicht
auf mögliche Gefahren. Die Anführer der Résistance, Kommunisten und Gaullisten, waren in vielem uneins: über die
einzusetzenden Mittel, die Kriegsführung, die Organisation
nach dem Krieg. Sie kämpften erbittert um die Führerschaft
in der Region, doch die Kommunisten setzten sich rasch
durch. Das alles machte den weniger prominenten Mitglie-
dern des Widerstands die Arbeit nicht leichter. Eingesetzt,
um Flugblätter oder Zeitungen zu transportieren, blieben
diese anonymen Widerständler im Schatten. Sie beschränk-
ten sich darauf, Anweisungen zu befolgen und ihre Aufgaben zu erfüllen, die oft unscheinbar, aber dennoch gefährlich
waren.

Für meine Mutter und die Mehrzahl der französischen
Männer und Frauen war Widerstand eine natürliche Reaktion, frei gewählt und uneigennützig, lauter und spontan,
jenseits politischer Interessen. Pétains Waffenstillstand hin
oder her, Frankreich konnte doch nicht deutsch werden. Ein
solches Schicksal konnte doch der Sieger von Verdun nicht
für Frankreich akzeptieren. Wie viele Franzosen glaubte
meine Mutter zunächst, Pétain leiste auf seine Weise Widerstand, spiele ein doppeltes Spiel. Das war nicht sehr würde-
voll, nicht ruhmreich, aber man konnte es hinnehmen. Sie
verlor ihre Illusionen in dem Moment, als Pétain öffentlich
erklärte, er werde mit Nazi-Deutschland kollaborieren. Das

Ende der *zone libre* im November 1942 überzeugte sie endgültig, und ihr Widerstand gegen die Besatzer wuchs.

Ende Juli 1940 bestätigte das Internationale Rote Kreuz meiner Mutter offiziell, dass mein Vater im Lager Groß Born in Pommern gefangen gehalten wurde. Er sei in gutem gesundheitlichem Zustand. Wir könnten ihm an die auf der Briefkarte angegebene Adresse schreiben und ihm auch über das Rote Kreuz Pakete schicken. Von diesem Moment an bewies meine Mutter ein fast schon blindes Vertrauen in das Internationale Rote Kreuz, das zumindest zu Beginn des Krieges die einzige wichtige Organisation war, die sich konkret und regelmäßig um Kriegsgefangene kümmerte.

Später, nach seiner Heimkehr aus Deutschland, betonte mein Vater, wie sorgsam das Rote Kreuz die Pakete zusammenstellte und wie regelmäßig es sie schickte. Er wartete im Lager immer ungeduldig darauf, wegen der Rasierseife, die kaum je vergessen wurde. Manchmal enthielt das Paket zu seiner großen Freude auch zwei Dosen gezuckerte Nestlé-Kondensmilch und etwas Schokolade.

Die Pakete, die ihm Mutter schickte, waren weit ärmlicher, aber als wir in La Creuse waren, konnte sie sie etwas aufbessern. In unserem Dorf gab es nicht allzu viel. Hauptsächlich packte sie die Erzeugnisse der bescheidenen Bauernhöfe der Gegend hinein: Speck, Käse – diesen Käse aus La Creuse, der härter ist als Stein –, getrocknete Nüsse, Äpfel – sehr kleine saure Äpfel, die sie in Zeitungspapier wickelte –, manchmal ein Glas Honig. Sie packte noch etwas Kaffee-Ersatz dazu und ein paar Stücke Zucker, abgezwackt von unseren winzigen Rationen, nach Möglichkeit Unterhosen, Hemden und

Unterhemden, die sie von Nachbarn kaufte, Wollsachen wie Socken und Pullover, selbst gestrickt.

Den Briefen meines Vaters entnahm sie, dass die verschlissene Kleidung der Soldaten ein Problem war, das ihnen täglich zu schaffen machte und sich noch verschärfte, als es bitterkalt wurde. Die Offiziere, die im Juni gefangen genommen worden waren, trugen ja Sommeruniform, und Gepäck hatten sie natürlich nicht gehabt.

Die Pakete von ihren Familien und dem Roten Kreuz verbesserten ihre Situation etwas. Aber Socken blieben während der gesamten Gefangenschaft ein Problem. Weder Frankreich noch Deutschland hielten da mit dem Bedarf Schritt. Socken verschleißen schnell in Ländern, wo es Schnee gibt, zumal bei Männern, die lange Zwangsmärsche absolvieren müssen.

Dass sie keine Bücher schicken konnte, machte meine Mutter unglücklich. Mein Vater versicherte ihr, seine Pariser Kameraden, die unersättliche Leser seien – manche verschlängen drei, vier Bücher die Woche oder noch mehr –, bekämen eine Menge Lesestoff von ihren in großen Städten lebenden Frauen oder von verschiedenen Hilfsorganisationen für Kriegsgefangene. Mit all diesen Büchern hätten sie in Groß Born eine Leihbücherei eingerichtet, trotz der deutschen Zensur, die sich hauptsächlich auf englischsprachige Literatur konzentriere. Dennoch habe es auch *Vom Winde verweht* durch den Stacheldraht geschafft.

Was die Pakete »von Pétain« betraf, die Kriegsgefangene zu speziellen Anlässen und insbesondere zu Weihnachten bekamen, so schämte sich mein Vater ein bisschen, dass er sich dem Kommando seines Magens beugte und sie annahm. Aber getrieben vom Hunger, der durch den pommerschen Winter noch verstärkt und endgültig unerträglich wurde, stopfte er sich die Kekse von Pétain gierig zwischen die Zähne. Um ihr Gewissen zu entlasten, verbrannten er und seine Kameraden, die ebenfalls Pétain-Gegner waren, zahllose Fotos des französischen Staatschefs und sämtliche Propagandaschriften im großen Ofen ihrer Baracke.

Ich sah zu, wie meine Mutter die Pakete auf dem Esszimmertisch packte. Ganz auf ihr Tun konzentriert, nahm sie mich gar nicht wahr. Ich sah sie jedes Stück unendlich sorgfältig einwickeln, in einen Streifen von einem durchgewetzten Bettlaken oder ein Blatt einer alten Zeitung. Ich sah sie all diese kleinen Päckchen in einen großen Karton packen und mit sorgsam gefalteten kleinen Pappstücken verkeilen, sah sie manchmal wieder von vorn anfangen, um alles noch platzsparender unterzubringen. Ich sah sie dicken Bindfaden mehrfach um den Karton wickeln und dann verknoten. Ich sah sie mit dem Füllfederhalter Formulare und Etiketten ausfüllen, in der akkuraten Schrift von Klosterschülerinnen, und zum Abschluss des Ganzen die Etiketten auf den Karton kleben.

War ich eifersüchtig angesichts der ganzen Aufmerksamkeit, die sie diesem Mann widmete, meinem mir unbekannten Vater? Konnte man eifersüchtig auf diese ferne Person sein, die wir in unsere Gebete einschlossen? Konnte man hässliche, niedere Gefühle demjenigen gegenüber hegen, der seine Briefe mit den Worten beendete: »Vor allem spart euch für mich nichts vom Munde ab.« Briefe, die uns meine Mutter vorlas, oft unter Tränen. Diese abstrakte Gestalt, dieses geachtete heilige Wesen, »der Gefangene«, dessen einzige

Verkörperung für mich das Foto auf dem Nachttisch meiner Mutter war, ein Foto, das ich ab und zu verstohlen und ängstlich beäugte.

Anfang Dezember 1942 – mein Vater war da schon in Arnswalde – wollte meine Mutter aus Anlass des nahenden Weihnachtsfests ihrem Paket etwas mehr Glanz verleihen. Sie kam auf die Idee, ein großes Foto mitzuschicken, das uns alle in festlicher Kleidung zeigte. Sie beschloss, mit uns allen einen professionellen Fotografen in Limoges aufzusuchen. Das erst kürzlich von den Deutschen besetzte Limoges war weiter weg als Monluçon und noch größer, eine Stadt mit vielen Geschäften. Es war eine regelrechte Expedition, die drei Tage dauerte, weil zwischen den beiden benachbarten Départements Creuse und Haute-Vienne kaum Verkehrsverbindungen bestanden. Meine Mutter ging diese Expedition mit der ihr eigenen Energie und Zähigkeit an.

In Limoges übernachteten wir im Hotel, meine erste Hotelübernachtung. Es war für mich ein einziges Wunder, da ich das rustikale Leben in unserem Dorf gewohnt war, wo es weder fließend Wasser noch Stromleitungen gab und wir mit schweren Holzeimern zum Brunnen gehen mussten, um Wasser zu holen. Der alte Hotelaufzug mit einem hohen Spiegel, in dem man sich von Kopf bis Fuß sehen konnte, die Kette mit Porzellangriff, die die Toilettenspülung betätigte, die Klingel, all diese Vorrichtungen und Gegenstände waren für mich erstaunliche Entdeckungen. Ich probierte sie der Reihe nach aus wie ein kleiner Lord Fauntleroy, nur um zu sehen, was passierte, und verursachte damit eine gewisse Aufregung in diesem ruhigen Provinzhotel, das vom Krieg vergleichsweise unberührt war. Am Morgen brachte man uns das Frühstück aufs Zimmer, auf hübschem Geschirr mit einem Blümchenmuster, aber die Butter- und Marmelade-portionen schienen sehr knauserig bemessen, und der Kaffee schmeckte komisch. Man trug unser Gepäck hinunter oder besser gesagt, unsere einzige Tasche. Alles hier wurde so ge-macht wie vor dem Krieg.

Der Fotograf begriff, dass ein aufbauendes Foto gewünscht war, tröstlich, elegant. Dennoch hatte das Bild etwas Unwirk-liches. Wir wirkten ein wenig steif, aber heiter, unsere Ge-sichter glatt, augenscheinlich wohlgenährt, unsere Mienen gelassen, als führten wir ein komfortables Leben in einem friedlichen Land. Mein Vater konnte stolz sein, wenn er sei-nen Kameraden dieses Foto zeigen würde: eine schöne vor-nehme Frau inmitten hübscher Kinder, seiner Kinder.

Mit der Landung der Alliierten Anfang Juni 1944 wuchs bei den Deutschen Verzweiflung und die Rachsucht. Während die SS-Division »Das Reich« gefährlich nah an unser Dorf heranrückte, ohne dass wir es wussten, ohne dass wir die Bedrohung auch nur ahnten, entdeckte meine Mutter eines Morgens gegen Ende Mai im hohen, feuchten Gras das weiße Baumwollgewebe eines Fallschirms, der dort in der Nacht zurückgelassen worden war. Ein paar Wochen vor der Lan-dung hatten die Alliierten begonnen, per Fallschirm Waf-fen und Signalmunition im Landesinneren abzuwerfen. Im feuchten Gras waren Fußspuren, doch das Flugzeug, sicher eine Maschine der Royal Air Force, war längst weg. Im Licht der aufgehenden Sonne leuchtete das makellose Stoffsegel. Meine Mutter war einen Augenblick verdutzt, dann ergriff sie es und faltete es zusammen. Kurz erwog sie, es zu verbrennen – es durfte keine Spur davon bleiben, für den Fall, dass die Deutschen bis zu unserem Dorf kamen –, entschied sich dann aber dagegen: Ein Feuer würde die benachbarten Bauersleute alarmieren.

Also faltete sie den Fallschirm so flach wie möglich zusammen und versteckte ihn unter den großen Steinen der Mauer um den Eichenhain. Sie brachte es nicht über sich, dieses Zeichen zu vernichten, auf das sie wie alle Widerständler im Landesinneren seit Monaten ungeduldig gewartet hatte. Da es vom Himmel kam, machte es ihr wieder Hoffnung und Mut, ja, es trieb sie sogar dazu, noch wagemutiger zu sein – verkündete es doch, dass die Landung in Kürze bevorstand, dass es nur eine Frage von Tagen war, dass die Alliierten erfolgreich sein würden und der Moment unserer Auferstehung nahte. Unsere Auferstehung würde wie jede Auferstehung sein: auf einen Schlag, übernatürlich, strahlend und ohne Stocken, und sie würde dem Krieg sofort ein Ende machen. Der Glaube meiner Mutter war ohnehin schon groß, aber der Krieg hatte ihn noch um ein Vielfaches wachsen lassen. Im Angesicht der Gefahr wandte sie sich an »ihre Heiligen« – die kleine Nonne von Lisieux und der Zimmermann aus Nazareth waren ihre Favoriten. Oder sie sang. Sie sang Opernarien, populäre Liebeslieder oder Schlager aus dem Radio.

Hätte ihr in diesem Moment der Gedanke kommen können, dass das grandiose Unternehmen der Alliierten in jener vergessenen Region Frankreichs eine unerwartete, fürchterliche Reaktion der Deutschen provozieren würde? Wie aus dem Nichts würde der Krieg hier auftauchen. Er würde fern der strategischen Achsen aufbranden, in dieser ländlichen Gegend ohne Energie- oder Materialressourcen. Nicht wieder Gutzumachendes würde verübt werden, fern der Landungsstrände, aber so nah bei unserem Dorf, so nah bei unserem Haus, so nah bei uns.

Stunden danach erfuhren wir von dem Massaker in Oradour-sur-Glane. Am Ende des Tages übermittelte ein Augenzeuge die Nachricht. Ein ganzes Dorf von 642 Menschen war abgeschlachtet worden. Die Frauen und Kinder wurden in die Kirche gesperrt und, als sie zu fliehen versuchten, von Maschinengewehrsalven niedergemäht. Die Männer wurden in sechs Scheunen und Schuppen gebracht und erschossen, die Leichen anschließend in Brand gesteckt. Dieses verbrecherische Massaker war das Werk der 2. SS-Panzer-Division »Das Reich« unter dem Befehl von SS-Sturmbannführer Adolf Diekmann.

Während Oradour noch brannte und Feuerschein den Himmel rot färbte, rief ein Widerstandskämpfer aus Limoges unser Postamt an, um zu berichten, was geschehen war. Ein Junge, der mit dem Fahrrad von Ansiedlung zu Ansiedlung fuhr, um die Schreckensnachricht zu verkünden, kam bald auch zu unserem Haus. Wir saßen gerade beim Abendessen. Als ich die entsetzte Reaktion meiner Mutter auf seine schmerzerfüllten Worte sah, verstand ich, obwohl ich erst sechs war, das Ausmaß und das Grauen des Geschehenen. Ich spürte, dass wieder Gefahr über uns kam.

Etwas später bestätigten die FTP – *Francs-Tireurs et Partisans* – das schreckliche Massaker, deckten das Unaussprechliche auf.

Die Deutschen ihrerseits versuchten, unter der verängstigten Bevölkerung Schweigen zu erzwingen, die Stille der Furcht, die Stille des Todes.

Das Département Haute-Vienne, zu dem Oradour-sur-Glane gehörte, und das Département Creuse grenzten aneinander. Das klare, ruhige Wasser der Creuse vereinigte sich mit dem der Vienne. Jahrhundertelang, seit dem Hundertjährigen Krieg, seit den Religionskriegen, war der Frieden dieser Flüsse und ihrer Ufer, die Künstleraugen so lieblich erschienen, nicht gestört worden, hatte kein Blut das Wasser rot gefärbt.

Plötzlich existierte unsere Zuflucht nicht mehr.

Die Nachricht aus Paris erfüllte uns mit Zuversicht. Am Freitag, dem 25. August 1944, wurde Paris befreit. General De Gaulle kam in der Nacht an. Am Samstag, dem 26., zog er die Champs-Élysées hinunter, vorwärtsgespült von einer Menschenflut. Als er Notre-Dame erreichte, peitschten noch einmal letzte Schüsse. In der Kathedrale ging er feierlich durch das Mittelschiff, jeder Schritt langsam und gemessen. Der Erzbischof, der Monate zuvor Marschall Pétain dort entlanggeleitet hatte, war von der Teilnahme ausgeschlossen worden. Wieder fielen draußen Schüsse, ohne jedoch das Magnifikat in der Kathedrale zu übertönen. Unter solchen Umständen konnte »la flèche irreprochable«, wie der Dichter Peguy den Spitzturm einer anderen Kathedrale in einem Wortspiel aus »Pfeil« und »Spitzturm« nannte, »nicht fehlgehen«.

In La Creuse sammelten wir wieder Kraft, mussten aber noch ein Dreivierteljahr durchhalten.

Der Krieg war doch noch nicht zu Ende.

Die Deutschen kapitulierten erst im Mai 1945, elf Monate nach dem D-Day. Zudem mussten wir im Winter 1944–45 ganz neue Schneemengen ertragen.

Über mehrere Monate wuchs die Ungewissheit, was mit meinem Vater war. Ich verstand die wachsende nervöse Anspannung nicht, die von meiner Mutter ausging. Ich las sie in ihrem Gesicht und spürte sie an ihrer ständigen Unruhe. Sie schien immer auf der Lauer zu sein, hielt durchs Fenster Ausschau nach dem Briefträger, wartete auf einen Brief, eine Nachricht vom Postamt, ein Schreiben vom Internationalen Roten Kreuz.

Wir hatten kein Telefon und auch niemand sonst im Dorf. Zum Telefonieren mussten wir aufs Postamt in der nächsten größeren Ortschaft. In Paris und den großen Provinzstädten half das Telefon, das ängstliche Warten zu ertragen. Frauen von Kriegsgefangenen konnten mit Menschen reden, die ihnen nahestanden, konnten Informationen austauschen, beim Roten Kreuz und bei Hilfszentren anrufen, bei ausländischen Behörden und Botschaften nachfragen. Sie konnten herausfinden, wo die ersten zurückgeholten Kriegsgefangenen gesammelt würden, auf welchem Weg sie kämen und wann sie da sein würden. In unserem Dorf, in La Creuse, war jene Abgeschiedenheit, die uns geschützt hatte – die wir so hartnäckig gesucht und mit solchen Anstrengungen erreicht hatten –, jetzt etwas, das unsere Unruhe noch steigerte.

Als der Winter wich, es muss gegen Ende April 1945 gewesen sein, erhielt meine Mutter ein Zeichen– ein Telegramm aus Genf vom Internationalen Roten Kreuz.

In dem Telegramm stand, dass mein Vater gerade befreit worden war und sich jetzt im Lager Wietzendorf in Niedersachsen befand. Aber es stand nichts darüber, wann und wie er zurückgeholt würde und wie es ihm ging. Von dem Moment an fuhr meine Mutter wieder Rad.

Sie beschloss, jeden Tag nach Giat in Puy-de-Dôme zu fahren, zum nächstgelegenen Bahnhof, und dort auf den Abendzug aus Paris zu warten, der Gruppen von Kriegsgefangenen beförderte.

Sie wollte bei der Rückkehr meines Vaters auf dem *quai* stehen, so wie sie an jenem Tag im September auf dem *quai* der Gare de l'Est gestanden hatte, um sich von ihm zu verabschieden.

Im Mai 1945 hatte sie das Gefühl, dass ihr Platz dort auf dem *quai* des kleinen Bahnhofs in Puy-de-Dôme war und dass sie meinen Vater als Erste begrüßen sollte. Und wenn er dann nicht unter den Ankommenden war, fragte sie all die Männer, die, außer sich vor Freude, aus den überfüllten Waggons quollen und es nicht erwarten konnten, ihren Lieben in die Arme zu fallen. Aber die Männer wussten nicht, was sie antworten sollten. Einige Heimkehrer riefen ihr, wenn der Zug sich schon wieder in Bewegung setzte, durch die offenen Waggontüren zu: »Warten Sie, warten Sie ab, es kommen noch mehr Züge.«

Meine Mutter fuhr jeden Tag am späten Nachmittag, sobald wir aus der Schule zurück waren, los und kam erst spätabends wieder zurück. Sie legte über vierzig Kilometer mit dem Fahrrad zurück. Sie sagte, die langen Fahrten ermüdeten sie nicht, im Gegenteil, sie beruhigten ihre Nerven und linderten ihre Ungeduld. Sie sagte, auf dem Rückweg sei es so schön, den Duft der Wiesen zu riechen, und die kühle Abendluft erfrische sie. Sie hatte keine Angst, durch die Felder und Wiesen zu fahren, auf gefährlichen Wegen fernab jeder Ansiedlung, in einer Region, die das Kriegsende zerrissen und blutigen Säuberungen preisgegeben hatte.

Die Widerstandskämpfer, die *francs-tireurs*, die *maquisards*, die Partisanen George Gingouins, »die Widerständler der fünfundzwanzigsten Stunde« – sie suchten »Kollaborateure«, »Vichyisten«, »Schwarzmarktprofiteure«, um Rache zu nehmen. Die Zahl der willkürlichen Verhaftungen, der Hinrichtungen, der eingesperrten Frauen, der geschorenen Frauen, der brutal vergewaltigten Frauen wuchs und wuchs. Bei diesen »Säuberungen« waren Frauen oft die Sündenböcke. Sie mussten nicht für ihre eigenen Sünden büßen, sondern auch für die der Männer. Wobei ihre Sünden im Vergleich sicher verzeihlicher waren.

In den Monaten April und Mai 1945 beschleunigte sich das Geschehen. Nach der Einnahme Berlins durch die Rote Armee und Hitlers Selbstmord am 30. April erklärte Deutschland am 8. Mai seine bedingungslose Kapitulation an allen Fronten.

Unser Glück, so weit es jene Zeit zuließ, basierte ganz und gar auf der Liebe unserer Mutter zu uns und unserer Liebe zu ihr; wir kannten nichts anderes, und ich glaube, meine Schwester und ich wollten auch gar nichts anderes. Mein Bruder hingegen war kein Kind mehr. Der *maquis*, der Partisanenwiderstand, hatte ihn vorzeitig ins Erwachsensein und in die Welt der Männer katapultiert. Mein Bruder hatte seine Unabhängigkeit erobert und hielt daran fest, er wollte nicht mehr zurück.

Unser Dorf war ein wunderbarer Ort, wo es uns trotz der Wirren und Leiden dieser Zeit gut gegangen war. Wir konnten uns nicht vorstellen, dass wir es je wieder verlassen würden. Die schützende wilde Natur ringsum hatte uns ermöglicht zu leben, zu wachsen und diejenigen zu werden, die wir waren.

Eines Nachts hörte meine Mutter das Tuckern eines Automotors, offenbar vor unserem Haus. Sie stand auf und lief ans Fenster. Im Scheinwerferlicht des Wagens sah sie zwei Männer, die ausstiegen und die stumme Fassade musterten. Sie erkannte meinen Vater sofort an seiner Silhouette, einer schmalen jungen Silhouette. Er war noch nicht mal vierzig. Er trug einen langen Mantel um die Schultern.

Sie schrie auf, rief seinen Namen und rannte hinaus, im Nachthemd, ohne sich etwas überzuwerfen, barfuß und mit offenem Haar.

Als sie vor meinem Vater stand, ihrem Ehemann, den sie fast sechs Jahre nicht mehr gesehen hatte, nahm sie seinen Kopf zwischen die Hände und sah ihm lange schweigend ins Gesicht, als suchte sie die Züge, die sie gekannt hatte. Seine Züge, die sie nach dieser langen Zeit vielleicht fürchtete, vergessen zu haben. Seltsamerweise verwischt Abwesenheit die Züge eines geliebten Menschen stärker als die übrigen Erinnerungen, die sie in uns hinterlassen haben.

Sie beugte seinen Kopf nach rechts und links, wie um sich zu vergewissern, dass noch alles heil und funktionsfähig war. Als sie dann mit der Hand über sein Gesicht strich, langsam und sanft, fühlte sie, dass er Falten bekommen hatte, tiefe Stirnfurchen, und dass ihm die Haare und mehrere Zähne ausgefallen waren. Sie blickte ihm in die Augen und sah darin Tränen. Als sie ihn umarmte und an sich zog, fühlte sie seine hervorstehenden Knochen. Die Kleidung schlackerte ihm am ganzen Körper.

Aber er lächelte.

Er konnte sich nicht anders äußern. Er konnte nicht sprechen. Kein Laut, kein Wort kam aus seinem Mund. Er lächelte, um zu sagen, dass er noch lebte, dass er durchgehalten hatte, dass er es geschafft hatte, zu uns zurückzukommen. Er lächelte, um sich für sein armseliges Äußeres zu entschuldigen, seine verschlissene, abgewetzte Kleidung, seine Magerkeit, sein verwittertes Gesicht und die Tränen, die er nicht zurückhalten konnte. Er weinte vor Freude, dass er uns wiedergefunden hatte. Er weinte aus Angst, wir würden ihn nicht erkennen.

All den Tränen, die er im Lager unterdrückt hatte, konnte er jetzt freien Lauf lassen.

Kapitel 3

Unter deutscher Besatzung

Die brutalen Winter der Normandie

PHILIPPE MARTIAL wurde 1934 in Indochina geboren, wo sein Vater Militärarzt war. Nach fünf weiteren Jahren dort und in Französisch-Somaliland, wo sein Vater starb, kehrte die Mutter just bei Kriegsausbruch mit Philippe und seinen Schwestern nach Frankreich zurück. Die Familie lebte während des gesamten Krieges in der Normandie, die von den Deutschen besetzt war. Philippes Interesse für Literatur, Geschichte und Kunst zeigte sich schon früh, genau wie sein scharfer wacher Verstand.

In den vierzig Jahren, die ich Philippe jetzt kenne, kam ich regelmäßig in den Genuss seiner Großzügigkeit, seiner altmodischen Höflichkeit und seines breiten kulturellen Wissens. Ich habe Philippe oft nach seiner Kindheit im Zweiten Weltkrieg gefragt, und er erzählte mir daraufhin so viele Geschichten, dass ich schon beinahe einen persönlichen Bezug zu seiner Vergangenheit empfinde. Jüngst hat er ein kurzes Memoir geschrieben, das ich für dieses Buch aus dem Französischen übersetzt habe.

Mein Vater kam 1920 zum Medizinstudium aus Französisch-Guayana nach Bordeaux und wurde dann Offizier der französischen Überseestreitkräfte. Da er zu einem Viertel schwarz war, nahm er wohl an, in den Kolonien würde ihm weniger Rassismus entgegenschlagen. Nach Jahren im medizinischen Dienst heiratete er während eines längeren Heimaturlaubs in Paris die Tochter des Commandant Henri Brinkert. Trotz der Hautfarbe meines Vaters machte sich die Familie Brinkert von Vorurteilen frei und nahm den verdienten Capitaine freundlich auf.

Mein Vater setzte seine militärische Laufbahn als Arzt in Indochina fort – damals eine französische Kolonie, bestehend aus den heutigen Staaten Vietnam, Laos und Kambodscha. Er war am Krankenhaus von Lang Son im nördlichen Vietnam tätig, wo ich 1934 geboren wurde. Meine Zwillingsschwestern kamen achtzehn Monate später zur Welt.

Wir blieben nur drei Jahre dort, aber diese Zeit ließ meinen Vater eine sehr kritische Haltung gegenüber der Kolonialverwaltung einnehmen. Für ihn waren die Beamten überwiegend Rassisten, deren Ziel es war, maximalen Profit aus der Ausbeutung der einheimischen Bevölkerung zu ziehen. 1934 prophezeite er: »Wenn Frankreich so weitermacht, wird es Indochina verlieren und dann auch Algerien.« Niemand wollte auf seine Warnungen hören.

Mein Vater wurde zum Chef des Gesundheitsdienstes in Französisch-Somaliland befördert, und wir zogen nach Dschibuti. Seine Aufgabe war es, das dortige Krankenhaus zu erweitern und zu modernisieren. Nahe dem Äquator gelegen, herrschte in Dschibuti ein mörderisches Klima. Von der Arbeit und dem Wetter rasch ausgelaugt, zog sich mein Vater Paratyphus zu, woran er am 18. Juni 1939 mit vierundvierzig Jahren plötzlich starb.

Unsere Familie kehrte nach Frankreich zurück und fand Unterschlupf bei meinen Großeltern, in einem geräumigen Haus, das sie in dem Dorf Fleury-sur-Andelle in der Normandie, zwanzig Kilometer von Rouen, gemietet hatten. Die Dorfbewohner bezeichneten das Haus als *château*, weil es ein altes Taubenhaus besaß, was als typisch für den Adel galt, aber letztlich war es nur ein großes Landhaus. Als wir gerade eingezogen waren, erklärte Frankreich am 3. September 1939 Deutschland den Krieg, keine drei Monate nach dem Tod meines Vaters. Ich war da gerade fünf geworden.

Zunächst, während des sogenannten Sitzkriegs, jener acht Monate, bis der Krieg mit den Deutschen wirklich losging, herrschte in dem Dorf Fleury-sur-Andelle Ruhe. Eines Tages sah meine Großmutter, wie ich vor mich hin kritzelte. Ich träumte davon, auch Post zu bekommen wie die Erwachsenen, und versuchte, die geheimnisvollen Zeichen, die sie zu Papier brachten, nachzuahmen. Geduldig lehrte mich meine Großmutter die Buchstaben, sodass ich schon schreiben konnte, als ich im Oktober 1939 in die Schule kam. Meine Mutter mit ihren gesellschaftlichen Vorurteilen hatte mich an einer Privatschule angemeldet. Gott bewahre, dass wir mit den Dorfkindern zur Schule gingen! Auf keinen Fall! Madame Tocqueville war die Leiterin der Schule und die einzige Lehrerin. Sie war überaus religiös. Jeden Tag begann der Unterricht mit dem Vaterunser und einem Gebet zur Jungfrau Maria. Zu Weihnachten, das weiß ich noch, bekam jedes von uns drei Kindern ein Fahrrad, und wir rasten wie die Irren die Gartenwege entlang.

Im April 1940 begann das militärische Debakel. Selbst

unser Großvater, der ehemalige Commandant, wurde an die Front gerufen. Unsere Anspannung wuchs. Die ersten Anzeichen des nahenden Krieges versetzten uns in Schrecken: Unser Nachbardorf Charleval wurde von der deutschen Luftwaffe bombardiert. Was würde mit Fleury passieren?

Im Juni 1940, als die Deutschen näher rückten, beschloss meine Mutter, aus dem Dorf zu fliehen. Sie mietete ein Auto, und zu fünft, mit meiner Großmutter, nahmen wir die Straße nach Westen. Ich erinnere mich nicht an die Unbilden der Reise, nur dass wir immer weiter nach Westen fuhren, bis in die Vendée, wo wir Zuflucht im Château de Saint-Florent-des-Bois fanden, nahe der Kleinstadt La Roche-sur-Yon. Das Schloss gehörte einer Gräfin, die uns bei unserer Ankunft begrüßte und uns half, uns in einem lang gestreckten Gebäude einzurichten, das von einer neogotischen Kapelle flankiert war. Es gab weder fließend Wasser noch Elektrizität; die Beleuchtung bestand aus Karbidlampen.

In dieser düsteren Zeit wartete ich ungeduldig auf den 12. August, meinen Geburtstag. Ich würde sechs werden. Ich freute mich auf eine kleine Feier, wusste, dass ein Kuchen in Arbeit war. Doch leider bekam ich am Morgen meines Geburtstags hohes Fieber – der Beginn einer langen Serie körperlicher und psychosomatischer Erkrankungen, die immer im ungelegensten Moment kamen und mein Leben trübten. Der Arzt damals diagnostizierte Paratyphus, die Krankheit, an der mein Vater gestorben war. Bald darauf ereilte dieselbe Krankheit auch meine Schwester Claudine. Zum Glück genasen wir beide.

Der fünfjährige Philippe Martial in Fleury-sur-Andelle,
stolz auf die Ehrenmedaille seiner Schule, 1940

Nach einigen Monaten schrieb uns ein Freund aus Fleury-sur-Andelle und drängte uns, so bald wie möglich zurück-zukommen. Kurz nach unserer Abfahrt waren die Nazis ge-kommen und hatten, als sie unser großes Haus leer fanden, dort ihr Garnisonshauptquartier eingerichtet. Von deutschen Soldaten besetzt und verwüstet, war unser Haus praktisch unbewohnbar, keine Tür, kein Fenster mehr heil.

Ich war sechs und nicht mehr das gänzlich unwissende Kind, das ich gewesen war; ich begriff bereits einiges von den Schrecken des Krieges. Bei unserer Rückkehr nach Fleury erblickte ich mit eigenen Augen die brutale Dummheit der menschlichen Tiere, die unser Zuhause zerstört hatten.

Die Soldaten hatten wie üblich hemmungslos gewütet. Sie hatten das Haus geplündert und alles mitgenommen, was sie reizte. Geschenke ehemaliger Patienten in Dschibuti an mei-nen Vater – ein prächtiger Teppich, Schmuckgegenstände aus Silber, Elfenbein und Lackholz – waren auf dem Weg nach Deutschland. Alles, was nicht gestohlen war, war verwüstet. Die Möbel meiner Großmutter hatten die Deutschen im Ka-min verbrannt. Ebenso die Vitrine mit Objekten, die wir aus Indochina mitgebracht hatten. Sie hatten die Türen aus den Angeln gerissen und die Steinintarsien aus dem Lackholz-schränkchen gehebelt. Und als Zugabe noch eine Kugel in eine Pagodenglocke gejagt.

Meine Mutter war noch jahrelang außer sich vor Wut und sagte oft: »Ich hoffe, dass alles kaputt gebombt worden ist, was die *Boches* mir gestohlen haben.« Und ich antwortete dann: »Ich hoffe, eine deutsche Familie hat es alles sorgsam erhalten.« Und fügte dann hinzu: »Ein Kunstwerk gehört uns nie, wir sind nur seine zeitweiligen Hüter.«

Später verstand das Kind, das ich damals war, dass in einer Zeit hemmungslosen Massenmordens ein zerstörtes Haus und der Verlust von Mobiliar nichts bedeuteten. Was sind materielle Dinge im Vergleich zur Shoah?

Unser Haus war unbewohnbar, und meine Großeltern mieteten ein Haus mit Garten im Ortszentrum. Der Bürgermeister von Fleury wusste, dass meine Mutter Deutsch konnte, deshalb bat er sie, bei Rechtsstreitigkeiten zwischen Dorfbewohnern und Offizieren der deutschen Besatzungstruppen zu dolmetschen. Ich verstand nicht alles, was meine Mutter abends ihren Eltern berichtete, aber ich hörte genau zu und behielt Gesprächsfetzen. Aus dem, was sie sagten, entstand bei mir das Gefühl, dass viele Leute sich ehrlos benahmen und es wenig gab, worauf man als Franzose stolz sein konnte.

Wie der Großteil der Bourgeoise stand die Familie meiner Mutter hinter Marschall Pétain. Von 1918 bis 1940 galt Pétain als der »glorreiche Sieger« des Ersten Weltkriegs, und im Juni 1940, als Frankreich in den besetzten Norden und die »freie Zone« im Süden geteilt wurde, wurde er der »Retter«. Die Bourgeoisie war erzkonservativ und teilte im Großen und Ganzen die verbreitete Meinung: »Lieber eine deutsche Besatzung als einen Sieg der Bolschewiken.«

Selbst die Presse war gegen die Sowjets und verschloss die Augen vor Hitlers monströsen Taten. Ich habe eine hartnäckige Erinnerung an ein grausiges Zeitungsfoto, das die Sowjets im schlimmsten Licht zeigte: Zu sehen war ein Leichenberg in einem Keller – Finnen, massakriert von der Roten Armee.

In Madame Tocquevilles frommer Schule lernte ich, dass Juden schlechte Menschen waren, Angehörige einer Rasse von Gottesmördern. Sie hatten Gott getötet, indem sie Jesus kreuzigten! Zweitausend Jahre später galt es als heilige Pflicht, diese Schurkerei nie zu vergessen. Und die Propaganda! Sie grassierte an Hauswänden in Form von Plakaten, die einem sagten, woran man einen Juden erkannte. Die karikaturesken Zeichnungen waren immer im Profil, mit einer Riesennase als angeblich typischem Rassemerkmal.

Unter Pétain wurde der Antisemitismus gewissermaßen amtlich. Einer der ersten Akte der Pétain-Regierung war es, Juden das Überschreiten der Demarkationslinie zwischen dem Norden und dem Süden zu verbieten. Durch Gesetze vom 18. Oktober 1940 und vom 2. Juni 1941 wurde Juden die Ausübung bestimmter Berufe untersagt. Der Gipfel der Infamie war der 16. Juni 1942, als die Regierung 13 000 Juden, darunter 5 000 Kinder, im Pariser Vel d'Hiv, dem Wintervelodrom, zusammentreiben ließ, von wo sie dann in die Gaskammern deportiert wurden.

Zum Glück wurde in unserem Dorf dieser ideologische Furor durch eine gewisse Trägheit gebremst. In Fleury-sur-Andelle gab es zwei Ärzte, von denen einer Jude war. Sehr wahrscheinlich wussten das viele Dorfbewohner, aber da die Patienten mit seiner Behandlung nicht unzufrieden waren, wurde er weder offen als Jude behandelt noch als solcher denunziert.

Irgendwann, als ich sieben oder acht war, begann ich, meine Mutter über die beiden Statuen in unserem Wohnzimmer auszufragen – zwei Buddha-Figuren, die der Plünderung durch die Nazis entgangen waren. Meine Mutter erklärte mir, dass es noch andere Religionen als den Katholizismus gebe. Also fragte ich: »Wenn ich in Benares zur Welt gekommen wäre, wäre ich jetzt Hindu, in Bagdad Moslem und in Afrika Animist?«

Ich kam auf die wenig glückliche Idee, meine Fragen auch Madame Tocqueville zu stellen, die sichtlich in Verlegenheit geriet und keine Antwort darauf hatte. Das verblüffte mich. Konnte es sein, dass der Glaube von dem Ort abhing, wo man geboren wurde, von der sozialen Gruppe, der man angehörte, vom schieren Zufall? Wo war Gott in alldem? Das ganze Gerede von der Gnade und der »besonderen Beziehung zu Jesus« schien kaum überzeugend angesichts schierer geografischer Determinanten. Ohne dass ich es wusste, hatte sich in mir gerade die Saat umfassender religiöser Zweifel festgesetzt, die sich mein Leben lang halten sollten.

Während ich von den Gräueltaten verschont blieb, die an den Juden begangen wurden, musste ich die bittere Lektion des Rassismus lernen. In Fleury-sur-Andelle leben »Normannen«, die zu einem Gutteil von den Wikingern abstammen. Viele haben rote Haare und helle Haut, und einige tragen immer noch den Familiennamen Odent, der auf den skandinavischen Gott Odin verweist. Meine beiden Schwestern und ich mit unserer dunklen Haut und unserem krausen Haar mussten da auffallen. Selbst in der Kirche, in Gegenwart Gottes, konnten es sich die Dorfkinder nicht verkneifen, uns zu verspotten und *les bamboulas* zu nennen – ein abfälliges Slangwort für Schwarze.

Was ich damals nicht wusste, war, dass Rassismus und Antisemitismus politisch verflochten waren. Ab dem 28. September 1940 benannte ein Plakat im Bahnhof von Vichy

Gruppen, die die Demarkationslinie zwischen der freien und der besetzten Zone nicht überqueren durften: »Juden, Marokkaner, Schwarze, Martinikaner, Indochinesen und dunkelhäutige Personen generell.«

Während des gesamten Krieges war ich ein sehr einsames Kind. Vier Jahre lang spielte ich nie mit Gleichaltrigen. Für meine Mutter mit ihrem Dünkel war es undenkbar, dass ich mit den Dorfkindern spielte, ungehobelten Bauernbälgern! Meine Schwestern sah ich außer bei den Mahlzeiten kaum. Vormittags war ich in der Schule bei Madame Tocqueville. Nachmittags tauschten meine Schwestern und ich die Rollen: Sie gingen in die Schule, und ich machte meine Hausaufgaben.

Zum Glück boten die Künste ein magisches Refugium. Zunächst die Musik. Zwei, drei Mal die Woche öffnete meine Mutter ein riesiges Klavier, das sie bei den Aufenthalten in Übersee begleitet hatte. Ich liebte es, meiner Mutter beim Klavierspielen zuzuhören: Sie war eine große Verehrerin von Beethoven, Chopin und Rachmaninow, aber auch von Komponisten, die in Frankreich weniger bekannt waren, wie etwa Brahms. Im Radio hörten wir nur klassische Musik; wir wussten nichts von Schlagern oder von etwas, das sich »Jazz« nannte.

Vor allem aber wurde ich eine Leseratte. Meine Mutter hatte aus unserem alten Haus etwa zwanzig Geschichtsbücher und Biografien geborgen, die verstümmelten Überreste unserer Hausbibliothek. Und ich entdeckte die Lyrik. Mit sieben oder acht lernte ich die Reimregeln kennen, und diese enthusiastische Lehrzeit bildete die Grundlage einer lebenslangen Leidenschaft für das Lesen und Schreiben von Gedichten.

Und ich lernte zeichnen. Als ich vier war, hatte mir mein Vater Buntstifte in die Hand gegeben und den Umgang damit gezeigt, indem er neben mir zeichnete. Jahre später, in Fleury, würde ich Stunden um Stunden mit Zeichnen verbringen.

Zu Weihnachten 1942 und 1943 taten meine Mutter und meine Großeltern ihr Bestes, uns zu verwöhnen, aber Spielzeug war rar und teuer. Ich habe eine wunderbare Erinnerung: ein Weihnachtsbaum, strahlend von winzigen Kerzen und silbernen Kugeln. Selbst einige wenige Geschenke stifteten große Freude, denn sie waren neu! Zum ersten oder zweiten Weihnachten bekamen meine Schwestern je eine Puppe und ich eine kleine Figur von einem Harnisch tragenden Kardinal Richelieu. Natürlich fühlten wir uns sehr verwöhnt.

Die Sache hatte nur einen Schönheitsfehler. In einem meiner Kinderbücher hatte ich gelesen, dass arme Kinder an Heiligabend einen Schuh vor den Kamin stellten und dann am Weihnachtsmorgen darin eine Orange fanden. Also rief ich empört aus: »Wir sind so arm, dass wir nicht mal eine Orange kriegen!«

Trotz solcher kleinen Glanzlichter litten wir vier Jahre unter Hunger, Kälte und der Angst vor Bomben. Unsere Hauptsorge war die Beschaffung von Lebensmitteln. Mein Vater war früh gestorben, deshalb war seine Offizierspension nicht sehr hoch. Außerdem nutzten die Bauern in unserer Gegend die Lebensmittelknappheit, um auf dem Schwarzmarkt Profit zu machen.

Für jede Kleinigkeit mussten wir Schlange stehen, beim Lebensmittelladen, beim Metzger, beim Milchhändler. Mehrmals die Woche verbrachten wir eine Dreiviertelstunde in der Eiseskälte, ehe wir ein Geschäft betreten konnten, nur um dann zu erfahren, dass es nichts mehr gab. Einmal jedoch, als ich meine Mutter begleitete, entdeckte ich eine heimliche Praktik. Ich sah, wie der Ladeninhaber nach rechts und links blickte, dann etwas von der gewünschten Ware unter dem Ladentisch hervorzog und der Kundin zu einem erhöhten Preis anbot. Dann wieder Blicke nach allen Seiten, um sicherzugehen, dass dieses Tun geheim blieb.

Butter war, wenn man sie kaufte, so teuer wie Gold. Milch aus dem Laden war weder pasteurisiert noch entrahmt, also schöpfte man den Rahm sorgsam ab, um daraus selbst Butter zu machen. Jeden Samstagmorgen erbot ich mich zu buttern, weil ich wusste, dabei konnte ich verstohlen einen Finger in die Masse stecken, wenn sie das köstliche Stadium von Schlagsahne erreicht hatte. Ah! Der Geschmack ist mir immer noch in Erinnerung. Schließlich bildete sich ein kleiner Klumpen Butter. Er war kostbar, denn er musste die ganze Woche reichen. Am nächsten Tag, dem Sonntag, stellte das Dienstmädchen dann die stets gleiche Frage: »Madame, kann ich den Kindern etwas Butter auf ihre Brötchen kratzen?« Kratzen? Das war das richtige Wort.

Jeder im Dorf hielt mindestens eine Henne, der Eier wegen. Kaninchen waren noch leichter zu halten. Meine Schwestern und ich sahen gern zu, wie diese kleinen Geschöpfe in ihrem Stall umherhoppelten. Wir rupften an Feldwegen Gras für sie. Wenn die Zeit gekommen war, sie zu essen, tötete mein Großvater sie heimlich.

Großvater war unser Retter. Damit wir genug zu essen hatten, schuftete er in seinem und in unserem Garten. Ich hatte keine Ahnung, welche Mühe es kostet, auch nur das kleinste bisschen Gemüse zu ziehen. Er verbrachte Stunden mit Gießen, Beschneiden und Jäten. Auf meinem eigenen kleinen Beet lehrte er mich, Karotten, Erbsen, grüne Bohnen und Salat zu ziehen. Es machte mich enorm stolz, meine Familie schließlich meine wenigen Erzeugnisse verzehren zu sehen. Wenn das Kartoffelkraut erschien, wurde es höchste Zeit, die Kartoffelkäfer zu bekämpfen. Ein wenig Kupfersulfat hätte genügt, aber das war im Krieg nicht zu bekommen. Also schlüpften meine Schwestern und ich mit Marmeladengläsern zwischen den Reihen von Kartoffelpflanzen entlang, suchten Blatt für Blatt ab und streiften die Käfer in das Glas. Dann wurde diese widerliche Ernte ins Feuer geworfen.

Man muss die brutalen Winter der Normandie erlebt haben, um zu verstehen, wie sehr man unter dieser Kälte leiden kann. Nach der Gluthitze von Dschibuti waren wir alle umso kälteempfindlicher. Die Küche war der bestgeheizte Raum im Haus, dank eines riesigen schwarzen Holzherds. Wenn unser Brennholz knapp wurde, schaffte es mein Großvater, im Tausch gegen Obst und Gemüse genug Nachschub zu besorgen, um den Herd weiter zu beheizen. Jeden Abend zogen wir uns in der Küche aus. In den eiskalten Zimmern oben schliefen wir unter dicken Federbetten. Das Dienstmädchen schob jedem eine altmodische Wärmepfanne unter die Zudecke.

Das Wäschewaschen war ein Spektakel, das meine Schwestern und ich uns nie entgehen ließen. Die Frauen des Dorfes, viele schon ziemlich alt, schoben schwere Schubkarren mit mächtigen Wäschebündeln zum Gemeindewaschhaus am Ufer der Andelle. Dort kniete sich jede auf einen ins Wasser geneigten Waschstein und schlug die Wäsche stundenlang von Hand. Das einzige Vergnügen der Frauen war es zu schwatzen. Im Waschhaus machte aller Dorfklatsch die Runde.

Um der schlimmsten Plackerei zu entgehen, kochte unser Dienstmädchen Hélène die Wäsche im großen Waschkessel in einem Schuppen am Haus. Wenn Seifenpulver knapp und teuer war, ersetzte sie es durch Holzasche, die reinigend und bleichend wirkte. Um die Wäsche in Sonne und Wind zu trocknen, hängte Hélène die Laken über eine Leine, die zwischen zwei Pfählen hinten im Garten gespannt war. Dann klammerte sie die übrigen Wäschestücke fest. Meine Schwestern und ich boten ihr stets unsere Hilfe an, aber die war so schmutzträchtig und ineffektiv, dass Hélène sie jedes Mal ablehnte.

1944, als die Alliierten ihre Landung in der Normandie vorbereiteten, bombardierten sie strategische Verteidigungspunkte der Deutschen. Die Amerikaner agierten mit maximaler Vorsicht: Ihre Geschwader flogen in 10 000 Meter Höhe, so hoch wie möglich über den deutschen Flugabwehrgeschützen. Die Engländer flogen viel tiefer; man erkannte sie gleich an dem scharfen Pfeifgeräusch, wenn sie auf ihre Ziele herabstießen.

Aber wir hatten uns längst an die Bombenangriffe gewöhnt, die schon seit 1940 erfolgten. Rouen, die nahe Großstadt, war nach und nach durch Brandbomben zerstört worden, die gewöhnlich nachts fielen. Die Amerikaner warfen ihre Bomben aus so großer Höhe ab, dass sie kaum je die vorgesehenen Ziele – die großen Brücken über die Seine oder den Bahnhof – trafen, aber so ziemlich alles in der Umgebung in Trümmer legten.

Die Brände waren so heftig, dass selbst in Fleury der Nachthimmel in Richtung Rouen rot glühte.

Unser ganzes Dorf trauerte, als eine junge Frau aus Fleury drei Wochen nach ihrer Hochzeit auf der Fahrt nach Rouen umkam und in ihrem Brautkleid begraben wurde. Trotz unserer Angst musste meine Mutter nach Rouen, um mit einer meiner Schwestern zum Zahnarzt zu gehen und mit mir zum Optiker. Dieser Optiker, ein ziemlicher Gauner, redete uns ein, dass ich unweigerlich erblinden würde, dass ich aber, bis diese Blindheit zuschlüge, eine sehr teure Brille tragen könnte, die er mir machen würde. Jedes Mal, wenn wir in Rouen waren, erblickten wir Ruinen, immer mehr, vor allem entlang der Seine. Schließlich war von den prachtvollen *Quais* aus dem achtzehnten Jahrhundert nichts mehr übrig.

Ein Teil der Kathedrale stürzte ein, und das Dach des Nordturms brannte, doch die vier tragenden Pfeiler des gusseisernen Spitzturms hielten zum Glück stand. Weniger Glück hatte der Justizpalast, das größte profane Bauwerk der Gotik in Frankreich. Er wurde völlig zerbombt. Im persönlichen Umfeld kannten wir einen Juwelier, der sein Geschäft ganz in der Nähe der Kathedrale hatte, und bei einem unserer Besuche fanden wir anstelle seines Juweliergeschäfts ein gähnendes Loch vor. Zum Glück erfuhren wir in der Folge, dass er sich auf der anderen Flussseite aufhielt, als sein Laden zerstört wurde.

Lange blieb Fleury-sur-Andelle verschont. Wir beobachteten fasziniert, aber ohne Furcht, wie die Flugzeuge über uns hinwegzogen, Richtung Rouen, Le Havre oder Evreux. Deutsche Flugabwehrgeschütze feuerten pausenlos auf sie, und manchmal trafen sie auch. Sooft ein Flugzeug getroffen war, trennte es sich von den anderen, ging in Flammen auf, taumelte dem Erdboden entgegen und schickte eine schwarze Rauchsäule empor. Und es gab auch weiße Objekte, die vom Himmel fielen: Fallschirme. Flieger sprangen ins Leere, selbst auf die Gefahr hin, gefangen genommen zu werden, sobald sie am Boden waren. Eines Nachmittags flog ein riesig aussehendes Flugzeug so tief über unser Dorf hinweg, dass es fast die Dächer streifte. Brennend und rauchend zerschellte es auf einem Acker. Es war offensichtlich, dass der Pilot uns hatte retten wollen: Um sicherzustellen, dass er die Maschine noch weit genug wegsteuern konnte, hatte er seinen Schleudersitz nicht betätigt. Er hatte sich bewusst geopfert.

Eines Tages, so gegen zehn Uhr, als ich in der Schule war, hörte ich Flugzeuge herandröhnen, dann einen schrecklichen Lärm: Die Bombardierung von Fleury hatte begonnen. Madame Tocqueville sagte, wir sollten beten. Ich für meinen Teil blickte zu dem Tisch hinten im Klassenraum und wollte darunterkriechen. In einer kurzen Ruhepause kam mich Hélène holen. Dann ging das Bombardement wieder los.

Meine Mutter, meine Schwestern, Hélène und ich flüchteten uns in die Garage hinten in unserem Garten. Das Betondach war zu dünn, um uns im Fall eines Treffers wirklich zu schützen, aber in Ermangelung einer besseren Zuflucht blieben wir eine endlose Viertelstunde dort, inmitten ohrenbetäubenden Lärms, dicht aneinandergedrängt, und fragten uns, ob die nächste Bombe für uns wäre. Als der Donner verstummte, zögerten wir: War es schon sicher, den Schutzraum zu verlassen? Wir warteten. Dann kam die dritte Welle. Schließlich war es längere Zeit ruhig, und wir wagten es, ins Haus zurückzukehren. Zwei unserer drei Katzen stießen zu uns. Eine war verletzt und hinkte.

Angst setzte sich fest. Wir erwarteten jederzeit einen neuen Alarm. In der Kirche, während der Messe, hörten wir ab und zu Buntglas herabklirren. Ich hatte Angst, weil die Orgel das gleiche Geräusch machte wie die Flugzeugmotoren. Ich glaubte, Bomberstaffeln sich nähern zu hören.

Die meisten Dorfbewohner gingen davon aus, dass die Route Nationale das Ziel der Bomber war. Mein Großvater befürchtete, dass unser Haus zu nah an der Nationalstraße lag, und drängte uns, in seins zu ziehen. Er griff auf die Erfahrung zurück, die er in den Schützengräben des Ersten Weltkriegs gesammelt hatte, und grub in seinem Garten eine Art Erdkeller, mit einer zwei Meter dicken Erdschicht auf Holzstämmen darüber. Meine Schwestern und ich fanden es schrecklich, dort hinabsteigen und uns in einem dunklen Loch zusammenquetschen zu müssen. Wir waren froh, als nach zwei, drei Monaten der Regen die Wände aufweichte und der Schutzraum einbrach. Danach mussten wir bei Alarm in den Keller des Hauses gehen, den Großvater zuvor für unzulänglich befunden hatte.

Das Haus unserer Großeltern lag in der Nähe des Bahnhofs, der ebenfalls ein wahrscheinliches Bombenziel war, daher beschlossen wir schließlich, in unser Haus zurückzukehren. Kurz darauf requirierten die Deutschen zwei Zimmer: Meine Mutter bekam den Einquartierungsbefehl für einen Offizier und dessen Burschen. Es lief gar nicht so schlecht, weil die beiden Männer zu ihrer Überraschung mit meiner Mutter Deutsch sprechen konnten. Es war offenkundig, dass sie müde und ziemlich entmutigt waren und nicht mehr an einen deutschen Sieg glaubten.

Der Offiziersbursche, ein junger Mann, war Berufsmusiker. Er beäugte immer wieder das Klavier, wagte aber nicht, es zu berühren. Doch auf der Suche nach möglichen Gesprächsthemen zählte er seine Lieblingskomponisten auf. Als meine Mutter ihn fragte, was er nach dem Krieg vorhabe, nahm er den Mund voll: »Wenn wir den Krieg gewonnen haben, werde ich ein großes Orchester dirigieren.« Meine Mutter wagte dagegenzusetzen: »Und wenn Sie ihn verlieren?« Er seufzte. »Dann werde ich ein sehr kleines Orchester haben.«

Die deutschen Soldaten profitierten von den Besatzungsgesetzen, die ihrem gesamten Bedarf Vorrang einräumten. Ihnen fehlte es an nichts. Erstaunt und neidisch sahen wir zu, wie der Offiziersbursche Körbe mit Fleisch, Gemüse, Obst und anderem ins Haus schleppte. So viel zu essen! Als der junge Mann dann das Essen auf unserem Herd zubereitete, sah meine Mutter ihm zu und sagte: »Schämen Sie sich nicht, Spiegeleier vor den Augen von drei Kindern zu braten, die am Verhungern sind!« Von da an gaben uns die beiden Soldaten etwas von ihren Lebensmitteln ab.

Um die Zeit der Landung in der Normandie verließen die Deutschen unseren Ort ohne Vergeltungsmaßnahmen.

Gräueltaten, wie sie anderswo verübt wurden und wie sie in Oradour-sur-Glane geschehen waren, blieben uns erspart.

Dann, eines Morgens, ging das Gerücht um: »Sie sind da! Sie sind da! Die Amerikaner sind da!« Alle kamen aus ihren Häusern und säumten die Dorfstraße. In der Ferne sahen wir eine Fahrzeugkolonne aus Richtung Rouen heranrollen. Die Fahrzeuge kamen immer näher. Dann waren sie da! Panzer, mächtige Panzer! Ich hatte wahrscheinlich schon welche gesehen, und in den Zeitungen waren mit Sicherheit Fotos von deutschen Panzern gewesen. Aber von meinem Gefühl her sah ich jetzt, da ich mit großen Augen an der Straße stand, zum ersten Mal solch verblüffende Maschinen. Sie waren real, sie bewegten sich! Auf ihren Ketten rumpelten sie laut dahin. Ein unglaubliches Schauspiel!

Die Panzerluken hoben sich, und lächelnde Köpfe erschienen, dann die Männer bis zur Taille. Mit gestreckten Armen zogen sie Frauen zu sich, Frauen, die hinaufkletterten, um sie zu küssen.

Applaus! Alle weinten vor Freude! Die Emotionen schlugen hoch! Die Männer auf den Panzern warfen kleine Gegenstände herab, und einer traf mich an der Stirn. Neugierig hob ich etwas auf, das mir völlig neu war und dessen Verwendungszweck ich nicht erraten konnte: Kaugummi.

Die Panzer fuhren vorbei und verschwanden. Die freudige Erregung hatte sich auch am Abend noch nicht gelegt. Wir gingen sehr spät ins Bett, den Kopf voller unvergesslicher Bilder.

Welch glorioser Tag – so etwas gibt es höchstens ein Mal pro Jahrhundert.

Es ist nicht verwunderlich, dass der Krieg bei mir schlimme Erinnerungen hinterließ. Viele Jahre quälten mich Alpträume, in denen ich wieder und wieder die Schrecken der Bombardierungen durchlebte. Der Anblick und das Geräusch von Flugzeugen erfüllten mich immer noch mit Angst. Als Kinder haben wir keinen richtigen Sinn für Gefahr. Meine Schwestern und ich wollten SEHEN. Oft schlichen wir uns um Mitternacht nach draußen, um zuzuschauen, wie Flugzeuge ihre Leuchtmunition abwarfen und den Himmel erhellten. Es war ein fesselndes Schauspiel. Jetzt, so viele Jahre später, sage ich, wenn es blitzt: »Ich liebe Gewitter. Da bringen die Blitze keine Bomben.«

Da ich als Kind solchen Hunger gelitten habe, betrete ich keinen Supermarkt, ohne zu staunen: »Und ich kann kaufen, so viel ich will!« Heute noch überwältigen mich Bäckereischaufenster. Und bis heute kann ich auch die Kälte in der Normandie nicht vergessen, und ich kann gar nicht in Worte fassen, wie dankbar ich für die modernen Heizmethoden bin.

Und doch war, wie mir bald klar wurde, das, was ich erlebt hatte, schwer, aber mehr auch nicht. Ende 1944 erfuhren wir vom Horror des Holocaust. Wir wurden mit unerträglichen, entsetzlichen Fotos konfrontiert – mit riesigen Massengräbern, mit Leichenhaufen in Todeslagern. Diese furchtbaren Bilder machten mir klar, wie vergleichsweise wenig ich erlitten und welches Glück ich gehabt hatte.

Wegen des Krieges war meine Kindheit als Halbwaise schmerzlich und traurig, aber es gab in dieser Zeit so viel Schlimmeres.

Kapitel 4

Im Inneren der Kriegsmaschinerie

Eine Nazi-Kindheit

WINFRIED WEISS wurde im bayrischen Unterfranken geboren und verbrachte dort auch als Kind die Kriegsjahre. Sein Vater war Beamter der zur Ordnungspolizei gehörenden Gendarmerie. Die Beamten der Ordnungspolizei, die der SS unterstellt war, trugen grüne Uniformen und hießen deshalb im Volksmund »die grüne Polizei«. Winfried bezeichnet seinen Vater und dessen Kollegen oft als die grünen Gendarmen und nennt einen von ihnen, der ihn oft in den Apfelbaum hinaufgehoben hat, den Apfelgendarm.

Sein Memoir, *A Nazi Childhood*, erschien 1983 in Kanada. Es zeigt eine ganz andere Seite des Krieges als die übrigen Erinnerungen in diesem Buch und ist bemerkenswert wegen seiner speziellen und eigenen Perspektive. Und doch gibt es auch viele Parallelen zwischen Weiss' Kindheitserfahrungen in Nazi-Deutschland und den Erfahrungen von Kindern in Ländern auf Seiten der Alliierten, beginnend – in diesen Auszügen – mit der jähen Veränderung des Lebensumfelds, als Winfrieds Eltern mit ihm und seinen Schwestern Ilse und Gertrude aus dem idyllischen Pfarrweisach ins städtischere Kitzingen ziehen.

Frankreich hatte kapituliert – das sagte unser Telefunken-Radio. Sommer 1940. Wir machten jeden Sonntagnachmittag einen langen Spaziergang, meine Mutter in einem Batistkleid, mein Vater in Anzug und Krawatte, das Parteiabzeichen am Revers, meine Schwestern in leichten Sommerkleidern. Auf einem dieser Spaziergänge machte mein Vater das beliebteste Kindheitsfoto von mir. Es wurde vergrößert, und meine Mutter stellte es auf ihren Nachttisch.

Ich stehe in einer hohen Wiese mit Kleeblumen und Gräsern, die mir zum Teil bis an die Schultern gehen. Hinter mir erkennt man zwei Apfelbäume, etwas unscharf. Meine Knie gucken rund und mollig unter meiner kurzen Hose hervor, die von weißen, mit Edelweiß bestickten Trägern gehalten wird. Die Hose hat vorn eine bestickte Klappe, leicht aufzuknöpfen, wenn ich mal muss. Jemand hat das SS-Emblem auf diesem Hosenlatz angebracht. Die Zackenrunen sehen aus wie zwei Blitze. Alles ist Sonne und Unschuld. Zarte Sommerwölkchen ziehen über mir dahin, und ich lächle strahlend in die Kamera, in der Hand eine Margerite. Man ist versucht, meine Pausbacken zu küssen, die von fränkischer Milch und Wurst so rund geworden sind.

Im Oktober 1940, als Hitler gerade beschlossen hatte, die Invasion Englands zu verschieben, wurde mein Vater zum Polizeimeister befördert. Wir erhielten eine Urkunde, geziert vom Reichsadler mit Hakenkreuz, unterschrieben vom Chef der Ordnungspolizei und von Hitler (als Faksimile natürlich). Sie besagte, dass mein Vater im Namen von Führer und Volk befördert worden sei und wir nach Kitzingen versetzt würden.

Nach Pfarrweisach erschien mir Kitzingen riesig. Meine

Schwester Gertrude nahm mich mit auf den Speicher und zeigte mir alles Sehenswerte. Sie deutete mit dem Zeigefinger in verschiedene Richtungen. Ich folgte ihrem Finger über die roten Ziegeldächer von Kitzingen, aus denen da und dort Kirchtürme sprossen. Es gab einen Fluss namens Main, der die Stadt von einer Vorstadt namens Etwashausen trennte. Weingärten säumten den Fluss, und Kitzingen verfügte über Industrie. Es gab einen Flugplatz im Osten und große Kasernen im Westen. Und wir würden jetzt viel länger brauchen, um für unsere Sonntagsspaziergänge in »die Natur« zu gelangen.

1941 war für Deutschland ein großartiges Jahr. Wir waren in Nordafrika unaufhaltsam auf dem Vormarsch. Unser Telefunken-Radio berichtete von einem wichtigen Ereignis nach dem anderen. Während die Röhren orangefarben glühten und das Katzenauge bei schlechterem Empfang zitterte, verkündete der Lautsprecher, dass Präsident Roosevelt das Leih- und Pachtgesetz unterzeichnet habe, aber damit werde Deutschland fertig. Hitler und Göring hingen an der Ostwand unserer großen Eingangshalle mit dem gotischen Deckengewölbe – zwei gerahmte Farbfotos. Ein Wappen mit Lorbeerkranz und den Worten »Gendarmerie-Station Kitzingen« hing zwischen ihnen. Sooft ich das Haus verließ oder betrat, waren Hitler und Göring an ihrem Platz, umweht vom Geruch von gewachsten Böden und feuchten, getünchten Wänden. Beide trugen braune Uniformen mit zurückgeworfenem Cape. Diagonal über Hitlers Brust zog sich ein Lederriemen. Göring hatte die linke Hand auf der Hüfte, Hitler die rechte. Göring hielt in der rechten Hand einen Marschallstab. »Wie ein fetter kleiner Kaiser«, sagte

eine Freundin meiner Mutter, als sie die Treppe herunter-
kamen. »Psst!«, machte meine Mutter und legte den Zeigefinger auf die Lippen.

Juden waren Geister. Ich hatte nie welche gesehen, aber es
gab sie, weil die Leute über sie redeten. Das Wort »Jude« kam
anders aus ihrem Mund als andere Wörter. Es war kein neu-
trales Wort. Die Leute sagten »Jude«, »Jüdin« oder »Juden«
in einem bestimmten Ton. Sie färbten das Wort auf eine Art,
wie sie es mit anderen Wörtern nicht taten. »Jude« enthielt
immer irgendwelche Andeutungen, es erzeugte Wellen un-
ausgesprochener Gefühle. Wenn Leute etwas über Juden erzählten, fingen meine Ohren das Ungesagte auf: widerwär-
tig, dunkel, dreckig, gefährlich, witzig, spöttisch, komisch,
fremdartig und traurig.

In Pfarrweisach gab es keine Juden. Aber Kitzingen hatte
eine jüdische Geschichte, vor allem um den Landwehrplatz
herum. Am Nordende der Lindenreihe stand die Ruine einer
großen Synagoge mit zwei Türmen. Sie war verrammelt. Die
Synagoge hatte in der Kristallnacht gebrannt, während ich, in
warme Decken gehüllt, in meinem Bettchen in Pfarrweisach
friedlich in meinen ersten Geburtstag hineinschlief.

Und gegenüber dem ehemaligen Kloster, wo wir wohnten,
war ein leer stehendes rotes Gebäude mit gotischen Fenstern, die wie blinde Augen auf die Landwehrstraße blickten.
Meine Eltern erklärten, sie wüssten nicht, was das sei, aber
eine Nachbarin sagte, es sei eine jüdische Schule, die vor ein
paar Jahren geschlossen worden war. »Sie hätten mal hören
sollen, was die da drin für Geräusche gemacht haben«, sagte
sie. Sie imitierte die Geräusche, gluckste wie eine Henne und

verrenkte die Zunge. Es klang, als hätte sie einen Apfel im Mund, während ein Auf und Ab von unvertrauten Lauten hervorkam – jüdische Kinder, die Hebräisch lernten, eine fremdartige Sprache. »Hebräisch« klang aus dem Mund der Nachbarin wie etwas, das man das Klo hinunterspülen sollte.

Vor meinen Augen bildeten sich Juden und Jüdinnen heraus: Geister, bestehend aus eben jenen Eigenschaften, die im Ton der Leute lagen und den Figuren ihrer Geschichten anhafteten.

Tante Anna hatte erzählt, eine der Jüdinnen, die gegenüber von ihr wohnten, nahm immer etwas zu arbeiten mit, wenn sie aufs Plumpsklo ging. Sie nahm sogar öfters eine Schüssel Teig mit. Sie knetete den Teig gefügig. Blasser Teig erinnerte mich an ungewaschene Hände. Juden hatten blasse, ungewaschene Hände. Juden verbanden sich mit Klos, mit Urinieren und Defäkieren. Und dann, eines Tages, während ich so tat, als spielte ich in einer Ecke, und die Erwachsenen leise miteinander redeten, hörte ich sie sagen, dass deutsche Soldaten in der Tschechoslowakei ein Nest von Juden ausgehoben hätten, die kleine Christenjungen und -mädchen entführt und getötet und ihr Blut zum Backen von Matzen verwendet hatten. Die Soldaten, sagten sie, hätten die ausgebluteten kleinen Körper in einer koscheren Metzgerei gefunden, wo sie an Haken hingen wie Schweine und Kühe. Ich war ein kleiner Christenjunge.

Zur Farbe von verunreinigtem blassem Teig kam der jähe Schwall von Blut und Horror. Juden und Jüdinnen, die nach Knoblauch rochen, jagten kleine Jungen auf der Straße. Ich war einer davon. Ich war zu Tode verängstigt und fasziniert. Manchmal wurde ich gefangen. Meine Fantasie endete in einem weißen Metzgerladen mit funkelnden Haken, ein Laden wie der, in dem meine Mutter das Fleisch kaufte. Dunkelbärtige und -haarige Männer mit großen Nasen überwältigten mich. Juden.

Während Deutschland in Russland einmarschierte und Churchill und Roosevelt sich auf dem Atlantik trafen, setzte mein Gehirn aus verschiedenen Elementen zusammen, was meine Ohren den Gesprächen der Erwachsenen entnommen hatten – schrille Horrorszenen, immer und immer wieder. Ich war ständig kurz davor, von dunkelhaarigen Juden gefangen zu werden, die mich an einen Haken hängen wollten. Äußerlich ging alles normal weiter. Niemand ahnte, dass ich von imaginären Juden verfolgt wurde.

Ab und zu besuchte ich meinen Vater im Amtszimmer; er nahm mich auf den Schoß und ließ mich Schreibmaschine schreiben. Er roch nach Zigarettenrauch. Über seinem Schreibtisch hing ein anderes Foto von Hitler, sepiafarben, die Haare des Führers mit Pomade glatt gestrichen. Hinter mir, in einem Schrank, befanden sich Schlagstöcke und Schusswaffen. Die anderen Gendarmen tätschelten mir den Kopf und sagten, »Na, Winfried, wie geht's?« Wenn Leutnant Nüsslein hereinkam, stand ich auf, gab ihm die Hand und machte einen tiefen Diener. »Mach'n schönen Diener«, hatte meine Mutter immer gesagt, weil der Leutnant im Rang über uns stand. Seine Frau schenkte mir manchmal Schokolade. Ich verbeugte mich dann fast bis zum Boden, und sie rief immer aus: »So ein höflicher kleiner Junge!«

Deutschland war auf dem Gipfel seiner Macht. Die Gendarmen hatten eine große Landkarte von Europa und Afrika an der Wand hängen; mit roter Tinte schraffierten sie die Gebiete, die Deutschland kontrollierte. Die ganze Welt war rot.

Unser Telefunken-Radio verkündete den Angriff auf Pearl Harbor einen Tag, nachdem mir der Nikolaus Äpfel und Süßigkeiten aus seinem großen Sack gebracht hatte. »Ach Gott«, sagte meine Mutter zu Nachbarn. »Wo soll das alles enden?« Aber alle sagten, ein, zwei Feindnationen mehr machten nichts aus, die Amerikaner hätten eine schlechte Armee und seien alle Feiglinge. Bei der Gendarmerie ging alles weiter wie gewohnt. (…)

Die Wehrmacht eröffnete ihre Sommeroffensive in Russland; alles lief gut. Das Telefunken-Radio glomm abends, und Gertrude sagte, diesmal würden wir den alten Stalin kriegen, wir bombardierten Moskau. Die Lindenblüten trockneten in Leinensäckchen in der Speisekammer. Jedes Mal, wenn jemand die Tür öffnete, flutete ihr Duft die Küche.

Leutnant Nüsslein stieg eines Tages in den schwarzen DKW der Gendarmerie und fuhr davon. Er hatte mich ein paar Mal in dem Auto mitgenommen. Es bestand aus Kunstleder und Sperrholz und roch nach Benzin, kaltem Zigarettenrauch und Gummi. Leutnant Nüsslein kam nicht zurück. Sie fanden seinen Wagen an einer einsamen Landstraße in der Nähe von Repperndorf. Er war an einem Herzanfall gestorben.

Frau Nüsslein, die alle Frau Leutnant Nüsslein nannten, hatte rote Augen. Wir kondolierten ihr. Sie gab mir die Hand, und ich machte meinen Diener. Frau Nüsslein schenkte mir eine Tafel Schokolade. Auf der Verpackung war ein Mohr mit einem Turban und einer Schale mit Obst. Frau Nüsslein weinte. Ich roch die Schokolade durch das Stanniolpapier. Ein paar Tage traute ich mich nicht, sie zu essen, weil ich dachte, sie enthielte etwas von Leutnant Nüssleins Tod.

Herr Nüsslein war also tot; seine Frau zog in die Adolf-Hitler-Straße unter den großen alten Kastanien beim Bahnhof. Die Schokolade, die sie mir geschenkt hatte, sollte für Jahre die letzte sein, die ich zu Gesicht bekam! Nachdem die Nüssleins ausgezogen waren, zogen wir nach oben in eine große Wohnung im ausgebauten Speicher. Das mächtige Dach des alten Klosters umhüllte uns wie eine warme, behagliche Mönchskutte. Wir hatten jetzt große, aber gemütliche Räume und verteilten die drei Zimmerpflanzen, die wir aus Pfarrweisach mitgebracht hatten: Der Geldbaum kam in den Flur, die Zimmerlinde ins Wohnzimmer und der Zierspargel ins Esszimmer. Gertrude goss sie alle und brachte sie ab und zu ins Freie, damit sie etwas Sonne abbekamen. Sie sprach mit ihnen wie mit kleinen Kätzchen. »So ist's fein«, sagte sie, »schön viel Sonne kriegen, das ist gut für euch«, und sie blies den angesammelten Staub von den Blättern.

Unsere Nachbarn auf der anderen Seite des Hausflurs waren Leutnant Kluge und seine Frau. Er war bei der Wehrmacht und immer weg – zuerst an der Westfront und dann im Lazarett, weil er einen Bauchschuss hatte. Eine Kugel hatte seinen Magen durchschlagen und war auf der anderen Seite wieder herausgekommen. Sooft ich das Wort »Bauchschuss« hörte, mit einer seltsamen Betonung auf beiden Silben, sah ich eine Kugel (es war eine französische Kugel, hatte meine Mutter gesagt) durch einen Magen sausen, mit einem Geräusch wie das Wort »Schuss«, wie das Zischen einer Schlange, und der Magen sah aus wie der von einem Kaninchen oder einem Schwein, denn deren Mägen hatte ich gesehen. Meine Mutter sprach von Leutnant Kluges Bauchschuss immer leise und ernst. Ein Bauchschuss war die Schwelle des Todes. Es umgab Frau Kluge mit einer dramatischen Aura. Ich traute mich nicht, ihr in die Augen zu schauen, die Frau eines Mannes mit einem Bauchschuss flößte einem Ehrfurcht ein.

Das deutsche Afrikakorps wurde bei El Alamein aufgehalten. Unser Telefunken-Radio spie den Namen jeden Abend hervor. Gertrude sagte, das sei nur vorübergehend, wir schöpften nur Atem, bevor wir ganz Ägypten einnähmen. Wir maßen mit einer Schnur die Entfernung von El Alamein bis Kairo. »Das ist gar nichts«, sagte Gertrude. »Wir haben schnelle Panzer.«

Unterdessen führte ich in der Gendarmerie ein glückliches Leben. Jeden Abend nach dem Essen ließ mich mein Vater auf seinen Knien reiten. Er hatte die Uniformjacke ausgezogen und saß da in seinem langärmligen Unterhemd und Hosenträgern. Wir spielen Hoppe-Reiter. Er war das Pferd und ich der Reiter. An einem gewissen Punkt öffnete er die Knie, und ich fiel hindurch. Obwohl er mich immer im letzten Moment fing, hatte ich das Gefühl, in einen Abgrund zu fallen. Mein Magen flatterte, und sobald er mich auffing, forderte ich: »Noch mal!« Ich gab mich dem Spiel ganz hin. Ich warf den Kopf in den Nacken und kreischte vor Vergnügen. Ich konnte es nicht erwarten, dass sich die Knie meines Vaters öffneten. Bei »Plumps« fiel ich in den Sumpf. Er beugte sich zu mir und zog mich lachend wieder hoch. Mir konnte nichts passieren. Mein Vater war ein grüner Gendarm mitten im deutschen Reich. Er machte das Gesetz, und ich war sein Sohn. Mein Vater rettete mich vor den Raben und vor dem Sumpf. Er hatte starke Oberschenkel, er hatte eine behaarte Brust, er passte auf mich auf und auf meine Mutter auch. Ich schlief neben ihnen in ihrem Schlafzimmer und konnte sie atmen hören, wenn ich nachts aufwachte. Ihr Atem klang warm und beruhigend, und ich schlief wieder ein.

Um mich herum waren lauter Gendarmen. Sie rochen nach Benzin, Leder und Tabak. Ihre schwarzen Stiefel knarzten. Sie winkten mir immer im Vorbeigehen zu. Einer von ihnen wohnte in einem kleinen Zimmer für ledige Gendarmen. Manchmal kam er abends zu uns. Wenn er mich sah, schlug er die Hacken zusammen und sagte: »Heil Hitler!« Alle lachten, und ich wurde rot.

Meine Mutter kniete. Sie war damit an der Reihe, die Treppe zu bohnern. Sie redete mit Frau Leutnant Kluge, die beiden Frauen sahen mich nicht in die Eingangshalle kommen, wo Hitler und Göring eine blitzblanke Gendarmerie verlangten. Ich hörte meine Mutter sagen: »Haben Sie ihn gestern schreien hören?« Nach kurzem Schweigen kam Frau Kluges »Ja« herabgeschwebt wie ein Blatt, das sich gerade vom Baum gelöst hatte, unsicher und flattrig. Meine Mutter klang beteiligter als Frau Kluge, die wirkte reserviert, meine Mutter emotional. Meine Mutter sagte: »Warum müssen sie sie so fest schlagen?« Als ich sie danach fragte, sagte meine Mutter, niemand werde geschlagen.

Die Oleander in den Kübeln blühten. Die Schreibmaschinen im Amtszimmer klapperten, und ich half Herrn Beyer, seine Blumen zu gießen. Oben lachte der Apfelgendarm, und ich hörte die Stimme meines Vaters und noch andere. Fränkische Wolken segelten im Sommerblau dahin.

Herr Beyer und ich horchten zu dem offenen Fenster hinauf. Jemand wimmerte, schrie dann, und ich hörte, wie Stühle zurückgeschoben wurden. Ein Mann rief: »Nein!«, dann kamen durchs Fenster dumpfe Schläge, wie vom Teppichklopfer meiner Mutter, wenn sie den Teppich ausklopfte, nur leiser, gedämpfter. Wieder schrie ein Mann. Ich hatte noch nie Erwachsene so schreien hören. Es war schockierend und peinlich, weil so unkontrolliert. Die Geräusche hingen nicht mit etwas zusammen, das ich sehen konnte, sondern waren Teil irgendeines sich gerade abspielenden Dramas. Und während es weiterging, zwitscherten Spatzen in Herrn Beyers Garten, ertranken Schnecken langsam im Eimer, triefte die Kapuzinerkresse von Wasser, und in der Sonne hing Frau Beyers Wäsche. Schreie von oben strichen wie ein kalter Wind über Frau Beyers Laken.

Nichts passierte. Herr Beyer lachte und sagte, da sind sie schon wieder am Werk, versohlen jemandem den Arsch, weil er nicht die Wahrheit gesagt hat.

In jenem Sommer kam ich in eine neue Phase. Leutnant Röhmer, der in die Wohnung der Nüssleins gezogen war, hatte zwei Kinder: Wolfram, einen Jungen, der in der Hitler-Jugend war, und Irmtraud, so alt wie ich.

Alle sagten, Irmtraud und ich seien füreinander geschaffen. Wir waren ein niedliches Pärchen. Wir waren gleich groß, gleich alt und hatten fast die gleiche Haarfarbe, nur dass ihr Haar blonder war als meins. Wir spielten ständig zusammen. Ich lud Irmtraud in mein Baumhaus ein, den alten

Kleiderschrank im Geäst unseres Birnbaums mit den harten, wurmstichigen Birnen.

Irmtraud machte mich mit Puppen bekannt. Ihr ordentlich gemachtes Bett war voller Puppen jeglicher Größe. Manche konnten die Augen auf- und zuklappen, manche sagten »Mama«, andere waren steif und leblos. Sobald ich sie sah, wollte ich mit ihnen spielen. Ich war bereit, meine Aufziehautos hinter mir zu lassen und den Puppen die Flasche zu geben und sie zu wickeln. Ich hatte nicht den leisesten Zweifel, dass ich das wollte. Aber alle sagten, Puppen seien nichts für Jungen, also ließ ich sie widerwillig auf Irmtrauds Bett sitzen.

Die ganze Nachbarschaft schaute auf uns und sagte, wir seien die niedlichsten Kinder in ganz Kitzingen. Es gibt eine Reihe von Schnappschüssen aus meinen Irmtraud-Jahren, die uns vor allen möglichen Hintergründen zeigen. Während Hitler in Russland Barbarossa spielte, spielten wir vor den Agfas der Nachbarschaft die Niedlichen – bei den Fliederbüschen, vor Stiefmütterchen, in unserem Garten, im Garten der Beyers, auf der Straße, Irmtraud mit weißen Haarschleifen, wir beide im Sonntagsstaat, überbelichtet, unterbelichtet, unscharf, mit Beinen, ohne Beine, an den Bildrand gerutscht, lächelnd, schmollend – wir für die Ewigkeit. Zwei arische Kinder, die in einem ehemaligen Kloster aufwachsen, wo es nach Bohnerwachs und Politur riecht. Wir haben wohlgenährte, fröhliche Gesichter.

Irmtraud und ich waren in unserem Baumhaus zwischen Himmel und Erde, über uns dicke Wattewolken. Wir aßen zu Mittag. Irmtraud hatte Salatblätter zubereitet, die sie auf ihren Puppentellerchen servierte. Während sie die Küche aufräumte, spielte ich, ich sei ein Gendarm, der an seinem

Schreibtisch saß und wartete, dass das Telefon klingelte. Oder es war Teezeit. Wir tranken Brause und spielten, es sei Tee. Dazu aßen wir dunkle Kriegskekse. Und als wir eines Tages gerade beim Tee saßen, passierte es wieder. Ein Mann schrie oben im Amtszimmer. Die Fenster waren auf, blauer Rauch kräuselte sich heraus wie immer. Wir hörten gedämpfte Schläge. Irmtraut sagte: »Er kriegt den Arsch versohlt.« Das Wort »Arsch« klang aus ihrem Mund ungehörig. Es schockierte mich. Sie sagte, ihr Papa habe gesagt, das passiere manchmal. Dann rief Irmtraud zum Wohnzimmer ihrer Mutter hin, dass im Amtszimmer jemand verhauen werde. Mein Vater kam ans Amtszimmerfenster und blickte auf uns herunter. Das Schreien hörte auf, und er machte das Fenster zu.

Ein sonniger Frühlingsmorgen 1942, strahlend schön. Es liegt in der Natur der Dinge, dass die Juden mit dem Mittagszug abfahren sollen. Irgendwie ist es so gekommen, dass mein Vater, der Gendarm, die ganze Operation leiten soll. Bei einer Tasse Malzkaffee am Küchentisch sagt er zu meiner Mutter: »Es ist nicht recht, uns das machen zu lassen! Dafür sind wir nicht zuständig!« Meine Mutter nickt zustimmend.

Als ich hinuntergehe, ist die Judenschule von der Polizei umstellt. Das rote Gebäude scheint lebendig, voller unsichtbarer Wesen. Manchmal erscheint ein Schemen an einem Fenster, wird aber gleich nach drinnen weggezogen.

Ich frage meine Mutter danach. Sie steht am Herd. Sie dreht das Gas herunter und sagt, ohne mich anzusehen, ach, das sind Juden, sie sind in der Nacht da untergebracht worden – sie bleiben nicht lange, sie fahren mit dem Mittagszug ab.

Dann sagt meine Mutter, spiel heute im Garten, dein Vater will nicht, dass du auf die Straße gehst.

Aber ich gehorche nicht: Ich postiere mich an der Ecke unseres Hauses im Schatten, sodass mein Vater – mein geliebter pistolenbewehrter, uniformierter Held – mich nicht sehen kann.

Mein Vater, die anderen Gendarmen und die Stadtpolizei stehen vor der Schule herum. Ein großer, dünner, weißhaariger alter Mann mit einem Zwicker steht an einem der oberen Fenster. Er schwenkt die Faust zur Straße hin, dann, plötzlich ziehen ihn zwei Arme nach drinnen. Aber der alte Mann erscheint wieder: Er taucht auf wie eine Kasperlepuppe, ruckartig und ungestüm. Der alte Mann schreit: »*Ich weigere mich, ihr… Abschaum.*« Er benutzt dieses altertümliche, pathetische Wort. Wieder ziehen ihn zwei geisterhafte Arme nach drinnen.

Unten schwatzen die Polizisten und die Gendarmen miteinander, lachend wie immer. Es wirkt wie ein Volksfest, eine Kirmes, munter, lebhaft. Es ist der alte Mann an dem Fenster, der nicht hierher passt, ins ganz gewöhnliche Leben auf der Landwehrstraße.

Aber mein Vater benimmt sich komisch. Sein Verhalten bringt mich dazu, im Schatten zu bleiben. Es macht mir ein schlechtes Gewissen, dass ich ihn beobachte. Er steht reglos da, in seiner grünen Uniform, vor der offenen Tür der Judenschule, und starrt so eindringlich auf den Boden, dass ich schon denke, er bekommt jeden Moment eine Botschaft von dem stummen Straßenpflaster.

Wieder erscheint der alte Mann am Fenster. Auch sein Verhalten ist seltsam und bringt mich in Verlegenheit. Als er wieder »Ihr Abschaum!« schreit, zieht einer der Gendarmen seine Pistole und zielt lachend damit auf das Fenster. Mein Vater schaut auf und befiehlt dann dem Gendarmen, die Pistole wegzustecken.

Plötzlich fliegt aus einem der oberen Fenster der Judenschule ein großer Kasten auf die Straße herab. Er bricht auf, und silberne Gabeln und Löffel verteilen sich auf der Landwehrstraße. Die Gendarmen ducken sich. Eine Porzellankaffeekanne folgt. Sie kracht nicht weit von mir an die gelbe Wand unserer Gendarmerie. Die Kanne hat ein Blümchenmuster. Sie zerschellt an der Wand in hundert Scherben, aber die Tülle ist noch heil und rollt auf mich zu. Sie ist elegant, geformt wie ein schlanker Torso, glänzend neu, mit Spuren des Blümchenmusters, bereit, Kaffee einzuschenken. Ich weiche vor dem glänzenden Ding zurück, tiefer in den Schatten. Ein Polizist bückt sich, sammelt die silbernen Löffel und Gabeln auf und legt sie wieder in den Kasten. Er haucht sogar auf das Silber und poliert es an seinem Ärmel, lässt sich viel Zeit, platziert dann den Kasten sorgsam auf einem der unteren Fenstersimse der Beyers.

Jemand kippt vom oberen Stock der Judenschule Papier aus einer Aktentasche auf die Straße, Fetzen flattern aufgeregt herab und verstreuen sich über die Wacholderbüsche. Eine Stimme ruft aus demselben Fenster: »Von mir kriegt ihr nichts! Lieber vernichte ich's, als dass ihr es in eure dreckigen Pfoten kriegt!«

Andere Hände werfen noch mehr zerrissenes Papier hinaus. Mein Vater steht mit dem Rücken zur Judenschule und bekommt von diesem Schneegestöber nichts mit. Vor meinen Augen lösen sich kleine weiße Bälle in Fetzchen auf, die lautlos zu Boden segeln. Jetzt fliegen Kartons aus den Fenstern … und als wäre das das Signal, stürmt ein Polizist nach drinnen. Ich höre ihn brüllen: »RAUS! ALLE RAUS!«

Ein Gendarm haut mit seinem Schlagstock an die Eisengitter der Erdgeschossfenster. Das Bummern hallt durch die Schule. Es wirkt. Bis eben unsichtbare Wesen strömen heraus, als ob das Geräusch des Schlagstocks zu viel für ihre Ohren ist. Männer, Frauen, Kinder: Der alte Mann mit dem Zwicker ist auch dabei, er geht am Arm eines jungen Mädchens und murmelt vor sich hin. Alle tragen kleine Koffer, sogar die Kinder. Eine dünne alte Frau erscheint. Sie hat eine lange magere Nase wie ein Vogelschnabel; ihre Brille ist weit hinuntergerutscht. Sie trägt einen braunen Mantel und einen braunen Hut mit Blumen daran. Sie tritt direkt vor meinen Vater hin und ruft: »Das können Sie nicht machen! Ich gehe nicht! Hören Sie? Ich gehe nicht!« Sie schiebt ihr Gesicht dicht vor das meines Vaters. Er guckt einfach durch sie hindurch, sagt nichts. Der Apfelgendarm fasst die alte Frau am Arm und führt sie in die Menschenkolonne zurück.

Die Kolonne marschiert die Würzburger Straße entlang bis zum Falterturm, biegt dort links ab. Ich folge ihr im Schatten der Büsche an der großen Straße. Wir lassen das Gaswerk hinter uns und biegen in die Adolf-Hitler-Straße ein, die zum Bahnhof führt. Plötzlich tritt die alte Frau aus der Kolonne hinaus und fängt an zu schreien. Sie droht den Gendarmen mit den Fäusten, dann meinem Vater, der sie nicht sieht. Der Gendarm lacht, fasst sie am Arm, patscht ihr auf den Rücken: »Du alte Giftnudel, du …« Aber die Frau bleibt stur, stellt ihren Koffer ab. Ihre Stimme ist hoch und schrill, übertönt den ganzen Lärm auf der Straße. Die Kolonne reißt ab.

Die alte Frau schwenkt die hocherhobenen Arme, ihr Mund formt kreischend Wörter, die ich nicht verstehe. Ganz in ihrer Nähe ist ein Junge, etwa so alt wie ich, mit einem Köfferchen. Er trägt lange braune Strümpfe unter seinen kurzen Hosen; ich habe genau die gleichen an. Ein Gendarm kommt durch die Kolonne, gibt der alten Frau einen sachten Schubs und sagt: »Geht's jetzt weiter, du verrücktes altes Weib?« Die Kolonne setzt sich langsam wieder in Bewegung unter den hohen Kastanienbäumen. In den Vorgärten der alten Häuser an der Adolf-Hitler-Straße blühen die Rotdornbüsche, eine Explosion von Farbe.

Am Ende der breiten Straße sehe ich jetzt den Bahnhof. Ich bleibe stehen und schaue durch das Gitter an der Güterbahn. Ein Zug steht, schwarzen Rauch ausstoßend, auf Gleis drei, die alten Dritter-Klasse-Waggons ohne Übergangsplattformen, die Sorte Zug, mit der wir nach Würzburg fahren. Die Gendarmen winken die Leute aus der Judenschule zu verschiedenen Waggons. Die alte Lok fährt an. Ich renne nach Hause, so schnell ich kann.

Mein Vater wird nie erfahren, dass ich ihn an diesem strahlenden Vormittag beobachtet habe.

Irgendwann im Lauf des Jahres 1942 beschloss mein Vater, Offizier zu werden. Während Irmtraud und ich im Birnbaum Gendarm und Gendarmenfrau spielten, befanden meine Eltern, dass ein Offizier seiner Familie mehr bieten könnte. Also ging mein Vater zur Offiziersausbildung nach Freiburg im Breisgau. Er schloss sie mit befriedigend in allen Fächern ab, lag drei Punkte über dem Lehrgangsdurchschnitt. Er bekam eine große Urkunde mit Reichsadlern, Hakenkreuzen und Unterschriften von Kommandeuren und vom Führer. Unterzeichnet und abgestempelt am 18. Dezember 1942.

Es war Frühjahr 1943. Wie gewöhnlich blühten die Kastanien. Ich spielte mit Irmtraud im Birnbaum; sie servierte Tee, sie war meine Frau; wir verhauten unser Kind, ihre große Puppe, weil Irmtraud sagte, unser Kind wolle nicht Klavier spielen.

Mein Vater kam aus Freiburg zurück, in seinen schwarzen Stiefeln und seiner grünen Uniform. Er war mein vertrauter Vater. Er hatte sich nicht verändert. Sein Körper und sein Geruch (nach Zigaretten und schwach nach Schweiß) umfingen mich, und ich klammerte mich, ohne mir dessen bewusst zu sein, an ihren Schutz. Es kam mir gar nicht in den Sinn, dass das enden könnte, dass die grüne Uniform meines Vaters entschwinden und nie mehr wiederkommen könnte. Mir war nicht klar, dass der blaue Rauch seiner russischen Zigaretten irgendwann nicht mehr aus dem Amtsstubenfenster zwischen den Efeuranken kommen könnte, dass die Gegenwart meines Vaters, seiner Gesten und Bewegungen, endlich war, dass mein Vater demnächst weg sein würde, irgendwo, wohin er mich nicht mitnehmen konnte.

Eines Tages im Juli, als Irmtraud und ich in unserem Birnbaum saßen, klingelte ein Offizier bei uns. Da mein Vater gerade außer Haus war, um sich die Haare schneiden zu lassen, kann ich nicht sagen, wie er die Nachricht aufgenommen hätte. Aber meine Mutter fing sofort an zu weinen, als der Offizier sagte, da er ein persönlicher Freund meines Vaters sei, habe er ihm selbst mitteilen wollen, dass er im August nach Russland beordert würde. Russland! Meine Mutter jammerte, Russland sei der Untergang! Russland! Sie sagte immer wieder, mein Vater habe doch chronische Bronchitis und sei doch im Ersten Krieg schon an der Front gewesen. Der russische Winter sei das Schlimmste für seine Bronchitis.

Ich war vom Birnbaum heruntergeklettert und hörte mit an, was die Erwachsenen im Wohnzimmer redeten, das für Weihnachten und besondere Anlässe reserviert war. Der SS-Offizier nickte mitfühlend, als meine Mutter sagte, das sei nicht fair, das könnten sie uns nicht antun. Der Offizier zuckte bedauernd mit den Schultern, meine Mutter schenkte ihm einen Schnaps ein, und er zündete sich eine Zigarette an. Er drückte mir die Hand und tätschelte mir den Kopf. »Du musst auf deine Mutter aufpassen«, sagte er. »Du bist jetzt der Mann im Haus!«

1. August 1943. In einem riskanten Langstreckenangriff haben die Amerikaner die Ölförderungsanlagen im rumänischen Ploieşti bombardiert, um unsere kriegswichtigen Rohstoffe zu zerstören. Wir bringen meinen Vater zum Bahnhof, als machten wir einen Sonntagsspaziergang, als wäre nichts. Die Landwehrstraße hinauf, unter der Neuen Mainbrücke durch, schließlich die Adolf-Hitler-Straße mit den alten Kastanien entlang, direkt zum Bahnhof. Wir sind mit ihm auf dem Bahnsteig. Es ist ein sonniger Tag: Meine Mutter weint leise und tupft sich die Augen. »Keine Sorge«, sagt mein Vater. »In drei Monaten bin ich wieder da, versprochen!« Zu mir sagt er, ich solle diesen Herbst brav in die Schule gehen. Der Zug fährt auf Gleis drei ein. Mein Vater steigt in einen Zweiter-Klasse-Waggon und kommt wieder heraus, um uns zu umarmen; der Schaffner drängt ihn sachte wieder hinein. Der Zug fährt an, ostwärts Richtung Nürnberg, in dicke Dampfwol-

ken gehüllt. Zuerst langsam, dann immer schneller, bis mein Vater, der sich aus dem Fenster beugt und mit einem weißen Taschentuch winkt, so klein ist, dass ich ihn nicht mehr ausmachen kann. Und so verschwand mein Vater, seine gendarmengrüne Aura in schwarzen Stiefeln, für immer aus meinem Leben.

Irgendwann in der dunklen Nacht vom 28. auf den 29. November geraten mein Vater und seine Ukrainer drei Kilometer westlich von Wladislawtschik in einen Hinterhalt russischer Partisanen. Stille breitet sich für immer aus. Mein Vater, das ewige Rätsel, sinkt irgendwo in den russischen Schnee. Der Rest: nette Schreiben von kommandierenden Offizieren, Kameraden, Würdigungen, ein Foto meines Vaters mit Siegeslorbeer und SS-Insignien, im Namen des Führers.

Niemand war dabei, als das Leben aus ihm wich, kein Augenzeuge. Er verschwand für immer, während ich warm eingekuschelt in meinem fränkischen Bett lag. Der heilige Michael war der Schutzpatron meines Vaters. Er hat Flügel, ein Flammenschwert und einen Schild, und er tötet Drachen. Mein Vater hatte ein grünes Motorrad, schwarze Stiefel und eine Gendarmenpistole. Er war der Erzengel, der meine Drachen tötete, bis das Dunkel ihn tötete.

Im Herbst 1943 drangen die Drachen von allen Seiten auf mich ein. Da waren die Ungeheuer der Nacht: Lancasters, Wellingtons, Stirlings, Handley Page Halifaxes, die nur auf die Abwesenheit meines Vaters gewartet hatten. Sie flogen immer tiefer ins Deutsche Reich hinein. Wir versuchten sie zu ignorieren, doch als sich die Horrorgeschichten mehrten, rannten wir jedes Mal los, wenn die Sirenen heulten. Nachts brachten sie meine Zähne zum Klappern.

Wenn ich tief und fest schlief, schwangen sich die Sirenen zu einem hohen Jaulen empor, das die Fenster vibrieren ließ. Das Geräusch drang in meine Ohren, schoss meine Wirbelsäule hinab und durch meine Zehen wieder hinaus. Im kalten Zimmer zog ich mich schnell an. Feindflugzeuge von der Schautafel über meinem Bett waren dort draußen in der Luft. Olivgrüne Lancasters mit Brandbomben. Mein Bett sah im sanften Lampenlicht weiß und warm aus. Die Falten warfen heimelige Schatten, aber ich musste durch den nächtlichen Garten laufen. Ich wusste, englische Piloten hingen dort droben im Dunkel, Sauerstoffmasken vorm Gesicht. Mächtige Hünen in dunklen Kanzeln nahten.

Wir stolperten los, mit unseren Gasmasken und Luftschutzkoffern; ich hielt mich an meiner Mutter fest. In unserem dunklen Flur waren ungewöhnliche Schatten. Gertrude zog sich einmal eine Wollunterhose statt eines Pullovers über. Sie merkte es erst, als Leute im Luftschutzkeller lachten.

Die anderen Stimmen im dunklen Flur klangen dumpf und unheimlich. Das Vertraute war gewichen. Terrain, das ich bei Tag so gut kannte, hatte jetzt ein anderes Gesicht.

Nur vier Jahre zuvor hatte Deutschland Polen vernichtet, jetzt waren die Deutschen auf dem Rückzug aus Russland. Und ich musste in die Schule gehen. Tante Augusta brachte mich hin, in die katholische Knaben-Volksschule am Ende der Schrannenstraße. Ich hatte Gertrudes alten Lederschulranzen auf dem Rücken, Vorkriegsqualität, für die Ewigkeit, sagten alle. Gewachst und poliert, aus fränkischem Rindsleder. Ich hatte einen neuen Griffelkasten mit Schiebedeckel.

Darin: Bleistifte und Griffel für die kleine Schiefertafel, die jeder von uns besaß. Ein Schwämmchen in einer grünen Dose, um die Tafel sauber zu wischen, Radiergummi und Bleistiftspitzer.

Wir sammelten uns im Schulhof und sangen die Nationalhymne unter der septemberlich schlaffen Hakenkreuzfahne gleich bei den hohen Kastanien der spätgotischen St. Johanneskirche. Dunkelgrüne Bäume, durch die Sonnenstrahlen drangen. Wir hoben die rechte Hand: Heil Hitler! Dann gingen wir nach drinnen. Es roch stark nach geölten Böden und schwitzenden Kindern. Für mich war es ein aggressiver, fremder Geruch.

Frau Baumann war meine erste Lehrerin. Sie hatte einen schwarzen Zopfkranz und trug das Parteiabzeichen über dem Herzen. Sie schickte die Erwachsenen an die Rückwand des Klassenzimmers und sortierte uns der Größe nach. Die Mütter sagten kein Wort, was mich tief beeindruckte. Frau Baumann gegenüber waren selbst Mütter hilflos. Sie herrschte unwidersprochen, vor allem über uns Vaterlose. Wir saßen der Größe nach. Frau Baumann hatte uns bereits beurteilt und eingestuft. Mir wurde klar, dass es eine Hierarchie gab, und ich war ungefähr in der Mitte.

Frau Baumann stand kerzengerade vor uns. In der Ecke links von ihr stand ein Rohrstock. Hinter ihr an der Wand war Hitler, sepiarot, nach Osten blickend. Er hatte Besseres zu tun, als uns zuzusehen.

Ich akzeptierte die Tatsache, dass ich jetzt in einer Welt von Frauen lebte. Sie machten alles, obwohl die höchste Autorität Männer waren. Als immer mehr Männer in den Krieg gingen, nahmen Frauen ihren Platz ein. All diese Frauen sagten das Gleiche: »Wer hätte das gedacht?« Dann sagten sie, da könne man nichts machen, sie müssten es auf sich nehmen, aber irgendwann würden sie die Rollen, die sie von den Männern übernommen hatten, wieder abgeben, dann, wenn der Frieden die alte Ordnung wiederherstellen würde. Ich lebte in einer temporären Welt, der Kriegswelt, in der alte Regeln nicht mehr galten. Kinder waren zu bemitleiden, weil sie den Krieg ertragen mussten. »Wozu haben wir Kinder auf die Welt gebracht?«, sagten sie kopfschüttelnd. Wir waren arme Würmchen. Mir wurde ein bisschen warm ums Herz von all dem Mitgefühl, aber ansonsten verstand ich nicht viel, weil ich nichts anderes kannte als Krieg.

Das Jahr 1943 neigte sich zum Ende und mit ihm die Kräfte der Deutschen. Die Alliierten verstärkten ihre Aktivitäten. Bei einer Reihe von Konferenzen an weit entfernten Orten, die wir im Atlas meiner Schwester fanden, trafen sie sich, um über mein Schicksal zu entscheiden: Kairo, Casablanca, Teheran, sagte Tante Anna, seien der Grund für meine Rachitis! Ihr Haus in Schweinfurt war von den Amerikanern zerbombt worden. Sie brachte ein neues Spiel mit, das von den Konferenzen der Alliierten inspiriert war.

Abends, sobald die Verdunkelungsvorhänge zugezogen waren, setzten wir uns um den Tisch und spielten »Die Alliierten in die Luft jagen«. Alles, was wir dazu brauchten, waren eine Schachtel Streichhölzer und eine Wäscheklammer.

Tante Anna leerte die Streichhölzer auf den Tisch aus, brach von einem das obere Ende ab und steckte den Zündkopf zwischen die Greif-Enden der Wäscheklammer, sodass sie aussah wie ein Krokodil mit gewaltsam gespreiztem Maul.

Dann legte sie die leere Schublade der Streichholzschachtel auf die Wäscheklammer, die jetzt ein Hotel in Teheran darstellte. Sie machte alle Geräusche selbst: Klopf-klopf, der Hotelbesitzer antwortete, und Stalin fragte nach einem Zimmer. Stalin war ein Streichholz, das Tante Anna in dem Hotel ins Bett legte. Dann kam Roosevelt und wurde ins selbe Bett gepackt. Schließlich Churchill. Dann kam Hitler und fragte auch nach einem Bett. Er wurde eingeladen, sich zu den anderen zu legen, lehnte aber ab. Er zündete das Streichholzstück zwischen den Kiefern der Wäscheklammer an, und mit einer zischenden Explosion flog das Hotel in die Luft. Alle klatschten, und Tante Anna sagte, sie würde Churchill persönlich den Hals umdrehen, wenn sie könnte. Er stecke hinter allem. Er sei schuld am Leid und an den schrecklichen Bombenangriffen. Churchill sei ein Verbrecher der schlimmsten Sorte, ein Mörder unschuldiger Kinder.

Weder die englische noch die amerikanische Luftwaffe hatte bislang irgendetwas auf Kitzingen abgeworfen, aber eines Tages gingen die Sirenen um Punkt zwölf Uhr mittags los. B-24 erschienen aus heiterem Himmel und versuchten, die Eisenbahnbrücke im Süden der Stadt zu treffen. Alle Bomben gingen daneben, aber es klang wie ferner Donner. Schnell war alles vorbei, und wir kamen wieder aus dem Keller der Beyers nach oben. Wir waren gewarnt, der Feind hatte uns nicht vergessen.

Bald darauf feuerten nachts die Flakstellungen. Durchs Küchenfenster sahen wir Leuchtspurgeschosse den Himmel erhellen wie ein himmlisches Feuerwerk. Statt in den Luftschutzkeller zu rennen, waren wir von dem Schauspiel wie hypnotisiert. Wir hörten Flugzeuge über uns, und plötzlich fielen farbige Leuchtbomben vom Himmel über Kitzingen. Der Apfelgendarm schrie von unten herauf, jetzt gehe es los, heute Nacht werde hier alles brennen. Das ganze Haus rannte in den Luftschutzkeller, die Riedels schrien und beteten. Wir wussten alle, dass diese Leuchtbomben, die sogenannten Christbäume, immer von Führungsflugzeugen abgeworfen wurden, um die Ziele für die nachfolgende Bomberflotte zu markieren. Wir saßen auf den Vorkriegsapfelsinenkisten und warteten mit pochendem Herzen auf das Geräusch der monströsen Lancasters, die in Hamburg 50 000 Menschen getötet hatten: Das Feuer hatte den ganzen Sauerstoff verbraucht, und die Leute waren auf der Straße und in den Kellern erstickt. Tante Augusta hatte uns lebhaft geschildert, wie lodernde Menschen durch die Straßen rannten und in die Hafenbecken sprangen, um den brennenden Phosphor zu löschen. Beim leisesten Geräusch stockte mir das Herz. Was wollten die Engländer in Kitzingen? In jener Nacht kam die Royal Air Force nicht. Der Apfelgendarm erklärte, die Bomber hätten die Leuchtmarkierungen nicht gesehen und die Ziele verfehlt. Die Riedels sprachen noch ein Gebet, bevor wir nach oben gingen.

Ich hatte mir angewöhnt, auf den Lederriemen meines Schulranzens herumzukauen und -lutschen. Meiner Mutter war das peinlich. Die Riemen waren pockennarbig und von meinem Speichel ausgelaugt. Ich konnte nicht anders. Dieses orale Verlangen war übermächtig. Auf dem Schulweg, wenn ich an einer Straße warten musste, kaute ich mit Hingabe. Ich versuchte, es zu verbergen, aber schließlich bemerkte ich gar nicht mehr, wenn ich es in der Öffentlichkeit tat. Die Ranzen-

riemen waren immer da, mit unverminderter Anziehungs-
kraft. Nur in Frau Baumanns Gegenwart beherrschte ich
mich, aber ich fühlte die heimtückische Versuchung, die von
den Riemen ausging. Fest und doch nachgiebig, streng im
Geschmack – die Chemie von Speichel und altem Leder hatte
mich süchtig gemacht. Ich lutschte und kaute und bewegte
das Leder mit der Zunge im Mund. Ich wollte die Seele aus
ihm herauskauen. Meine Mutter spürte, dass es eine tiefere
Ursache für meine Kauleidenschaft gab, behandelte sie aber
vorwiegend als eine destruktive Seite von mir, die es darauf
anlegte, einen unersetzlichen guten Vorkriegsschulranzen
kaputtzumachen. Aber mir ging es um etwas Tieferliegendes.

Ich hatte noch eine Angewohnheit, die meine Mutter be-
unruhigte. Ich sähe dabei aus wie ein Schwachsinniger, sagte
sie. Ich fuhr mit den Fingernägeln der rechten Hand über
meine Ohrläppchen, vor allem, wenn sie kalt waren. Etwas
drängte mich, die Kühle meiner Ohrläppchen mit den Fin-
gern zu absorbieren.

Der 23. Februar 1945 begann wie ein guter Tag. Es war warm,
die Luft roch nach Frühling, und an den Linden schwollen
die ersten Knospen. Ich trug eine knielange Hose und weiße
Socken, und ich erinnere mich noch genau, wie warm sich
die Sonne auf meinen nackten Knien anfühlte. Meine Knie
erinnern sich gut.

Im Wohnzimmer hatten wir immer noch den Weihnachtsbaum von 1944; er war ein trauriges Relikt, ein trockenes Ge-
rippe mit Schmuck aus einer anderen Zeit. In dem Raum war
es so kalt gewesen, wir hatten kein Heizmaterial mehr, deshalb hatte niemand den Baum abgeschmückt. Meine Mutter

sagte immer wieder, es sei eine Schande, hoffentlich bekämen es die Nachbarn nicht mit, so etwas wäre nie passiert, wenn Vater noch da wäre.

Auf dem Landwehrplatz saßen wir in der Sonne; Rolfi sagte, die Luftwaffe habe neue Flugzeuge auf unserem Flugplatz stationiert: Düsenjäger. Die Düsenjäger würden die Amerikaner vom Himmel fegen, die Amerikaner seien sowieso Feiglinge und hätten keine Disziplin. Bei mir zu Hause machte meine Mutter Klöße, weil sie am Morgen etwas Fleisch bekommen hatte, es würde zur Abwechslung mal ein gutes Mittagessen geben. Die Frühlingsluft ließ unseren Seelen Flügel wachsen, auf die einzige Art, die wir kannten – in Gestalt von Flugzeugflügeln. Flugzeuge siegten über die Schwerkraft: Rolfi und ich waren riesige FW Condor. Anneliese war eine feindliche Lancaster und Margarete Riedel eine amerikanische DC-3, die unbemerkt Fallschirmjäger einzuschmuggeln versuchte.

Rolfi und ich bombardierten Kiew, unsere glänzenden Flügel zogen empor, nachdem wir unsere Bombenlast ausgeklinkt hatten, wir drehten noch eine Runde; die Zwiebeltürme von Kiew brannten. Wir wurden Me-109 und schossen Anneliese ab, deren fettige Rattenschwänze in der Frühlingsluft wippten, als sie uns zu entkommen versuchte. Aber alle Feindflugzeuge wurden abgeschossen, nur deutsche Flugzeuge gelangten in Sicherheit. Die Motoren der Feindmaschinen brannten, ihre Besatzung stieg aus. Wir waren gnadenlose Verfolger, unsere Mechaniker hatten Langstreckentanks eingebaut, wir waren nicht aufzuhalten.

Ich schnitt durch die Luft wie eine scharfe Klinge, ganz Geschwindigkeit und Höhe, trunken von der sonnigen Luft. Aber wir vergaßen, den Blick nach oben zu richten, weil wir glaubten, wir flögen höher als irgendjemand sonst. Um vierzehn Uhr strömten Hunderte funkelnder Punkte mit weißen Kondensstreifen am freien Himmel heran.

Die Amerikaner bliesen die Posaunen des Jüngsten Gerichts! Erzengel brummten auf Kitzingen zu, die Luft teilte sich vor ihnen wie das Rote Meer. Die Amerikaner hatten Operation Clarion gestartet, um alle wichtigen Eisenbahnanlagen in Deutschland zu zerstören, und das Schicksal hatte uns bereits einen Tag Aufschub gewährt. Am 22. Februar waren 38 B-17 losgeschickt worden, um uns anzugreifen, aber sie hatten Kitzingen nicht gefunden. Früh am nächsten Morgen starteten 452 B-17 von Südengland aus. Sie flogen in 6 000 Meter Höhe direkt ins Deutsche Reich hinein. Während ich meinen Aufsatz für Frau Baumann schrieb, hatten sie die Schelde in leichten Kumuluswolken überquert, aber über Franken war der Himmel vollkommen klar. Die Engel der Zerstörung erschienen im metallischen Blitzen fliegender Festungen, die Mitteldeutschland erreichten, während wir Margaretes Rattenschwänze jagten.

Um 11.15 Uhr, als sich die Klöße meiner Mutter gerade im sachte siedenden Wasser zu lockeren Kugeln ausdehnten, gingen bei uns die Sirenen los. Die russische Steppe, die Minarette von Tunis und das blaue Wasser des Atlantiks verschwanden wie Trugbilder, und wir rannten in unsere Kartoffelkeller. Die Spatzen blieben in hehrer Einsamkeit zurück. Türen knallten, Reifen eines Autos quietschten, dann wurde der Platz ganz still. Der Voralarm ließ die Welt auf das schauerliche Flügelrauschen warten.

Draußen war es still, aber im Haus herrschten Gepolter

und Aufregung. Die Riedels schleppten ihre Koffer hinaus, Gertrude stand am Fenster und horchte nach Flugzeugen, und meine Mutter schimpfte, wie *beschissen* das alles sei, weil ihre Klöße jetzt ruiniert würden. Kartoffelklöße waren für mich ein Symbol der normalen Welt, der jetzt die Auslöschung drohte. Die Katastrophe lag in der Luft. Wir liefen an die Esszimmerfenster, der Weihnachtsbaum warf Nadeln ab, sobald ihn der Luftzug traf. Wir hörten ferne Flugzeuge, im Nordosten donnerte Flak. Die Sirenen heulten: akute Luftgefahr. Gott ging auf 4 000 Meter hinab.

Die Explosionen kamen in Wellen. Bombenteppiche fielen aus den Bombenschächten der B-17, eigentlich für die Bahnanlagen bestimmt, aber sie gingen auch auf die Stadt nieder. Mich verlangte so sehr nach den Riemen meines Schulranzens, aber den hatte ich oben gelassen. Ich war dazu verurteilt, mitten in unserem Keller zu sitzen und auszuhalten, wie das Dunkel an unseren Türen rüttelte.

Um 11.55 Uhr hing Hitler immer noch an der Wand, aber Frau Riedels Zöpfe hatten sich gelöst. Die B-17 waren wieder weg, und wir standen vor der Gendarmerie. Meine Schwester Ilse kam mit staubigem Haar den Weg entlanggerannt. Sie hatte an ihrer Schreibmaschine gesessen, als das Militärhospital auf der anderen Straßenseite samt Teilen des Parks in Staub und Rauch aufgegangen war. »Ja so was … so was«, sagte sie, und ihre Hände beschrieben sinnlose Halbkreise.

Der Platz mit den Linden sah noch genauso aus, aber Rauch senkte sich auf uns herab, und der Himmel war nicht mehr blau. Ascheflocken fielen, und feiner Staub hing in der Luft, die nach Mörtel und alten Mauern roch.

Wir waren davongekommen.

Als die zweite Welle von B-17 und ihren Jägereskorten kam, waren Teile von Kitzingen bereits von Staub- und Rauchwolken verhüllt. Die Bomber klinkten über der Stadt Cluster von 5-Zentner-Bomben aus, die bewirkten, dass bei uns der Putz von der Decke fiel. Die Amerikaner sahen unser Kloster als L-förmiges Gebäude unter sich, den Platz mit den Linden als freie Fläche, die kahlen Bäume kaum auszumachen. Aber mich sahen sie nicht, im Chaos des dunklen Kellers, angstvoll atmend, zitternd. Ich wollte nicht sterben. Die Explosionen kamen und gingen, Staubsäulen stiegen in den fränkischen Himmel. Bomben fielen auf den Friedhof, wo weiße Engel Arme und Beine verloren und Särge in die Frühlingsluft geschleudert wurden. Leichen flogen, Klumpen verwesenden Fleischs blieben an den Wänden umliegender Häuser kleben. Die Petrini-Kirche wurde getroffen; die B-17 erwischten das Deuster-Schloss und die Keller, in denen Gertrudes Schulkameradinnen Schutz gesucht hatten, und vor allem erwischten sie Frau Baumann und ihren Wecker. Eins der Flugzeuge sprengte den Zopfkranz, den sie um den Kopf getragen hatte wie eine Dornenkrone. Frau Baumann endete in einem direkten Treffer nahe des Bahnhofs – der schlimmste Ort, an dem man sein konnte. Jemand erzählte uns hinterher, sie sei pulverisiert worden. Die Amerikaner beseitigten Frau Baumann, meine erste Lehrerin, und übernahmen meine Erziehung.

Kitzingen war schon in Staubwolken gehüllt, aber die dritte Welle warf ihre Bomben mitten in diesen Staub und Rauch. Die Amerikaner hatten die Macht über Leben und Tod. Sie beantworteten unsere Gebete mit Feuer und Explosionen. Der Kartoffelsack vor unserem Kellerfenster schwang in der aufgewühlten Luft, die Lattentrennwände vibrierten, Mahlchen jammerte, und ich hatte Staub zwischen den Zähnen. Unsere Wimpern und Haare waren weiß, meine Zähne klapperten, und ich konnte es nicht abstellen. B-17 verkündeten das Ende der Welt.

Wir schmückten den dürren Weihnachtsbaum ab. Unter dem Baumschmuck, der überlebt hatte, war auch mein geliebtes Hexenhaus, das Lebkuchenhaus aus Hänsel und Gretel, braun und rot und glitzernd von Silber und Gold. Als ich es einpackte und in den Karton legte, wirkte es verletzlich, deplatziert. Ich bezweifelte, dass es je wieder ein Weihnachten geben würde.

Ostern 1945 fiel auf den ersten April. In der Nacht zuvor ging das Gerücht, die Amerikaner seien nur noch Stunden entfernt! Frau Riedel flüsterte meiner Mutter ins Ohr, wir sollten weiße Betttücher parat haben, um uns zu ergeben. Gertrude sagte, wir würden alle als Verräter erschossen werden, wir hätten Geheimwaffen, die den Feind vertreiben würden. Aber niemand hörte ihr zu. Meine Mutter holte zwei saubere Betttücher hervor. Frau Riedel sagte, alte Betttücher täten es auch, die Amerikaner würden es nicht bemerken. Ein weißes Tuch sei ein weißes Tuch!

Während sie über weiße Tücher als Zeichen der Kapitulation redeten, zog die Wehrmacht ab, und die Luftkriegsschule folgte. Die grauen Wehrmachtslastwagen rollten über den Landwehrplatz, und amerikanische Tiefflieger donnerten vom Himmel herab und schossen auf sie. Manche verfehlten ihr Ziel und schossen in unsere Schlafzimmerfenster; eine Kugel schlug durch eine bayrische Landschaft in die Wand.

Nichts sei mehr sicher, sagte meine Mutter. Jungen und alte Männer wurden aufgeboten, um Barrikaden gegen die Amerikaner zu bauen! Meine Schwester Ilse wurde in einen Unterstand vor der Stadt befohlen, um Ausschau nach feindlichen Fallschirmjägern zu halten.

Während ich im Keller saß und ein Osterei aß, das wir bei Kerzenschein mit Zwiebelschalen gefärbt hatten, hörte ich die Leute von Amerikanern reden, die Handgranaten in Keller warfen, wo sich Kinder und Frauen versteckten. Die Amerikaner würden uns pulverisieren! Als wir am 2. April aufwachten, waren wir allein in der alten Gendarmerie, die Ritters, die Kluges und die Riedels waren aufs Land geflohen. Die Witwe und ihre Halbwaisen hatten sie den Amerikanern überlassen, die jetzt kamen, um die Stadt zu plündern.

Um ein Uhr morgens am 5. April sagte meine Mutter, wir müssten jetzt handeln, unsere Geheimwaffen würden die Amerikaner nicht mehr vertreiben. Wir marschierten in unseren Garten hinaus, voran meine Mutter mit einer Schaufel, dann Ilse mit zwei großen Kochtöpfen, Gertrude mit einem Kasten und schließlich ich mit unserem Druckkochtopf. Wir würden das Dritte Reich begraben. Wir gruben unterm Birnbaum ein Loch, während die Nacht langsam vor sich hin brannte. Wir wickelten eine Decke um den Kasten mit unserem Silber. Das würden die plündernden Polen und Russen nicht kriegen. Dann vergruben wir zwei Töpfe, damit wir Kochgeschirr hätten, wenn die Plünderer wieder weg wären. Ilse grub ein zweites Loch für unseren Druckkochtopf. Der hatte seit der Heirat unserer Eltern zum Garen von Kartoffeln gedient. Jetzt enthielt er unsere Versicherungsunterlagen, Sparbücher, das Familienstammbuch und die

Dokumente meines Vaters. In der Mitte des Druckkochtopfs lag der Schmuck meiner Mutter, darunter eine Brosche, bestehend aus einem silbernen Barock-Amor mit einer Blumengirlande. Die Orden meines Vaters lagen bei dem Amor.

Vom Birnbaum gingen wir zu den Enten. Der Boden war nass und glitschig, weil die Enten immer Wasser aus dem Teich verspritzten. Wir gruben noch ein Loch, eins, das wir nicht wieder aufgraben würden. Die Enten wurden wach und schlugen mit den Flügeln. Meine Mutter warf ihr Parteibuch in das Loch, dann Ilses, dann das meines Vaters. Es folgten die Parteiabzeichen, schwarzes Hakenkreuz in braunem Ring. Ein Dolch mit SS-Emblem, sämtliche Abzeichen meines Vaters mit Hakenkreuz darauf, sogar ein paar von seinen Schulterstücken, und eine Kleinkaliberpistole, die wir immer im Schreibtisch meines Vaters liegen hatten. Danach schütteten wir das Dritte Reich zu. Wir stampften die Erde fest, während die Nacht feurige Signale losließ, Blitz und Donner, und die Amerikaner pfeifende Artilleriegeschosse durch das Dunkel über uns jagten. Dann liefen wir nach oben und banden ein weißes Betttuch an den Fahnenmast.

Unsere Gefangennahme ging schnell; im einen Moment waren wir Bürger von Hitlers Reich, im nächsten Teil einer neuen Welt. Die Amerikaner drangen lautlos durch den Garten ein, umstellten uns und schubsten uns nach draußen. Die Hände an Frau Kolbs roter Wand, wurden wir auf Waffen durchsucht. Der Soldat, der über die Mauer der Beyers geklettert war, durchsuchte mich. Mein Herz hämmerte unter Kleidungsstücken, die den feuchten Geruch des Kellers verströmten. Er bemerkte es nicht. Er fuhr mit den Händen schnell und routiniert meinen Körper und die Außen- und Innenseiten meiner Beine ab und machte dann bei Gertrude weiter. Unterdessen stürmten die Amerikaner das Amtszimmer und zerschmetterten das Hitlerbild über dem Schreibtisch meines Vaters, das wir vergessen hatten. Sie brachen den Waffenschrank auf und zertrümmerten die Schusswaffen auf dem Geländer. Die Schusswaffen gingen kaputt, aber das Geländer der Mönche hielt. Dann durchkämmten die Amerikaner die Wohnungen. Wir standen reglos da, mit erhobenen Händen. »Wie Verbrecher«, murmelte meine Mutter.

Am 9. April 1945, fünf Tage nachdem Kitzingen gefallen war, rollte in Seattle die letzte B-17 vom Montageband. Eine entscheidende Periode meiner metaphysischen Erziehung endete. Meine Augen suchten nicht mehr den Himmel nach Engeln mit Sauerstoffmasken ab, Engeln, die meine Zähne zum Klappern brachten. Jetzt sah ich die Amerikaner am helllichten Tag Telefonleitungen auf dem Platz legen. Sie rollten Draht von großen Holzspulen ab, in atemberaubendem Tempo. Aus dem Nichts erschufen sie ein System von Leitungen, Maschinen und Motoren, das brummte und Licht erzeugte und Stimmen aus dem leeren Raum einfing. Die Amerikaner bewegten sich schnell, präzise und kraftvoll. Ich verliebte mich in sie.

Während die Wehrmacht nicht weit von uns immer noch kämpfte und deutsche Düsenjäger am Himmel auftauchten, um die Amerikaner zu beschießen, wurde ich zum Verräter am Reich: Das Dritte Reich landete auf dem Schutthaufen in der Eingangshalle. Wir gruben Göring und Hitler aus und zerrissen sie. Fetzen ihrer Porträts lagen auf dem herabgebrochenen Putz und den zerstörten Waffen. Jemand warf die mit roter Tinte schraffierte Kriegsverlaufskarte aus dem Amtszimmer dazu. Der Krieg war vorbei; er war ein staubiger, unwichtiger Teil der Vergangenheit.

Die Amerikaner hatten Macht. Sie hatten Maschinen, die alles bezwangen. Die waren grün wie ihre Uniformen. Ihre Körper und ihre Maschinen wurden eins. Und die Amerikaner hatten Essen. Ihre Feldküche befand sich hinter unserer Gartenmauer im Krankenhaus. Von unserem Garten aus rochen wir amerikanisches Essen. Ihre Küche erwärmte die Luft und erfüllte sie mit Duft: jede Menge Dinge, die gekocht wurden, und ein leiser Unterton von Kerosin, weil sie damit ihre Kocher betrieben. Das Leben spielte sich auf der amerikanischen Seite der Mauer ab: Deutsche standen jeden Nachmittag mit Töpfen und Pfannen Schlange, um Reste von den Amerikanern zu ergattern, die vor ihren Augen Essen wegschütteten. Frau Beyer bettelte um Kaffeesatz und bekam ihn auch. Wir machten damit immer wieder Kaffee, bis nur noch schwach gefärbtes Wasser entstand.

Meine Schwestern kamen im Badeanzug in den Garten. Sie streckten sich auf Gartenstühlen unterm Birnbaum aus, um die warme Aprilsonne aufzusaugen und ihre Kellerblässe loszuwerden. Anneliese und ich kletterten von unserem Baum und besuchten die Enten, die im Wasser gründelten und an welken Kohlblättern knabberten. Ich hörte einen Pfiff. Dann noch einen. Der Pfiff bestand aus zwei Tönen, der eine hoch, der andere eine Oktave tiefer. Ein amerikanischer Soldat saß auf der Mauer und winkte meinen Schwestern zu, die keine Miene verzogen. Zwei weitere Soldaten, die aus einer grünen Weinflasche tranken, gesellten sich zu ihm. Sie johlten und riefen Sachen. Meine Schwestern auf ihren Stühlen regten sich nicht. Unsere Blicke gingen zwischen meinen Schwestern und den Soldaten auf der Mauer hin und her, wie gebannt standen wir auf unserem Fleckchen zwischen zwei Kohlbeeten. Warum reagierten meine Schwestern nicht? Ich war versucht, es an ihrer Stelle zu tun. Aber die Soldaten blickten nicht mal in unsere Richtung. Meine Schwestern in ihren gepunkteten Badeanzügen, Ilses rot-weiß, Gertrudes weiß-rosa, wirkten wie zwei Riesengeranien vor der bräunlichen Wand des alten Klosters.

Die Mauer füllte sich mit Soldaten. Sie standen obendrauf oder saßen da und ließen die Beine in unseren Garten baumeln. Sie winkten, riefen, pfiffen, und sobald eine meiner Schwestern auch nur einen Zeh bewegte, tobte die Mauer voller Soldaten wie eine olivgrüne Welle. Ein Soldat war sogar aufs Krankenhausdach geklettert und saß auf einer der Steinkugeln, die die Ecken des Dachs zierten. Das ganze Pfeifen und Rufen entlockte meinen Schwestern keine Reaktion. Die Soldaten begannen, Sachen in unseren Garten zu werfen. Kaugummipäckchen, grün, gelb und weiß, fielen in die schlafenden Blumenbeete. Dunkelbraune Packungen Hershey-Schokolade, ganze Mann-Tagesrationen, Erdnussdosen, graugrüne Dosen mit Erbsen, Bohnen, Pfirsichen, volle Weinflaschen, Gläser mit Apfelmus und Suppen.

Anneliese und ich kannten kein Halten mehr. Hektisch zogen wir eine alte Holzkiste unterm Kaninchenstall hervor und flitzten über die Gemüsebeete, um all die Dinge einzusammeln, die mit einem weichen Aufschlag landeten. Ein Päckchen Lucky Strikes kam angeflogen, das Kostbarste von allem. Rot-weiß. Das Zellophan fühlte sich kühl und knistrig an. Meine Mutter tauschte die Luckys später auf dem Schwarzmarkt gegen Butter ein – sie sagte immer, mit diesem Päckchen hätte sie ein Imperium gründen können, wenn sie gewollt hätte, aber es seien schon zu viele Gauner unterwegs gewesen.

Unsere Kiste füllte sich schnell, und meine Schwestern rührten sich immer noch nicht. Wir wieselten weiter umher wie aufgeregte Aaskäfer. Der amerikanische Himmel hatte sich aufgetan. Eine Menge amerikanischer Hände warfen immer weiter Sachen zu uns herüber. Ich wusste, sie warfen sie nicht für mich, aber ich sammelte sie auf. Ich trat an die Stelle meiner Schwestern, reagierte, weil sie es nicht taten.

Die Soldaten auf der Mauer öffneten Sektflaschen, Korken knallten. Meine Schwestern saßen immer noch ungerührt da. Ein Soldat warf einen Militärstiefel in den Garten. Meine Mutter kam herausgelaufen, Schürze um und Geschirrtuch in der Hand, und beorderte meine Schwestern nach drinnen. Wir sahen ihr Geschirrtuch auf und ab tanzen, als sie auf meine Schwestern einredete und auf die Tür zeigte. Als meine Schwestern schließlich hineingingen, ließen die Soldaten auf der Mauer ein Geheul los, von dem der Birnbaum bebte, und kletterten dann langsam wieder zurück in ihr eigenes Territorium.

Nach diesem vormittäglichen Wunder suchte ich jeden Quadratzentimeter Garten noch mehrmals ab, um ganz sicherzugehen, dass ich alles gefunden hatte. Entgangen war uns eine Packung Kaugummi – Wrigley's Juicy Fruit in der gelben Umhüllung. Als ich das Papier und den Dreck abschälte, fand ich auf dem flachen, waffelartigen Kaugummi kleine klebrige Tröpfchen. Ameisen hatten sich darüber hergemacht. Ich wischte die Tröpfchen ab und begann zu kauen. Der Kaugummi schmeckte frisch-süß und klebrig. Amerika roch wie Juicy-Fruit-Kaugummi.

Meine Faszination, die Amerikaner betreffend, wurde zur Obsession. Während die deutsche Wehrmacht im Westen und Norden die Alliierten noch immer zurückzuschlagen versuchte, übergab ich meine Seele den Eroberern ... Ich bejahte ihre Herrschaft von ganzem Herzen. Ich stand morgens für die Amerikaner auf und nahm sie mit in den Schlaf. Alle Wahrheit, alle Gerechtigkeit war bei ihnen!

Als sie einigen von uns Kindern *Life*-Hefte mit Fotos von deutschen Konzentrationslagern gaben und uns auftrugen, sie unseren Eltern zu zeigen, glaubte ich ohne Zögern, dass das die Wahrheit war, obwohl die Erwachsenen sagten, es sei alles Lüge und Propaganda. So etwas würden Deutsche nie tun! Ich verteidigte die Amerikaner, sagte, sie würden niemals lügen! Ich war der Bote der Amerikaner und wollte ihre Wahrheiten verbreiten. Als Frau Riedel sich über mich lustig machte und fragte, woher ich denn wissen könne, was wahr sei, schleuderte ich ihr nur einen Satz entgegen: »Die Amerikaner haben es gesagt!«

Ich lebte in einer Welt von starken Männern. Da war der Koch, ein Hüne, der mich mit einer Hand hochheben und in seine großen Töpfe fallen lassen konnte. Da war der »Andere«, dessen Namen ich nicht mehr wusste, dunkelhaarig und abends immer betrunken: Er schmiss Flaschen an die Wand. Da waren Edward, ein Mechaniker, und Charley, der nie ein T-Shirt trug; seine »Hundemarken« klimperten immer. Und dann war da noch Ray, dessen Name wie »Reh« klang. Abends schloss ich mein Gebet mit: »Lieber Gott, beschütze Vater, Mutter, Ilse, Gertrud, Edward, den Koch, den Anderen, Charley, mich und Ray!« In dieser Reihenfolge. Ich hatte die Amerikaner ganz und gar in meine kleine Welt integriert, ich befahl sie Gott jeden Abend an, sie waren meine Schutzengel, wenn ich die Augen zumachte.

Ray nannte ich zuletzt, weil er der Wichtigste war. Sein Name beschloss mein Gebet wie ein Ausrufezeichen. Ich stellte mir vor, dass Ray die Rückendeckung all derer war, die im Gebet vor ihm hermarschierten.

Die Gegenwart und die Zukunft gehörten ganz und gar den Amerikanern, gehörten Ray. Sonnenlicht, durchschossen von Grün. Ray hatte Schokolade und Kaugummi neben dem Old Spice im obersten Fach seines Spinds. Ich durfte mir nehmen, was ich wollte; Ray sorgte für mich. Er war für mich in den Krieg gezogen, hatte über Tausende von Meilen gegen die Deutschen gekämpft, um mich gefangen zu nehmen.

Ray war unberechenbar. An manchen Tagen schlugen seine Großzügigkeit und Nettigkeit in boshaften Geiz um. Es machte ihm Spaß, mir zu sagen, da sei keine Schokolade, kein Kaugummmi, und ich dürfe nicht in dem obersten Fach nachgucken, aus dem der Old-Spice-Duft herabwehte. Das oberste Fach gehörte mir. Ray enthielt mir absichtlich und willkürlich vor, was mir zustand. Ich versuchte, an das oberste Fach zu kommen, er gab mir einen Schlag auf den Hintern. Ich nahm sein wechselhaftes Verhalten ungefragt hin. Ray war der oberste Herrscher des Universums; er hatte das Recht zu tun, was er wollte. Seine Launenhaftigkeit provozierte mich, ihn zu provozieren.

Ich zog mich an dem Spind empor; im obersten Fach lag eine Tafel Hershey-Schokolade, obwohl Ray gesagt hatte, da sei keine. Er hatte gelogen. Er lag auf seinem Bett, hörte Musik und las ein Dick-Tracy-Comicheft.

Als er sah, was ich tat, zog Ray mich von dem Spind herunter und schlug mir auf den Hintern. Dann legte er sich wieder hin. Seine Bestrafungsaktion war kurz und scheinbar nebensächlich in dem Moment. Das trieb mich dazu, ihn noch weiter herauszufordern. Ich widersetzte mich Ray wieder, er schlug mich wieder.

Ray hatte eine neue Art zu strafen. Er schlug mit dem Handrücken zu statt mit der Handfläche. Es erinnerte mich daran, wie Amerikaner oft auf ihren Gartenstühlen saßen: verkehrt herum, zur Stuhllehne hin.

Draußen hintern Zaun hängte Frau Riedel in unserem Teil des Gartens Wäsche auf; sie bewegte sich, ein vertrautes Bild, in einer traumartigen, wattigen Dimension, gepolstert vom Alltäglichen. Ich bewegte mich in einer höheren Sphäre, in den Armen des prächtigen funkelnden Jägers Orion. Ich schleuderte englische Wörter hervor, die ich nicht verstand – *asshole, cocksucker* –, sobald Ray mich losließ. Er rannte mir nach, erwischte mich an der Tür oder auf dem Gang und trug mich wieder in sein Zimmer. Der Gang war leer, aus der großen Halle unten kamen die Stimmen von Soldaten. Rays Erkennungsmarken klimperten. Ich starrte sie verzückt an. »Das ist ein schlimmes Wort!«, sagte er. »Schlimm, sehr schlimm …« Ich lieferte Ray einen Grund, mich zu bestrafen. Seine Hand schlug bei jedem »schlimm« zu.

Ray lachte nicht mehr. Er bestrafte mich nach jedem Fluchtversuch härter. Ray schlug mich mit der ganzen Hand. Kopf, Seiten, Brust, Beine, er strafte mich, wo immer er wollte, wo immer die Leidenschaft ihr Ziel suchte.

Es war Abend, als meine Mutter die Entdeckung machte. Ich machte mich gerade bettfertig, als sie plötzlich »Jesus Maria!« rief und mir die Kleider vom Leib zog. Während sie nach unten eilte, Frau Riedel holen, betrachtete ich mich im Spiegel: Dunkle Farben, Rays Farben, verliefen von meinem Po in alle Richtungen über meinen Körper. Grün, Blau, Rot, Sonnenuntergänge, Sonnenaufgänge, ganze Landschaften mit grünenden Gärten überzogen mich.

Frau Riedel befühlte meinen Po mit dem Zeigefinger, ich spürte ihren Atem auf meiner Haut. Ich sagte nichts. Sie fragten mich, wer das gewesen sei. Ich sagte, es täte nicht weh, ich hätte keine Ahnung. Die beiden Frauen schrien und schlugen die Hände vor der Brust zusammen, sie sahen aus wie Madonnen, die zum Himmel flehten. Als ich ihnen schließlich sagte, dass es Ray gewesen war, wollte ich ihn nicht verraten.

Trotz der nächtlichen Ausgangssperre marschierten die beiden Frauen mit mir zur Judenschule, die von amerikanischen Offizieren in Besitz genommen worden war. Vor einem Offizier mit heller Hose und brauner Jacke musste ich wieder die Hose herunterlassen. Frau Riedel bestand darauf, dass ein solches Verbrechen bestraft werden müsse. Ich wand mich, konnte den Offizier nicht ansehen. Er ging um mich herum und bückte sich, um genau hinsehen zu können. Dann zwinkerte er mir durch seine randlose Brille zu. Ich sagte, es täte nicht weh. Ich verstand das Wort *crime* nicht, das Frau Riedel benutzte. Ich verstummte und sagte gar nichts mehr.

Das Ganze hatte keine Folgen. Ich wurde vergattert, mich von den Amerikanern fernzuhalten, aber sie waren eine unheilbare Sucht. Ich ging wieder zu Ray. Er gab mir Hershey-

Schokolade und wuschelte mir durchs Haar, wenn er guter Laune war, und verhaute mir den Hintern, wenn er schlechter Laune war. Nichts hatte sich geändert.

Nicht lange nach dem Fall des Dritten Reichs spielten wir im alten Befestigungsgraben. Ein Mädchen aus Schlesien, eins aus Ostpreußen, Heinz vom Landwehrplatz, Manfred, Sohn eines älteren Ehepaars, Georg, Sohn einer Witwe zwei Straßen weiter, und ich. Das Mädchen aus Schlesien hatte eine weiße Schleife im Haar. Wir, die Überbleibsel des zerstörten Reichs, durchstreiften dessen Schutt und Müll.

Wir zogen Dinge daraus hervor und begannen fieberhaft, ein Zelt auf dem Grashügel der Technischen Nothilfe zu errichten. Wir hatten den starken Drang, uns ein Haus zu bauen, eine Art Nest inmitten der Ruinen, wie um über das Chaos zu triumphieren. Wir arbeiteten Stunden daran, verwandelten es durch unsere Fantasie in ein prächtiges Bauwerk und krochen hinein. Drinnen war es heiß, und über die halb verrottete schimmlige Plane, die uns als Dach diente, schlängelten sich Regenwürmer.

Es war ein warmer blauer Tag. Die Amerikaner waren gleich über die Straße. Ihre Geräusche und ihre Musik wehten zu uns herüber, wir fühlten uns sicher und geborgen in unserem selbst geschaffenen Heim.

Aber der Krieg war noch nicht vorbei – er beobachtete uns mit halb geschlossenen Augen. Unsere kindliche Fantasie barg einen schrecklichen Schock. Der Tod lauerte wie eine gespannte Feder, die nur darauf wartete, ausgelöst zu werden. Wir lösten unsere eigene Zerstörung aus. Wir hatten unser Heim über einer Granate erbaut, wahrscheinlich einer deutschen. Die Explosion war so laut, dass ich auf der Stelle taub war. In der darauffolgenden Stille hob sich das Zelt in die Luft und zerplatzte, als hätte Gott hineingeblasen.

Ich registrierte wieder die erste Farbe: Es war Blut, das zwischen den Beinen des schlesischen Mädchens hervorquoll und den hellen Stoff ihres Kleides färbte. Sie lag auf dem Rücken, stöhnend, mit geschlossenen Augen; ihre weiße Haarschleife wirkte wie ein zerquetschter Schmetterling in ihrem an einen Stein gedrückten Haar. Das andere Mädchen war neben seiner blutenden Freundin zusammengesackt. Ich erhob mich in dem nachlassenden Chaos. Ich sah im Blut des schlesischen Mädchens ein Lebenszeichen. Heinz lag auf dem Rücken, die Gliedmaßen seltsam verdreht. Sein Gesicht war voller großer Granatsplitter, die sich unter seine Haut gebohrt hatten. In der linken Wange klaffte eine Wunde. Manfred war ein in sich gekrümmtes schwärzliches Häufchen. Sein eines Bein fehlte; seine Augen waren weit offen, als versuchten sie immer noch, diese plötzliche Schicksalswende zu erfassen; sie starrten reglos in die Sonne. Manfreds Schädel war offen, und eine gallertige Masse lief seine Schläfen hinab. Georg, der Sohn der Witwe, saß auf dem Boden, den Kopf in den Händen; er schrie, und Blut rann ihm über den Kopf. Sein Körper sah verbrannt aus, rußig. Ich hatte zwei Ichs, das eine benommen, das andere bei hyperklarem Bewusstsein. Ich nahm wahr, dass die Amerikaner aus sämtlichen Erdgeschossfenstern der Gendarmerie sprangen. Jeeps und ein Krankenwagen kamen auf mich zu, während ich wie angewurzelt dastand, mich nicht zu bewegen wagte, als könnte jede Bewegung mein Überleben zunichtemachen. Ein amerikanischer Soldat erreichte mich und hob mich hoch, aber ich wehrte mich und schrie. Ich wollte nur zu meiner Mutter. Ich kämpfte mich aus seinen Armen und rannte nach Hause, ohne mir des Bluts, das meinen Körper bedeckte, bewusst zu sein. Meine Mutter empfing mich an der Tür, weiß wie ein Gespenst. Sie starrte mich an, als ich ihr atemlos, mit einer Mischung aus Entsetzen und Stolz, erzählte, dass Heinz und Manfred tot waren.

Ich war euphorisch, die Leute sahen mich an wie einen Helden, ich hatte als Einziger den Explosionsort auf eigenen Beinen verlassen! Die Leute auf dem Platz hörten auf zu reden, wenn sie mich sahen, und zeigten mit dem Finger auf mich. Ich ließ mich von Licht durchfluten; es tilgte das Bild von Heinz und Manfred, die der schwarze Feuerball verschlungen hatte.

Eines Morgens war alles vorbei. An einem Spätsommertag 1945 (die Blätter auf dem Landwehrplatz hatten ihr sattes Grün bereits verloren), kam ich wie immer nach unten und fand den Platz leer. Ich hatte zu Ray gewollt, und da war nur gähnendes Nichts. Die Türen und Fenster vom Beyer'schen Teil des ehemaligen Klosters standen weit offen; die Amerikaner waren weg. Wind blies Kaugummipapierchen die Straße entlang.

Ich stand allein unter den alten Linden und sah den letzten Lastwagen nach. Sie fuhren mit Vollgas die Straße hinauf, um die R8 zu nehmen und für immer aus meinem Leben zu verschwinden. Edward der Koch, der Andere, Charley und Ray verließen mich ohne Vorwarnung. Sie ließen mich allein, verschwanden bei Nacht und Nebel. Der einzige Beweis, dass sie je existiert hatten, war meine sehnsüchtige Erinnerung.

Kapitel 5

Zwischen zwei Aggressoren

Die Odyssee einer finnischen Familie

STINA KATCHADOURIAN verbrachte die Kriegsjahre teils in Finnland und teils in Schweden. Finnland war zwischen zwei Aggressoren gefangen und kämpfte sowohl gegen Stalins Sowjetunion als auch gegen Hitlerdeutsch land. Der erste Krieg, der sogenannte Winterkrieg, begann mit dem sowjetischen Angriff auf Finnland 1939 und dauerte nur ein paar Monate. Der zweite Krieg, den Finnland dann mit Unterstützung Nazi-Deutschlands gegen die Sowjetunion führte, der sogenannte Fortsetzungskrieg, dauerte von 1941 bis 1944. Um möglichst viel von seiner Unabhängigkeit zu bewahren, wechselte Finnland dann auf Druck der Sowjetunion die Seiten und führte in der Arktis einen dritten Krieg, den sogenannten Lapplandkrieg, diesmal gegen die Deutschen. Eingeklemmt zwischen Russland und Deutschland ging Finnland schließlich auf Seiten der Alliierten aus dem Krieg hervor.

Stinas Memoir, *The Lapp King's Daughter*, erzählt davon, wie ihre Familie versuchte, der Katastrophe immer wieder einen Schritt voraus zu sein. Während der Vater, Lale, an der russischen Front Truppen befehligte, schaffte es die Mutter, Nunni, sich mit Stina, deren Schwester Maj und dem Haus- und Kindermädchen Riikka zuerst von Helsinki in die finnische Provinz Lappland und dann von dort nach Schweden abzusetzen. Dieses Memoir bietet einen seltenen Einblick in die Wirren des Zweiten Weltkriegs in Finnland. Und es ist zugleich ein Tribut an die menschliche Widerstandskraft, wie sie Stinas Eltern und andere angesichts menschengemachter Schrecken voller Mut und Anstand bewiesen. In Stinas Erinnerungen erleben wir ein Mädchen, das darum ringt, trotz der Belastung durch ständige erzwungene Ortswechsel seinen Humor und seine Kreativität zu bewahren.

Am Ende meines fünften Lebensjahrs wusste ich zwei Dinge ganz sicher: Solange ich Nunni an ihrem Schreibtisch sitzen und einen Brief schreiben sah, war mein Papi am Leben. Er war an einem Ort, der »die Front« hieß, um die Russen zu verjagen. Nunni würde ihm nicht schreiben, wenn er gestorben wäre.

Und was auch sicher war: In dieser Nacht würden die russischen Flugzeuge kommen, denn es war schon den ganzen Tag Russenwetter. Die Sonne schien an diesem kalten Wintertag 1942 von einem klaren blauen Himmel, und das war kein gutes Zeichen. Man merkte, dass die Erwachsenen beunruhigt waren: Sie schauten dauernd zum Himmel hinauf, und ich durfte zwar kurz im Schnee spielen, aber nur, wenn ich mein weißes Schneecape anhatte, damit mich die Russen nicht sehen konnten. Als ich ins Bett ging, stellte ich sicher, dass mein Stoffhund gleich neben mir lag, damit ich ihn mitnehmen konnte, wenn wir in den Luftschutzkeller rennen mussten.

Kurz nach Mitternacht heulte der »heisere Freddy« los, die pilzförmige Sirene auf dem Dach unseres Wohnhauses. Nunni weckte mich schnell, dann rein in die kratzigen langen Strümpfe, den wattierten Mantel und die Filzstiefel. Ich wusste, es waren dreihundertzwanzig Treppenstufen runter in die Gemeinschaftswaschküche, die uns als Luftschutzraum diente. Die Tür quietschte, wenn eine Familie nach der anderen hereinkam. Die Luft war muffig, stickig, als wir uns durch einen Wald von Holzstützen fädelten, die verhindern sollten, dass im Fall eines Treffers die Decke einstürzte.

Ab und zu, wenn jemand die Tür öffnete, hörten wir das Dröhnen der Flugzeuge und das Rat-tat-tat der Flugabwehrgeschütze. Suchscheinwerfer schwenkten über den schwarzen Himmel. Es gab eine Explosion, dann noch eine, näher. Ich sah Nunni an: Wie nah war das? Sie lächelte mich an, und ich wusste, Molotow und Stalin würden uns hier nicht finden, und Papi war irgendwo dort draußen, um sie zu verjagen.

Der Winter 1942 war außergewöhnlich kalt. In unserer Wohnung war es eisig. Um sich die Fahrten mit der ungeheizten Straßenbahn etwas angenehmer zu machen, tauschte meine kreative Mutter etwas Butter gegen ein schwarzes Schaffell ein, das sie als Futter in ihren abgewetzten Wintermantel nähte.

Endlich kam der Frühling mit milderem Wetter und längeren Tagen. Als junge Brennnesseln sprossen, ernteten wir sie körbeweise für »Spinat« und Suppe. Wir sammelten Löwenzahnwurzeln und trockneten sie, um daraus Kaffee-Ersatz zu machen. Wir trockneten Himbeerblätter, Lindenblüten und Schwarze Johannisbeerblätter als »Tee«. Und als der Frühling in den Sommer überging, bearbeiteten wir zusammen mit den Nachbarn unsere kleinen Beete mit Karotten und Kartoffeln, Erbsen und Radieschen, Roten Beten und Bohnen. Wir nutzten jeden Quadratzentimeter. Überall wurden Gemüse und Kartoffeln gezogen, selbst in der Innenstadt, manche Plätze und Marktplätze waren in Kartoffelfelder umgewandelt worden.

Eines Tages sah ich meine Mutter an ihrem Schreibtisch sitzen und konzentriert ein kleines Häufchen Goldschmuck betrachten. Da lag die Uhr, die meine Großmutter immer an einer Goldkette um den Hals getragen hatte. Eine Goldbrosche mit Perlen. Eine Hutnadel mit Brillanten. Nunni sah mich an, während sie sich den Ehering vom Finger zog. »Das bekommt alles die Armee, damit sie mehr Flugzeuge kaufen kann, um unser Land zu verteidigen«, sagte sie mit wackliger Stimme. Dafür, erklärte sie mir, bekämen sie und alle Frauen, die ihren goldenen Ehering stifteten, von der Regierung einen aus Eisen. Nunni trug ihren ihr Leben lang wie ein Ehrenzeichen.

Es hätte eine Möglichkeit gegeben, wie uns unsere Eltern vor den Gefahren des Krieges bewahren konnten: indem sie uns nach Schweden schickten. Hätten meine Eltern das gewollt, hätte ich wahrscheinlich nichts dagegen gehabt. Schweden klang gut. Ich kannte ein paar Schweden, Freunde meiner Eltern, und die Frauen rochen nach Parfüm und trugen schicke Kleider, auch wenn sie ein komisches singendes Schwedisch sprachen. Ich hatte in Zeitschriften Fotos der schwedischen Königsfamilie gesehen. Ein König, eine Königin, Prinzessinnen! Und ich hatte Geschichten gehört: Dort war kein Krieg. Dort war Frieden. Man konnte so viel

Schokolade haben, wie man wollte, und Apfelsinen auch. Man konnte sich neue Schuhe kaufen, man brauchte einfach nur in ein Geschäft zu gehen. Zwei Cousinen von mir waren nach Schweden geschickt worden und einige meiner Freundinnen.

Über siebzigtausend finnische Kinder wurden in einem der größten Kindertransporte der Geschichte außer Landes gebracht. Es war ein Exodus nach dem Vorbild der Kindertransporte, mit denen hauptsächlich jüdische Kinder von Ende 1938 bis zum Kriegsausbruch 1939 aus Deutschland, Österreich, Polen und der Tschechoslowakei vor den Nazis nach England in Sicherheit gebracht worden waren. Die meisten finnischen Kinder kamen nach Schweden, viertausend nach Dänemark und rund hundert nach Norwegen.

Wir hielten durch. Dank Nunnis und Lales Einsatz und Riikkas Heldentaten in der Küche kamen wir über die Runden. Wir gewöhnten uns an die Nächte im Luftschutzkeller, an die Verdunkelung, an die Lebensmittelknappheit, selbst an die Angst. Und ab und zu kam Lale auf Heimaturlaub, das waren Festtage.

Wir hatten unser Zuhause während der Kriegsjahre zwei Mal verlassen: ein Mal bei Ausbruch des Winterkriegs und dann noch ein Mal, als der Fortsetzungskrieg ausbrach. Wir hatten uns daran gewöhnt, woanders zu leben und nicht zu wissen, wann wir heimkehren würden. Und dann waren wir nach Helsinki zurückgekehrt, und obwohl wir uns vor den Bomben fürchteten, hofften wir doch, hierbleiben zu können, bis der Krieg vorbei war. Wir ahnten nicht, dass das erst der Beginn unserer Wanderschaft war.

In der kalten Neujahrsnacht 1943/44 hörten wir im Radio die traditionelle Ansprache des Präsidenten an das Volk. In der Wohnung war es wie üblich kalt. Meine Mutter hatte im Kamin Feuer gemacht, und wir hielten nacheinander einen Schöpflöffel mit einem Stück Blei über die Glut und sahen zu, wie das Blei zu einer dicken silbrigen Flüssigkeit schmolz. Dann kippte man das Blei schnell in den bereitstehenden Eimer mit kaltem Wasser, während man den eigenen Namen rief, und die Form, zu der das Blei im kalten Wasser erstarrte, war das jeweilige Omen für das neue Jahr.

Meine Mutter tat so, als läse sie gute Nachrichten aus den glänzenden Bleiformen heraus: Das hier bedeutet, dass Papi nach Hause kommt, das hier bedeutet viel zu essen für uns, und schaut mal, da! Das ist ein schickes Kleid für Maj! Aber Mutters Stimmung war düster. Täglich starben mehr Soldaten an der Front, und die Ernährungslage wurde immer noch schlechter. Die Schule, die ohnehin nur noch zeitweilig stattfand, sollte durch sogenannten »Fernunterricht« anhand in Zeitungen veröffentlichter Lektionen ersetzt werden. Meine Schwester und ihre Freundinnen mussten sich damit abfinden, dass die Regierung das Tanzen verboten hatte. Sie arbeiteten hart, um Punkte für das »Eiserne Spatenblatt« zu sammeln, ein kleines Abzeichen, verliehen für den zivilen Einsatz an der Heimatfront: Kartoffeln ernten, Brennholz sammeln, Kinder hüten, alten Menschen helfen. Ich sammelte Tannenzapfen für unseren Kamin. Riikka in ihrem Küchenreich, wo selbst meine Mutter nicht immer willkommen war, tat ihr Bestes, aus dem wenigen, das verfügbar war, schmackhafte Mahlzeiten zuzubereiten. Der tägliche Refrain lautete: Der Teller wird leer gegessen!

Wir hätten wahrscheinlich noch eine Weile so weitermachen können. Doch dann, am 6. Februar 1944, änderte sich alles. In jener Nacht flogen die Russen den ersten von drei massiven Luftangriffen, die darauf abzielten, die Zivilbevölkerung Helsinkis zu terrorisieren. Aber die Luftabwehr von Helsinki war auf diesen Angriff vorbereitet. Ein Sperrfeuer aus modernen Flugabwehrgeschützen aus Deutschland empfing die Flugzeuge. Dennoch kamen etwa hundert Zivilisten ums Leben, und die Krankenhäuser füllten sich mit verletzten Frauen und Kindern.

Meinen Eltern war sofort klar, dass es nicht infrage kam, in Helsinki zu bleiben. Die Schulen wurden geschlossen, und alles bereitete sich auf die unausbleibliche zweite Bombardierung vor. Am 8. Februar drängte der Oberkommandierende der Luftabwehr von Helsinki die Zivilbevölkerung, die Stadt zu verlassen. Wieder packten wir die Koffer. Diesmal ging es in Tante Biggis und Onkel Berts Sommerhaus eine Autobusstunde östlich der Hauptstadt.

Zehn Tage nachdem wir bei Tante Biggi angekommen waren, griff eine zweite Welle von Flugzeugen mit noch mehr Bomben Helsinki an. Die Luftabwehr erwies sich wieder als effektiv: Von 3500 Bomben trafen nur 130 die Stadt, und die Opferzahl war gering. Doch dann, am 26. Februar, kam der letzte und verheerendste Angriff. Zwölf Stunden lang bombardierte eine Flugzeugwelle nach der anderen die Stadt. Mit seinen vielen zerstörten Häusern und getöteten oder verletzten Zivilisten schien Helsinki eine dem Untergang geweihte Stadt.

Stina Katchadourian und ihre Mutter, Runa »Nunni« Lindfors
in Helsinki, 1945.

Draußen auf dem Land fragten sich meine Mutter und meine Tante, ob wir hier weit genug von Helsinki entfernt waren.

Kurz danach hörte ich meinen Onkel Bert meine Cousins ausschimpfen, er schien total in Rage. Noch nie hatte ich ihn laut werden hören, aber jetzt schrie er die Jungen an, und Tante Biggi blickte verschreckt auf ihr Strickzeug.

»Das ist wirklich das Idiotischste, was ich je gehört habe! Ihr geht sofort hin und entschuldigt euch, ist das klar? Ihr entschuldigt euch und sagt, dass ihr so was nie wieder tut. Ich schäme mich für euch!«

Zu diesem Ausbruch gekommen war es, weil ein Stück weiter an der Straße eine jüdische Familie lebte, Bekannte von Onkel Berts Familie mit einem Sohn im Alter meines jüngsten Cousins. Meine Cousins und zwei ihrer Freunde hatten beschlossen, diesen Leuten einen Streich zu spielen. Sie waren zu ihrem Haus marschiert und hatten angefangen, das Horst-Wessel-Lied zu schmettern, die Parteihymne der Nazis. Jemand hatte von drinnen zum Fenster hinausgespäht, meine Cousins erkannt und Onkel Bert angerufen.

Im Frühjahr 1944 gab es zwischen den Sowjets und den Finnen Anläufe, den Krieg zu beenden. Doch die Finnen wollten sich nicht auf die sowjetische Forderung einer bedingungslosen finnischen Kapitulation einlassen. Finnland hatte Hunderttausende Soldaten tief in Ostkarelien und auf der karelischen Landenge stehen und konnte, wenn nötig, noch weitere Truppen mobilisieren. Einen Separatfrieden mit der Sowjetunion erzielen zu wollen, war riskant. Wie würden die Deutschen reagieren? Finnland brauchte deutsche Waffen und deutsche Hilfe, und Deutschland hatte mehrere Divisionen auf finnischem Boden. Außerdem hatte sich die Ernährungslage im Land noch weiter verschlechtert, und die Finnen waren auf Nahrungsmittel aus Deutschland angewiesen.

Drei Tage nach der Landung der Alliierten in der Normandie, am 9. Juni 1944, begann die Rote Armee eine massive Offensive auf der karelischen Landenge. Etwa 450 000 Mann mit 1000 schweren Panzern und 10 000 Geschützen trieben die verzweifelten Finnen nach Westen zurück. Rund 1 000 sowjetische Flugzeuge zerstörten finnische Stellungen. Zu dieser Jahreszeit gab es keine Dunkelheit, in der man sich hätte verbergen können, und keinen Schnee und keine Kälte, die den sowjetischen Vormarsch hätten bremsen können.

Angesichts des Beinahezusammenbruchs der finnischen Verteidigung und der mit Sicherheit zu erwartenden weiteren sowjetischen Vorstöße blieben Finnland zwei Möglichkeiten: mit schwindenden Kräften weiterzukämpfen oder Friedensverhandlungen anzustreben, bevor das Land zur Kapitulation gezwungen wurde. Feldmarschall Mannerheim und die Regierung neigten jetzt dazu, die Kampfpause dafür zu nutzen, erneut Friedensfühler nach Moskau auszustrecken.

Doch bevor Finnland in Verhandlungen eintreten konnte, musste es einen offiziellen Bruch mit Hitlerdeutschland vollziehen. Das war eine Vorbedingung der Sowjets. Und nicht nur das: Die Finnen hätten dafür zu sorgen, dass die deutschen Truppen auf finnischem Boden – die gesamte 20. Gebirgsarmee in Lappland, bestehend aus über 200 000 Mann – sich innerhalb von zwei Wochen aus dem Land zurückzogen. Die Frist sollte in dem Moment beginnen, da die Finnen die Friedensbedingungen akzeptierten. Wenn die Deutschen nicht binnen dieser Frist finnischen Boden verlassen hätten – was angesichts ihrer Zahl eine logistische Unmöglichkeit war –, hätten die Finnen sie als Kriegsgefangene zu betrachten und zu inhaftieren.

Es waren hohe Auflagen, aber einen anderen Weg gab es nicht.

Bevor die Waffenstillstandsverhandlungen in Gang kamen, befand mein Vater, dass wir Tante Biggis Landhaus verlassen und uns erneut nach Norden aufmachen sollten. Doch diesmal führte unser Weg noch weiter in den Norden als zuvor. Mitte Juni landeten wir auf einem Gehöft nahe der Ortschaft Ylitornio am Grenzfluss zwischen Finnland und Schweden, wenige Meilen vom Polarkreis. Erst viel später, als ich seine Briefe an meine Mutter las, verstand ich, warum mein Vater damals wollte, dass wir an einen Ort gingen, der möglichst nah an Schweden lag. Finnland, so seine Argumentation, würde vielleicht nicht mehr lange ein freies Land sein. Falls die Sowjets es besetzten, könnten wir über den Fluss Tornio nach Schweden und in die Freiheit gelangen. »Gib Maj und Riikka schriftliche Instruktionen mit Svantes [Svante war ein schwedischer Kollege von Lale] Adresse und Telefonnummer in Schweden für den Fall, dass sie die Grenze ohne dich überqueren müssen«, ermahnte er meine Mutter.

Lale war nicht der Einzige, der eine bevorstehende sowjetische Besetzung Finnlands befürchtete. Doch selbst mein umsichtiger Vater konnte nicht ahnen, dass er seine Familie direkt ins nächste Kriegsgebiet schickte.

Ohne Wissen meiner Mutter machten sich noch drei Passagiere mit uns auf die Zugreise nach Lappland: rothaarige

Zwillinge namens Gutter und Better und ihr quietschvergnügter kleiner Freund Anschovinchen Bonscheli. In Helsinki hatte ich meiner Familie klar zu verstehen gegeben, dass sie oft in unserer Wohnung zu Besuch waren. Manchmal mussten für sie drei extra Gedecke auf dem Abendessenstisch sein. An anderen Tagen riefen sie einfach nur an, und es entspann sich ein langes Telefonat. Gutter und Better spielten Klavier, und Anschovinchen komponierte. Gutter neigte zu Schluckauf, Better bohrte in der Nase, und Anschovinchen sprach mit vollem Mund. Sie waren eine ganz schöne Rasselbande, und meine lauten Unterhaltungen mit ihnen waren meiner sechs Jahre älteren Schwester vor ihren Freundinnen unendlich peinlich.

Warum?, fragte ich mich. Sie nahmen doch keinen Platz weg. Sie aßen nichts von den Lebensmitteln, die so schwer zu beschaffen waren. Und sie maulten nie, wenn sie mitten in der Nacht geweckt wurden, um in den Luftschutzkeller zu gehen. Meine drei Spielgefährten waren rein imaginär, und sie füllten die Leere, die meine realen Spielgefährten hinterlassen hatten, als sie sich in alle Winde zerstreuten.

Auf dem Bahnhof von Ylitornio empfing uns die Nachricht, dass das Haus, in das wir gewollt hatten, schon voll mit Evakuierten aus Südfinnland war. Stattdessen winkte uns ein schüchternes Mädchen von einem anderen Bauernhof zu sich. Wir ließen unsere sämtlichen Sachen am Bahnhof und gingen mit ihr zu Fuß zu dem Gehöft, auf dem sie wohnte, einen Steinwurf von dem Grenzfluss zwischen Finnland und Schweden. Das Hauptgebäude war ein niedriges, gepflegt aussehendes Haus auf freiem Feld, umgeben von Nebengebäuden und Scheunen. Hier gefiel es mir auf Anhieb: Es gab einen Hund, einen Hühnerstall, und auf einer nahen Weide grasten drei Kühe und ein Pferd.

Ich war aufgeregt: Wir waren jetzt in Lappland. Über Lappland wusste ich einiges, weil Nunni und Lale schon öfter dort gewesen waren, um Skitouren in den baumlosen, windigen Bergen zu machen, die die Skandinavier Fjells nennen. Es war kein Land, sondern vielmehr eine Landschaft, die aus den nördlichen Teilen Finnlands, Norwegens, Schwedens und Russlands bestand. Wir waren jetzt in der finnischen Provinz Lappland, die fast ein Drittel Finnlands ausmacht und sich bis ans nördliche Eismeer erstreckt. Ich wusste auch, dass in Lappland Lappen lebten und dass sie sich von Finnen unterschieden. Sie waren die Ureinwohner Finnlands und nach und nach von den Finnen immer weiter nach Norden verdrängt worden. Sie hatte eine eigene Sprache und nannten sich selbst Samen. Sie waren Bewohner der weiten Landschaft, hielten Rentiere, trugen eine farbenfrohe Tracht, wohnten in Tipi-artigen Behausungen namens Kotas und kannten, wie mir Nunni erklärt hatte, viele Geheimnisse der Natur. Ich war so gespannt auf Lappland, aber in Ylitornio sah ich keine Lappen. Die Leute, die uns aufnahmen, waren Finnen. Die echten Lappen lebten weiter nördlich, sagte Nunni. Im Sommer seien sie oben in der Tundra, auf den Fjells, und hüteten ihre Rentiere.

Sobald wir auf dem Gehöft waren, lösten sich Gutter, Better und Anschovinchen in Luft auf. Die finnisch sprechende Familie, die uns aufnahm, hatte fünf Kinder aus Fleisch und Blut, und noch weitere wohnten in der Nähe. Die Landschaft, die im Dauertageslicht des späten Juni lag, war weit, mit Gersten- und Weizenfeldern, und das Wasser des mächtigen

Tornio, nur fünf Fußminuten vom Bauernhof entfernt, war voller Fische. Im Norden, auf der finnischen Seite, sah man die majestätische Silhouette des Berges Aavasaksa, der den Lappen heilig war und von dessen Gipfel aus die Leute gern beobachteten, wie die sinkende Sonne um Mitternacht den Horizont berührte und dann, wie an einer magischen Schnur gezogen, wieder emporstieg.

Mein Vater, der auf Urlaub in Helsinki war, schrieb Nunni: »Ich schicke dir eine Hose zum Flicken. Eingewickelt in diese Hose findest du ein Töpfchen mit zwei Eiern, gepolstert von vielen Schichten Papier. Schreib mir sofort, ob sie die Reise überstanden haben. Wenn die Zeit reicht, schicke ich dir noch ein Päckchen mit zwei Gurken, ein paar Radieschen, etwas Rhabarber und der weißen Emaillemilchkanne, gefüllt mit Salzhering.«

»Es ist schön hier«, antwortete meine Mutter. »Morgens, wenn ich als Einzige draußen bin, ist das Licht von solcher Leuchtkraft, dass ich manchmal staunend stehen bleibe. Die Kühe kennen mich schon und kommen, wenn ich sie rufe – sie wissen sogar, in welcher Reihenfolge sie gemolken werden. Nach dem Melken, wenn ich mit der dampfenden Milch nach Hause zurückgehe, fühle ich mich so im Frieden mit der Natur, und ich liebe dich mit meinem ganzen heimwehgeplagten Herzen.«

Die Eier überstanden es allerdings nicht. Als ein zweites Paket mit einem Dutzend Eiern ankam, von denen sechs kaputt waren und stanken, stellte mein Vater die Eiersendungen ein.

Doch selbst ein Kind konnte in jenen letzten Juni- und ersten Julitagen merken, dass etwas nicht stimmte. Jeden Tag kamen

Züge von der karelischen Front auf dem kleinen Bahnhof von Ylitornio an, und Sarg um Sarg wurde auf den Bahnsteig ausgeladen. Es war heiß, und wenn der Wind vom Bahnhof herwehte, brachte er Gestank mit sich. In jenen Tagen saß meine Schwester meistens auf der Eingangstreppe und hielt sich ein Taschentuch vor die Nase. Sie war mit dem Fahrrad am Bahnhof gewesen, die Post holen, und ermahnte mich streng, nicht dorthin zu gehen.

»Es wird dir nicht gefallen. Da sind Särge auf dem Bahnsteig, und sie stinken.«

»Woher wissen wir, dass Papi nicht in einem dieser Särge liegt?«, überlegte ich laut.

»Weil er uns versprochen hat, wieder nach Hause zu kommen, Dummchen«, versicherte meine Schwester.

Die Kirchenglocken läuteten Tag und Nacht, riefen die Leute zu Beerdigungen. Die Särge mussten schnell begraben werden. Auf manchen stand: »Nicht öffnen.« Meine Mutter fuhr in ihrem schwarzen Rock und ihrer weißen Bluse mit dem Rad von einer Beerdigung zur nächsten, machte Beileidsbesuche bei Witwen, trank mit ihnen den bitteren Ersatzkaffee in stummer Trauer. »Diese Frauen sind wirklich erstaunlich«, schrieb sie Lale, »wie sie ihre Höfe bewirtschaften, ohne ihre Männer und Söhne. Sie sprechen mit solch ruhiger Würde über die Gefallenen. Letzten Sonntag gab es acht Beerdigungen, und die Kirche war so voll, dass Leute draußen bleiben mussten.«

Die lokale Bevölkerung war den deutschen Truppen, die im Herbst 1940 nach Lappland kamen, mit einem gewissen Misstrauen begegnet. Nur wenige Ausländer verschlug es je in diese weite, dünn besiedelte Gegend. Was genau wollten diese Fremden hier? Wie lange würden sie bleiben? Doch mit der Zeit, als sich mehr Kontakte zwischen den deutschen Soldaten und den Finnen entwickelten, entspannten sich die Finnen. Schließlich wussten sie, sie brauchten Hilfe gegen den gemeinsamen Feind, die Sowjets, deren Überfälle im Grenzgebiet im Nordosten Tausende Bewohner in Panik hatte fliehen lassen. Viele Nordfinnen fanden die Anwesenheit der deutschen Soldaten beruhigend. Und es war ja eine enorme Zahl: Als die gesamte 20. Gebirgsarmee Stellung bezogen hatte, hatte sich die Bevölkerung Finnisch-Lapplands mehr als verdoppelt.

Hier in Lappland, unter der Mitternachtssonne, ergab sich aus alldem eine nicht unbelastete Koexistenz, die drei Jahre währte und beiden Seiten gewisse Vorteile brachte. Die Deutschen hatten Geld und kauften damit von den Finnen Rentierfleisch und andere Nahrungsmittel, Brennholz und Heu für ihre Pferde. Sie beschäftigten Finnen und zahlten ihnen ansehnliche Löhne. Sie mieteten Häuser und Zimmer und pachteten Land, um Garnisonen zu errichten. Mit den Deutschen kamen Verbesserungen der lokalen Infrastruktur wie Straßen und Stromleitungen. Gebäude wurden instand gesetzt. Deutsche Militärfahrzeuge wurden für den Brennholztransport eingesetzt, deutsche Pferde zum Pflügen und Säen verliehen. Deutsches Benzin hielt finnische Fahrzeuge mobil. Der lappländischen Wirtschaft ging es dafür, dass Krieg war, gut. Anders als in Norwegen, wo die Deutschen Besatzer und bei der Bevölkerung allgemein verhasst waren, sollten sie sich in Finnland als »Gäste« verstehen.

Aber es gab auch Reibereien. Probleme entstanden hauptsächlich in Zusammenhang mit Frauen. Die Finnen mochten ja für die Deutschen ein »Brudervolk« sein, doch im Namen der Rassenreinheit sollten deutsche Soldaten keine intimen Beziehungen mit Finninnen eingehen. Da aber die finnischen Männer im Krieg waren und die jungen Deutschen fern der Heimat und einsam, kam es, wie es kommen musste. Viele Finninnen verloren ihr Herz an deutsche Soldaten, die nur zu gern die Regeln vergaßen. Für eine junge Finnin war Arbeit bei den Deutschen oft nur dem Namen nach Arbeit: Ein solcher Job bedeutete ein Leben, in dem es Partys und Alkohol gab, Zugang zu Essen und Kleidung, Überlandfahrten mit den Soldaten, ein Leben, das so viel aufregender war als ihr bisheriges Dasein in einem entlegenen Dorf in der lappländischen Wildnis. Wozu also, dachten die Leute, das Ganze überhaupt erst als Arbeit verkaufen? Wenn ein einheimisches Mädchen mit einem deutschen Soldaten gesehen wurde – was außer Sex sollte denn da stattfinden, wo sie ja nicht mal dieselbe Sprache sprachen? Wenn die Finnin unverheiratet war, neigten die Autoritäten zum Wegschauen. Schließlich war Krieg, was konnte man da anderes erwarten? Mit verheirateten Frauen gingen sie härter ins Gericht. Eine treulose Ehefrau in Lappland konnte die Kampfesmoral ihres Ehemannes an der Front untergraben, und das war gefährlich. »Es ist traurig«, schrieb eine Zeitung aus Rovaniemi, »dass die finnische Frau ihre Ehre und ihr Land in einer Zeit verrät, da finnische Männer die Härten und Schrecken des Krieges an der Front erdulden.«

Die wenigsten dieser Beziehungen führten zur Heirat, was teils an bürokratischen Hindernissen lag, teils aber auch am abrupten Ende der deutschen Präsenz in Finnland. Doch es wurden fast tausend Kinder finnischer Mütter und deutscher Väter geboren, und die Geschichten dieser »Abdrücke der Bergstiefel« klangen noch nach, als die Väter längst das Land verlassen hatten. Mädchen namens Ilse und Hannelore, Jungen namens Fritz und Ernst blieben zurück. Diese finnisch-deutschen Kinder konnten weitgehend in Frieden aufwachsen, in krassem Kontrast zu den zwölftausend »Deutschenkindern« in Norwegen, deren Geburt die Nazis als einen Dienst an der Herrenrasse betrachteten – und die später von den Norwegern als Symbole der Kollaboration stigmatisiert wurden.

Wir sind auf einem Feld und rechen in der sengenden Sonne Heu. Zwei deutsche Soldaten, die dienstfrei haben, sind gekommen, um dem Bauern und seiner Familie zu helfen. Ich mache Pause, um im Schatten des Heuhaufens meinen Preiselbeersaft zu trinken, und einer der Soldaten kommt und setzt sich neben mich. Ich erstarre und schaue weg; er lächelt. Er betrachtet mich, meine langen Zöpfe. Ich schaue verstohlen zu ihm hin und sehe, dass er Tränen in den Augen hat. Er sagt etwas, was ich nicht verstehe. Er kramt in seiner Hosentasche, zeigt mir dann ein Schwarz-Weiß-Foto. Es ist zerknittert und vergilbt; ein Mädchen schaut mich an, ein Mädchen wie ich, mit langen Zöpfen.

»*Meine Tochter*«, sagt der Soldat. »*Verstehst du? Meine Tochter*«, sagt er und streicht mir übers Haar.

Ich blicke mich um. Niemand hat etwas bemerkt. Und ich befinde: Das hier ist nicht gefährlich. Aber sicherheitshalber werde ich es nur Gutter und Better erzählen und vielleicht noch Anschovinchen Bonscheli.

Anfang September 1944 erging die Order, die gesamte Zivilbevölkerung habe Lappland zu räumen; das betraf 168 000 Menschen. Hinzu kamen noch 50 000 Rinder und andere Nutztiere. Die Order kam von Marschall Mannerheim. Er befürchtete den Ausbruch großräumiger Kampfhandlungen zwischen Deutschen und Finnen in Finnisch-Lappland. Bevor das passierte, mussten die Zivilisten fort aus der Gefahrenzone.

Schnell entwickelte man einen Plan für diese größte Evakuierung von Zivilisten in der gesamten skandinavischen Geschichte. Ein Teil der lappländischen Bevölkerung sollte nach Süden gehen, in die Region Ostrobothnia. Ein anderer Teil – 50 000 Zivilisten – sollte über den Grenzfluss in Nordschweden ausgesiedelt werden. Von den Schweden kam prompt die offizielle Einwilligung, bis zu 100 000 Finnen aufzunehmen, was umso bemerkenswerter war, da Schweden bereits Tausende von finnischen Kindern, verwundeten finnischen Soldaten, Flüchtlingen aus den von Nazis besetzten Nachbarländern Norwegen und Dänemark und aus den baltischen Staaten aufgenommen hatte. Niemand konnte absehen, wann – wenn überhaupt – diese neuen Flüchtlinge in ihre Heimat zurückkehren könnten.

Der Evakuierungsbefehl änderte alles. Zu Fuß, per Fahrrad oder mit den wenigen noch verbliebenen Autos zogen Behördenvertreter von Dorf zu Dorf, von Bauernhof zu Bauernhof und verbreiteten die Anweisung: Packt das Nötigste, Proviant für ein, zwei Tage und macht euch auf. Jetzt fingen die Leute an zu reden. Selbst meine Freunde fragten sich: Wie kann das sein? Müssen wir wirklich unser Zuhause und unser geliebtes Lappland verlassen, vielleicht für immer? Zwischen Schlucken aus ihren Kaffeetassen murmelten die Bauersleute: Wer wird Lappland übernehmen? Die Deutschen? Die Russen? Was wird aus uns?

Ende September trugen unser Bauer und seine Frau ihre sämtlichen Möbel im Wohnzimmer zusammen, brachten sie dann per Boot auf eine Insel mitten im Fluss und versteckten sie dort in einem Schuppen. Ständig kamen Flüchtlinge vorbei, und ich war damit beschäftigt, am Fenster zu sitzen und die mageren Kühe zu zählen, die auf den nassen Feldwegen vorbeitrotteten, die Knochen unter dem schlammverschmierten Fell sichtbar. Nunni, Maj und ich versammelten uns in unserem Zimmer und schrieben Papi zu seinem Geburtstag am 1. Oktober einen Brief. Ich malte eine Schüssel mit Blaubeeren und schrieb in Druckschrift dazu: »Hoffentlich kriegst du so was. Küsschen.« Meine Schwester schrieb: »Lieber sechsundvierzigjähriger Papi. Hier ist es nicht schlecht, aber bitte lass mich nach Hause kommen, weil ich in die Schule gehen will. Du willst doch keine ungebildete Tochter, die nicht weiß, was 2 + 2 ist, oder? Wenn es sein muss, fahre ich sogar mit dem Fahrrad nach Hause!«

Bisher war es noch nicht zu Feindseligkeiten zwischen den Finnen und den Deutschen gekommen. Abends, während wir mit gepackten Koffern auf den Befehl zum Aufbruch warteten, waren die Erwachsenen vorsichtig optimistisch. Vielleicht würde es ja wirklich einen geordneten Rückzug der Deutschen geben? Vielleicht würden ja gar keine Kämpfe ausbrechen? Vielleicht würden die Finnen und die Deutschen ja tatsächlich den »Scheinkrieg« führen, den sich meine Mutter gewünscht hatte, und wir könnten nach Hause zurück?

Wir waren aufbruchsbereit. Das normale Leben in Lappland war zum Stillstand gekommen. Die Schulen waren geschlossen. Wie Schachfiguren warteten alle, während die Deutschen und die Finnen über ihren nächsten Zug nachsannen.

Es würde keinen »Scheinkrieg« geben. Obwohl in Rovaniemi streng geheime Verhandlungen mit den Deutschen über einen geordneten Rückzug stattfanden, war der finnischen Militärführung klar, dass sie vor einer harten Wahl stand: entweder zu tun, was die Russen wollten, und gegen die Deutschen zu kämpfen, oder aber einen offenen, potentiell verheerenden Konflikt mit der Sowjetunion zu riskieren. Am 20. September erschien in der sowjetischen Parteizeitung *Prawda* ein unheilkündender Artikel, in dem Finnland gewarnt wurde: »Entscheidend ist die sofortige Erfüllung der Friedensbedingungen, die die Alliierten Finnland vorgelegt haben. Schon vor einer Woche hätte die finnische Regierung anfangen müssen, die Nazi-Streitkräfte zu entwaffnen, um sie als Kriegsgefangene der Sowjetunion zu überstellen, doch bis dato ist noch kein einziger Nazi-Soldat von den Finnen entwaffnet oder ausgeliefert worden.«

Während sich im späten September die Dunkelheit verdichtete, die Straßen matschiger wurden und Tag und Nacht ein eisiger Wind pfiff, war die gesamte Bevölkerung Finnisch-Lapplands unterwegs: die Flüchtlinge, die mit ihrem Vieh nach Süden und Westen trotteten, dann Wehrmachtseinheiten zu Fuß, von denen manche schließlich fast tausend Kilometer bis an die norwegische Grenze marschierten. Die finnische Armee wiederum verfolgte die deutschen Truppen nach Norden – und die Sowjets bereiteten sich auf ihrer Seite der Grenze darauf vor, westwärts vorzustoßen, um mit den Deutschen um die Nickelminen von Petsamo zu kämpfen.

Am 28. September, als wir immer noch auf dem Bauernhof warteten, fanden die ersten richtigen Kämpfe zwischen Deutschen und Finnen statt. Wir bekamen es gar nicht mit. Das lokale Radio sendete nicht mehr, das deutsche Radio war unverlässlich, Radio Schweden konnten wir nicht gut empfangen. Und Post kam nicht mehr durch.

Ab 1941 hatte der Zustrom von Deutschen in Rovaniemi einen neuen Boom ausgelöst. Fast jeder Zweite in der Hauptstadt Lapplands war Deutscher, und es herrschte großer Bedarf an einheimischen Arbeitskräften und einheimischem Know-how. Ganze Barackenstädte mussten gebaut werden, um die Wehrmachtstruppen unterzubringen. Es wurde ein deutsches Lazarett eingerichtet. Es gab einen deutschen Offiziersclub, eine deutsche Bäckerei, eine Buchhandlung und eine Bibliothek. Die Deutschen bauten neue Straßen und besserten vorhandene aus. Für das alles und noch viel mehr brauchten sie einheimische Arbeitskräfte, und die Deutschen bezahlten gut – teilweise das Doppelte der Löhne im Rest des Landes. Trotz der Tatsache, dass der deutsche Alkohol Rovaniemi zur Verbrechenshauptstadt Finnlands machte, war es den einheimischen Bewohnern noch nie so gut gegangen.

Und jetzt war das alles zu Ende.

An diesem Punkt hing das Schicksal der lappländischen Hauptstadt in der Schwebe. Es war die Chance für die Finnen, die deutschen Truppen in Rovaniemi zu umstellen und den Russen die geforderten Kriegsgefangenen zu liefern. Die Flüchtlingsströme waren schon weg. Aber die Finnen kamen nicht schnell genug voran. Als sie sich schließlich der Stadt näherten, hatten die Deutschen mit ihrer typischen Gründlichkeit bereits Vorkehrungen dafür getroffen, Rovaniemi zu zerstören.

Sie begannen am 7. Oktober damit, ihre eigenen Depots und Unterkünfte zu sprengen, und gingen ein paar Tage später dazu über, die Stadt systematisch niederzubrennen. Von den umliegenden Anhöhen aus sahen finnische Stadtobere entsetzt zu, wie Explosionen und Feuer die lappländische Kapitale in Asche verwandelten. Fünf Tage lang war die Polarnacht hell erleuchtet. Als Letztes wurde kurz vor dem Rückzug der Deutschen die Kirche in Brand gesteckt. Als die finnischen Truppen am 16. Oktober 1944 Rovaniemi erreichten, war das einstige Zentrum Lapplands eine schwelende, dicht verminte Schuttwüste, in der nur noch ein Dutzend Gebäude standen.

Am 3. Oktober gab es für uns in Ylitornio immer noch keine Evakuierungsorder, obwohl jedem klar war, dass sie dringend kommen musste. Die Deutschen näherten sich schnell. Nunni beschloss, die Dinge selbst in die Hand zu nehmen. »Ich fahre mit euch über den Fluss«, verkündete sie uns in ruhigem Ton, während sie unsere letzten Sachen packte. »Wir rudern jetzt rüber nach Schweden.«

Unser Bauer hatte ein großes hölzernes Ruderboot unten am Fluss liegen. Wir stiegen alle hinein, und ich setzte mich neben Riikka. Der Bauer nahm ein Paar Ruder, meine Mutter ein zweites. Ich blickte zurück zum Bauernhaus, sah es in der halben Stunde, die wir mit unserer schweren Last für die Überfahrt brauchten, immer weiter entschwinden. Riikka weinte, und das erschreckte mich; ich hatte sie noch nie weinen sehen. Meine Schwester und mein Cousin blickten beide düster drein. Niemand sagte etwas. Ich machte mir Sorgen um all die Tiere, die wir zurückließen. Was uns anging, vertraute ich darauf, dass Nunni uns irgendwohin bringen würde, wo wir sicher wären. Das hatte sie immer getan. Aber das neugeborene Fohlen, die Kühe, das Pferd Erkki?

Die Dollen quietschten, wenn Nunni und der Bauer ihre Ruder im Gleichtakt ins graue Wasser tauchten. Ich drehte mich um und blickte nach vorn. Ich konnte auf der schwedischen Seite eine Scheune und ein paar Häuser ausmachen. Bis jetzt war vom Land der Schokolade und Apfelsinen noch nichts zu bemerken, doch als das Ruderboot ans Ufer stieß, sah ich Nunni und den Bauern einander erleichtert anlächeln.

Nunni und die Bauersfamilie riskierten viel. Wir setzten illegal nach Schweden über, ohne Pässe oder Visa – wofür man uns auf Befehl von Rudelic [dem deutschen Kommandeur] hätte erschießen können. Aber Nunni baute auf Lales Bekannte in Nordschweden, die ihm geschrieben und ihre Hilfe angeboten hatten. Jetzt war nicht der Zeitpunkt, sich Gedanken wegen irgendwelcher Papiere zu machen.

Auf der anderen Seite lag ein kleines Dorf namens Alkullen. Hier wimmelte es von Flüchtlingen wie uns, die alle einen Platz zum Übernachten suchten. Nunni gelang es, mit uns bei einem freundlichen schwedischen Ehepaar in einem kleinen Speicherraum unterzukommen, den wir mit fünfundzwanzig fremden Menschen teilten. Unsere Koffer und Kartons verstauten wir in einer Scheune. Die meisten von uns schliefen auf dem Speicherboden.

Ein kurzer Brief von Nunni an meinen Vater, mit Bleistift

in winziger Schrift geschrieben, vermittelt einen Eindruck, wie diese Tage für sie gewesen sein müssen. Kaum auf schwedischem Boden, bekam sie schlimme Zahnschmerzen. Als sie die Schmerzen nicht länger ertragen konnte, ließ sie uns in dem Speicherraum zurück und fuhr mit einem Fahrrad zu einem Zahnarzt in einem nahe gelegenen Dorf. Ehe sie ihn ihre Zähne untersuchen ließ, erklärte sie ihm, sie habe nur wenige Schwedenkronen und er solle bitte nichts Teures machen. Nach einem Blick in ihren Mund gab ihr der Zahnarzt eine Betäubungsspritze und zog den Zahn. Als er ihr sagte, sie brauche nichts zu zahlen, brach sie in Tränen aus.

An den ersten beiden Tagen nach unserer Überfahrt ruderte meine Mutter, während Maj, Riikka und ich in dem Speicherraum warteten, nach Finnland hinüber und wieder zurück. Sie könne die Kühe des Bauernhofs nicht einfach sich selbst überlassen, erklärte sie; sie müsse hin, um sie zu melken, bis sie organisiert hätte, dass sie auf die schwedische Seite gebracht würden. Ich weiß noch, wie ich dem Boot nachsah, während das Geräusch der Ruder leiser wurde.

Als einige Tage später die offizielle Evakuierungsorder für die Bewohner des Tornio-Tals kam, waren wir bereits in Alkullen in Sicherheit. Aber wo würde es jetzt hingehen?

Die Pforten zum schwedischen Paradies öffneten sich schließlich ein Stück weit, als wir die Wohnung von Onkel Axel Elgstrand, dem schwedischen Kollegen meines Vaters, im nordschwedischen Städtchen Luleå betraten. Da wir die Grenze illegal überquert hatten, waren wir dem zeitaufwendigen Chaos der offiziellen Übergangsstationen entgangen:

der obligatorischen Gesundheitsuntersuchung und den oft demütigenden Prozeduren der Entlausungssauna und der Dampfdesinfektion der Kleidung, die Tausende finnischer Evakuierter über sich ergehen lassen mussten. Aber es bedeutete auch, dass wir, im Gegensatz zu diesen, keine Papiere hatten. Für die schwedischen Behörden waren wir staatenlos. Onkel Axel versprach, sein Möglichstes zu tun, uns Visa oder Flüchtlingspässe zu beschaffen. Um das zu erleichtern, wollte er meiner Mutter helfen, Arbeit in einem der vielen Flüchtlingslager am Stadtrand von Luleå zu finden. Meine Schwester erbot sich freiwillig, auch ihren Teil beizutragen und Briefe für verwundete finnische Soldaten zu schreiben, die in einer nahe gelegenen Schule zur Behandlung untergebracht waren. Onkel Axel war in der richtigen Position, um meiner Mutter behilflich zu sein: Er leitete eine Organisation namens Zentrum für finnische Nutztiere [Centralen för Finska Kreatur], deren Aufgabe es war, für die Unterbringung und Versorgung der Tausenden von Kühen, Pferden und sonstigen Tieren zu sorgen, die mit den Flüchtlingen aus ganz Finnisch-Lappland nach Schweden gekommen waren.

Nunni fand einen Job als Betreuerin einer Flüchtlingsunterkunft gleich außerhalb der Stadt, wo die Tatsache, dass sie fließend Finnisch und Schwedisch sprach, von großem Nutzen war und ihre Arbeit von den Flüchtlingen und den zuständigen schwedischen Stellen gleichermaßen geschätzt wurde. Also wohnte sie die nächsten paar Monate in einem kleinen, spärlich möblierten Zimmer nahe der Kirche, in der die Flüchtlinge untergebracht waren. Sie versuchte, so oft wie möglich zu uns zu kommen. Wegen der ansteckenden

Krankheiten unter den Flüchtlingen im Heim durften wir sie nicht besuchen.

»Nach Schweden zu kommen war, als ob das Licht angeht«, schrieb Nunni an Lale. »Endlich wissen wir wieder, was in der Welt passiert, nach dem schwarzen Sack Lappland.«

Die Welt trat in die letzte kataklystische Phase des Zweiten Weltkriegs ein, und wir konnten jetzt das Geschehen in den Zeitungen und im Radio verfolgen. Im Dezember 1944 und Januar 1945 lasen wir von der gigantischen Ardennenschlacht (in Teilen Belgiens, Luxemburgs und Deutschlands), einer der blutigsten Schlachten des ganzen Krieges, in der die Wehrmacht schließlich von den Amerikanern und Briten zum Rückzug gezwungen wurde.

Meine Malsessions am Küchentisch der Elgstrands gingen in die Herstellung einer vierseitigen, sporadisch erscheinenden Zeitung namens *Stina's World News* über. Das Blatt hatte fünf Abonnenten (meine Familie und die Elgstrands) und befasste sich vorwiegend mit Internationalem. Da ich viel Zeit allein verbrachte, kehrten meine imaginären Spielgefährten zurück. Für die meisten Artikel der *World News* zeichneten Gutter, Better und Anschovinchen Bonscheli als Verfasser.

Wir genossen das reichliche Essen, das warme Wasser und die geheizte Wohnung in Luleå. Riikka und ich schliefen bei der Familie unten, und Maj bereitete abends ihr Lager im Wohnzimmer der Elgstrands. Aber die Wärme, mit der man uns anfangs aufgenommen hatte, verflog allmählich. So höflich und zurückhaltend wir auch zu sein versuchten, Onkel

Axels Schwägerin Helga, die den Haushalt führte, da Frau Elgstrand auswärts arbeitete, ließ uns deutlich spüren, dass wir störten. »Schweden wird bald zum Armenhaus mit all diesen Flüchtlingen«, brummelte sie. Wenn sie am Esstisch präsidierte, verfolgte sie genau, wie viel wir uns auf den Teller taten. Onkel Axel selbst war immer nett und freundlich, aber ganz davon beansprucht, die Versorgung der finnischen Rinder und Pferde zu organisieren. Maj verbrachte ihre Zeit damit, Kinder zu hüten und Soldaten im Behelfskrankenhaus beim Briefeschreiben zu assistieren. Ich war auf mich gestellt, da Riikka Arbeit bei einer anderen Familie angenommen hatte. An den meisten Tagen saß ich am Küchentisch und malte oder schrieb. Nach draußen zu gehen kam nicht infrage, weil mein einziges Paar Schuhe zu klein geworden war.

Doch eines Tages bat Onkel Axel meine Schwester um Hilfe. Der schwedische Kronprinz Gustav Adolf – der spätere König Gustav VI. Adolf von Schweden – und Kronprinzessin Louise kamen nach Nordschweden, um die finnischen Flüchtlingslager zu besichtigen. Sie hatten auch Interesse daran geäußert, einige der Baracken zu sehen, in denen das Vieh der Flüchtlinge untergebracht war. Das war Onkel Axels Domäne, also brauchte er jetzt jemanden, der dolmetschen konnte. Meine Schwester war dafür die ideale Person: zweisprachig und präsentabel. Natürlich willigte sie sofort ein, und einige Tage später, nach vielen Knicks-Übungen – war es so zu tief? nicht tief genug? –, gingen Onkel Axel und Maj aus dem Haus, um das Kronprinzenpaar zu treffen.

»Oh mein Gott«, war alles, was Maj herausbrachte, als sie zurückkam. »Oh mein Gott.« Es stellte sich heraus, dass, just in dem Moment, als die Kronprinzessin in einem der engen Behelfskuhställe eine Frage an sie richtete, eine Kuh den Schwanz gehoben und der ahnungslosen königlichen Hoheit eine Ladung Kuhdung auf den Pelzmantel gespritzt hatte.

»Zum Glück«, sagte meine Schwester, »hatte der Pelz die gleiche Farbe wie die Kuhscheiße. Aber ich bin fast gestorben. Du hättest mal sehen sollen, wie ihre Begleiterinnen versuchten, die ganze Bescherung mit ihren weißen Taschentüchern abzuwischen.«

Am nächsten Tag war ich hauptsächlich damit beschäftigt, die Kuh zu malen, die gerade die Kronprinzessin bespritzt. Irgendwann kam Tante Helga vorbei und fragte, was ich da malte.

»Eine Kuh, die auf eine Prinzessin scheißt.«

Tante Helga, eine stramme Royalistin, war nicht amüsiert.

Anfang November wurde unsere Wohnsituation bei den Elgstrands kritisch. »Je besser ich Helga kennenlerne, desto weniger kann ich sie leiden«, gestand meine Mutter meinem Vater. »Sie ist so kalt und ›korrekt‹ – und ihre ganze feine Art ist nur oberflächlich. In ihrer Gegenwart friere ich innerlich.« Eines Tages verbot mir Helga, am Küchentisch zu malen, und für meine Mutter war das Maß endgültig voll, als Riikka ihr gestand, dass Maj und ich manchmal tagsüber hungern mussten. Nunni veranlasste, dass Maj zu einer anderen Familie mit einer gleichaltrigen Tochter zog, angeblich, weil sie Gesellschaft brauchte. Und sie durfte auch mit dem anderen Mädchen in die Schule gehen. Mit Riikkas Job bei der schwedischen Familie war ebenfalls Schluss. Nunni merkte, dass die Familie sie ausnutzte, indem sie sie für ihre endlosen Partys und Essenseinladungen einspannte und ihr sehr wenig bezahlte. Sie fand für uns beide eine neue Familie, die Bergströms, die uns sehr gut behandelten.

Eines Morgens im November brachte Riikka mich ans Tor der Grundschule von Luleå. »Denk dran, du musst in die zweite Klasse, und vergiss nicht, einen Knicks zu machen, wenn du der Lehrerin die Hand gibst und ihr sagst, wie du heißt.« Verwirrt und schüchtern fand ich den Weg durch das vierstöckige Backsteingebäude. Wie anders als das Ein-Raum-Schulhaus in Ylitornio! Noch nie hatte ich so viele Kinder an einem Ort gesehen.

Mein Gastspiel in der zweiten Klasse war kurz. Die Lehrerin beschloss, meine Lesefähigkeit zu testen, und rief mich nach vorn. Dann gab sie mir ein aufgeschlagenes Buch und sagte: »Lies.«

Die Buchstaben tanzten auf der Seite herum. Ich sah Josef und Maria, aber sie weigerten sich, in einem Satz stillzusitzen. Aus der Klasse kamen tiefes Schweigen und das eine oder andere Kichern, und dann sagte die Lehrerin, ich solle mich wieder setzen. Nach dem Unterricht rief sie mich zu sich und sagte: »Ich halte es für das Beste, du fängst mit der ersten Klasse an.«

Weihnachten würden wir bei den Elgstrands verbringen, und sie taten ihr Möglichstes, uns auch fern von Zuhause ein schönes Fest zu bieten. Wir schmückten den Baum mit Kerzen und Wunderkerzen. Zu essen gab es reichlich: einen großen gebackenen Schinken, eingelegten Hering, Rote-Bete-Salat. Das ganze Haus roch nach Glühwein und Lebkuchen. Aber ich vermisste Lale. Für Nunni waren seine Abwesenheit und die Sorge um Finnland kaum zu ertragen, aber sie ließ es sich uns gegenüber nicht anmerken.

Als ich nach den Weihnachtsferien wieder in die Schule kam, empfingen mich drei Klassenkameradinnen im Flur.

»Was hast du zu Weihnachten gekriegt?«, fragten sie.

»Ein Flanellnachthemd«, sagte ich stolz. Auf der wörtlichen Ebene stimmte das, aber zu meinem großen Kummer war das Nachthemd verloren gegangen, wahrscheinlich mit dem Geschenkpapier weggeworfen worden. »Und Buntstifte und Papier.«

Meine Klassenkameradinnen waren nicht beeindruckt. »Ich hab ein Fahrrad gekriegt«, sagte eine von ihnen. »Rot. Hat mir mein Vater geschenkt. Wo ist denn dein Vater?«

Die Richtung, in die sich das Gespräch entwickelte, gefiel mir nicht. Ich entschloss mich zu einer Präventivmaßnahme.

»Ich brauche kein Fahrrad. Mein Vater ist der König der Lappen, und da, wo wir leben, haben wir tausend Rentiere und werden auf Schlitten überallhin gezogen.«

»Du bist die Tochter des Lappenkönigs?«, fragten sie ungläubig.

»Ja, und mein Vater hat schrecklich viel zu tun gehabt, mit Weihnachten und allem. Er leiht dem Weihnachtsmann und seinen Elfen immer welche von unseren Rentieren.«

»Das glaub ich dir nicht. Lügen ist eine Sünde.«

»Ich lüge nicht. Morgen zeige ich euch ein Foto.«

Am nächsten Tag brachte ich ein Foto von mir in Lappentracht mit, das Nunni in Ylitornio gemacht hatte.

»Hier«, sagte ich. »Wir tragen in Lappland keine Krone wie euer König. Nur solche Mützen. Außer bei königlichen Anlässen, da tragen wir schwarze Baskenmützen.«

»Königlichen Anlässen?«

Ich zog einen Zeitungsausschnitt heraus. Darauf stand meine Schwester neben dem Kronprinzen und der Kronprinzessin von Schweden bei der Besichtigung eines finnischen Flüchtlingslagers. Sie trug eine schwarze Baskenmütze.

»Das ist meine Schwester. Sie ist die andere Tochter des Lappenkönigs.«

Langes Schweigen.

»Möchtest du ein Stück Schokolade?«, fragte eins der Mädchen.

Danach wurde es in der Schule für mich viel besser.

Am 12. April 1945 berichtete das Radio, dass Präsident Franklin D. Roosevelt gestorben war, und *Stina's World News* brachte eilends eine Sonderausgabe mit der zusätzlichen Nachricht, dass Roosevelts Nachfolger Harry S. Truman sei. Am 25. April verließen die letzten deutschen Soldaten finnischen Boden.

Jetzt begann Nunni einzupacken, was uns Lale geschickt hatte: unsere Schlittschuhe, unsere Ski und Skistöcke, unser Fahrrad. Alles kam in Holzkisten: unsere Kleidung, unsere Bücher und Zeitschriften, unsere Töpfe und Pfannen, meine Puppe und mein Stoffhund. Wir hatten allen Grund, uns zu beeilen. Da die Brücken nach Finnland gesprengt worden waren, mussten wir los, solange das Eis auf dem Grenzfluss noch so dick war, dass wir mit dem Auto auf die finnische Seite hinüberfahren konnten.

Nach der Stunde sagte ich es meiner Lehrerin, einer sehr netten Frau. Sie schien aufrichtig zu bedauern, dass ich wegging, und sagte, die ganze Klasse werde zum Bahnhof kommen, um mich zu verabschieden.

»Aber wir fahren ganz früh«, sagte ich, überwältigt von der Vorstellung. »Damit wir auf die finnische Seite rüberkommen, bevor es dunkel wird.« Nunni hatte mir das alles erklärt, und es klang ganz einfach.

»Wir werden trotzdem da sein«, sagte die Lehrerin.

Und tatsächlich, am Morgen waren sie da. Meine ganze Klasse stand im Morgendunkel auf dem Bahnsteig, als wir mit all unseren Sachen kamen. Die Lehrerin bat um einen Moment Ruhe und sagte dann: »Wir wollten dir und deiner Familie alles Gute für die Heimreise wünschen. Wir möchten ein Lied für euch singen, aber vorher wollen wir dir das hier geben, als Erinnerung an deine Zeit hier in Schweden.«

Sie gab mir ein kleines Samtkästchen. Darin lag ein zierliches Silberherz an einem dünnen Kettchen; es trug die Inschrift: »Stina, Luleå, 21. April 1945.«

Es war das erste Schmuckstück, das ich besaß.

»Also, Kinder«, sagte meine Lehrerin und hob die Arme. »Singen wir für Stina und ihre Familie.« Während die Lokomotive weiße Aufwärm-Dampfwölkchen in die kalte Morgenluft schnaubte, wandte sich die kleine Versammlung von Klassenkameraden mir zu und sang mein Lieblingslied. (…)

Als sie bei der letzten Strophe waren und ich gerade überlegte, ein wie tiefer Knicks sich wohl für die Tochter des Lappenkönigs geziemte, bemerkte ich auf dem Bahnsteig noch ein Mädchen, direkt neben meiner Mutter.

»Das ist Ulla Emaus«, erklärte meine Mutter, nachdem wir uns von der Lehrerin, der Klasse und Onkel Axel verabschiedet hatten. »Sie kommt mit uns nach Helsinki.«

Stina Katchadourian mit sieben, in Lappentracht, 1944

Dann pfiff der Zug, und wir stiegen ein, und meine Klassenkameraden in ihren unförmigen Wintermänteln wurden immer kleiner.

Ich war Ulla noch nie begegnet, aber sie war so alt wie ich, und auf dieser langen Reise durch ganz Finnland hinunter nach Helsinki saßen wir nebeneinander und fühlten eine Verbindung, die sich nicht in Worte fassen ließ.

Auf dem Bahnsteig stand, in dem Gewühl von Menschen im halb zerstörten Bahnhof, der Lappenkönig persönlich und strahlte uns an. Er hatte sein Versprechen gehalten. Er war nicht in einem Holzsarg aus dem Krieg zurückgekommen. Er hatte dafür gesorgt, dass unsere Wohnung heil blieb. Er hatte die Russen von uns ferngehalten und würde sie auch jetzt daran hindern, in unser Land einzudringen. Er hatte uns vor allem Übel bewahrt. Warum also, fragte ich mich, nachdem er mich und meine Schwester fest gedrückt hatte, warum weinte meine Mutter, als er sie in die Arme nahm?

Kapitel 6

Ins Exil

Flucht aus der Tschechoslowakei nach England

SUSAN GROAG BELL lebte bis sie zwölf war in Troppau, einer Provinzstadt an der Nordgrenze der Tschechoslowakei. Wie die Mehrheit der Einwohner von Troppau sprach die Familie Deutsch, während viele andere Menschen in der Stadt und die Leute draußen auf dem Land Tschechisch sprachen. Als einziges Kind wohlhabender Eltern führte Susan ein sehr privilegiertes Leben.

Obwohl ihre Eltern aus jüdischen Familien stammten, waren sie zum Christentum konvertiert, und Susan war lutherisch getauft. Doch als Hitlers Truppen 1938 in die Tschechoslowakei einmarschierten, war die Familie wegen ihres jüdischen Erbes in Lebensgefahr. Susan und ihre Mutter flohen nach England; der Vater, von Beruf Anwalt, blieb zurück in der Hoffnung, später nachzukommen. Doch er sollte in einem Konzentrationslager sterben.

In England arbeitete Susans Mutter als Hausangestellte – Flüchtlinge durften nur in Privathaushalten arbeiten. Susan hatte das Glück, einen Freiplatz auf einem Mädcheninternat zu bekommen. Sie würde ihren britischen Gönnern nie vergessen, was sie für sie getan hatten, und es ihnen lohnen, indem sie sich die größten britischen Tugenden zu eigen machte – Ehrlichkeit, Anstand, Understatement und Loyalität, allesamt Eigenschaften, die in ihrer Autobiografie *Between Worlds*, aus der die folgenden Auszüge stammen, deutlich zutage treten.

Ich habe viel darüber nachgedacht, warum ich solche Schwierigkeiten habe, mich genauer an meine frühen Jahre zu erinnern, ja, auch nur die Geschehnisse vor meinem elften oder zwölften Lebensjahr chronologisch zu ordnen. Die plausibelste Erklärung scheint mir zu sein, dass der unaufgelöste Schock, mein stabiles Zuhause und viele der Menschen, die es ausmachten, so früh – an der Schwelle zur Adoleszenz – und auf so drastische Weise zu verlieren, diese Geschehnisse in einen undurchdringlichen Nebel der Nostalgie gehüllt hat.

Während mein Vater und ich gewöhnlich an dem kleinen Tisch im Erker des Salons saßen, er bei seinem Morgenkaffee, ich bei meinem Kakao, frühstückte meine Mutter im Bett. Danach, wenn er in seine Kanzlei in der Wagnergasse gegangen war, besprach meine Mutter mit der Köchin die Mahlzeiten der nächsten zwei Tage.

Das Haus, in dem wir jetzt wohnten, gehörte dem Freiherrn von Sobeck-Skal, Mitglied einer der verarmten niederen Adelsfamilien, deren es in der einstigen K.-u.-k.- Monarchie so viele gab. Der Baron schuldete meinem Vater eine Menge Geld für Anwaltsdienste. In einer Art Tauschhandel wohnten wir daher mietfrei in einer prächtigen Wohnung, die beinahe zwei ganze Stockwerke des barocken Sobeck-Skal'schen Stadtpalais einnahm.

Eines Morgens im Oktober 1938, als ich gerade ziemlich außer Atem in meinem Klassenzimmer ankam, wurde mir gesagt, ich solle sofort zum Direktor kommen. Ich hatte keine Ahnung, was ich ausgefressen haben könnte, rannte aber die breite Treppe hinauf und fand vor dem Direktorat noch zwei ältere Schüler, die nervös warteten. Wir wurden hineingerufen und aufgefordert, vor seinem mächtigen Schreibtisch Platz zu nehmen. Zu meiner Bestürzung erklärte uns dieser massige, rotgesichtige Mann, der uns nicht in die Augen schauen konnte, mit viel Zögern, Räuspern und Hüsteln, dass es für uns drei ratsam sei, bis auf Weiteres nicht mehr in die Schule zu kommen. Die anderen beiden schienen zu verstehen, worum es ging. Ich war völlig verdutzt, aber viel zu verschüchtert, um den Direktor oder meine Mitschüler irgendetwas zu fragen.

Ich kehrte in meine Klasse zurück, packte meine Sachen zusammen, nahm meine Schultasche und ging die Stufen am Hauptausgang hinunter. Draußen paradierte die Schülerschaft im üblichen Kreis, und als wir – die beiden anderen, die beim Direktor gewesen waren, und ich – den Kreis durchquerten, explodierte ein bedrohliches Grummeln plötzlich zu einem heulenden Gebrüll. Ich bekam es mit der Angst und rannte los, sah, dass mich zwei große Jungen aus der Oberstufe verfolgten. Sie riefen etwas, das ich nicht verstand, schienen dann das Interesse zu verlieren und kehrten zur Parade zurück. Die Aufsichtslehrer, die in einer Gruppe in der Mitte des Kreises standen, hatten sich nicht gerührt.

Als ich weinend nach Hause kam, waren meine Eltern endlich gezwungen, mir zu erklären, was los war. Die Nazis hatten das Sudetenland übernommen. Juden waren in diesem neuen »Sudetendeutschland« unerwünscht. Obwohl wir nicht jüdischen Glaubens waren, waren doch meine Großeltern alle vier Juden gewesen, und deshalb waren wir nach Hitlers Gesetzen auch welche. Wir würden einen Weg finden müssen, das Land zu verlassen, vermutlich nach Amerika oder Großbritannien zu gehen, und dafür solle ich jetzt möglichst schnell Englisch lernen. Ich rätselte an dem Wort »unerwünscht« herum. Was genau bedeutete es? Und bei wem genau war ich unerwünscht? Wenn ich bei meinen Schulkameraden unerwünscht war, warum waren sie dann immer gern mit mir zusammen gewesen? Es ergab keinen Sinn.

Obwohl das sicher das Verstörendste war, was ich bis dahin erlebt hatte, linderten meine Eltern durch ihre ruhigen Erklärungen den Schmerz und verhinderten, dass ich in Panik geriet. Und wichtiger noch: Sie wussten, wie gern ich in die Schule gegangen war, und organisierten mir rasch eine andere ausfüllende Beschäftigung.

Am nächsten Tag begann mein Englischunterricht. Das bedeutete, zu meiner Englisch sprechenden »Tante« Elsa zu gehen, die am anderen Ende der Stadt wohnte, etwa drei Mal so weit von uns entfernt, wie meine Schule war. Ich musste durch den Stadtpark laufen, in die dem Gymnasium entgegengesetzte Richtung. Am ersten Tag brachte mich unser Mädchen, Martha, hin, aber zurück ging ich allein. Ich hatte meinen Eltern nichts von dem einschüchternden Verhalten der älteren Jungen in der Schule erzählt, und da sie es offenbar für ungefährlich hielten, dass ich die nächsten drei Monate durch den Park zu Tante Elsa ging, sah ich keinen Grund, sie mit irgendwelchen Bedenken zu belasten.

Die ganzen drei Monate, bis meine Mutter und ich nach England aufbrachen, fütterten uns mehrere Gastwirte durch, die meinem Vater für seine Rechtsberatung etwas schuldig waren. Gasthäuser und Restaurants spielten eine wesentliche Rolle im Leben meines Vaters. In einigen hatte er »seinen« Ecktisch, und bestimmte Mahlzeiten der Woche wurden regelmäßig an diesen Tischen eingenommen. Es war eine der größten Freuden meiner Kindheit, mit meinen Eltern oder, noch aufregender, allein mit meinem Vater dorthin zu dürfen. Jetzt ging Martha jeden Tag zu einem dieser Restaurants und kam mit fertigen Mahlzeiten in einem Henkelmann zurück.

Martha war der Schutzschild zwischen uns und der Außenwelt. Sie machte nicht nur die üblichen Haushaltsarbeiten. Sie übernahm auch Behördengänge, holte unser Essen, kaufte ein und verhandelte mit Leuten, die ungebeten vor der Tür standen. Das alles tat sie freundlich und mit Herzensgüte, so nahm sie zum Beispiel immer meinen kleinen Hund Struppel mit, damit er nach draußen kam. Aber das Heroischste war das, was sie monatelang jeden Morgen als ihre »Christenpflicht« ansah: Sie ging bei Tagesanbruch mit einem Eimer und einer Wurzelbürste hinunter und schrubbte dann, für jeden Vorbeikommenden sichtbar und daher unter Gefährdung ihrer eigenen Sicherheit, Schmierereien wie »Judenschweine« von der prächtigen Haustür, hinter der wir praktisch gefangen saßen.

Martha war es auch, die eines Nachts im Dezember um drei Uhr die Tür öffnete, als sechs SS-Männer erschienen, um unsere Wohnung zu durchsuchen. Meine Eltern und ich wurden gerufen, und in unseren Morgenröcken sahen wir zu, wie die Männer in der Wohnung umhertrampelten und Schränke und Schubladen öffneten. Als sie in dem antiken Schrank in der Diele die hebräischen Gebetbücher, die Sabbatleuchter und die Menora meines Großvaters fanden, packten sie alles zusammen, um es mitzunehmen, und verkündeten, wir müssten jetzt sofort mitkommen. Dann, während wir noch schockiert dastanden, steckten sie in einer Ecke die Köpfe zusammen. Einer der SS-Männer war der Sohn von Paula Heintz, einer guten Freundin meiner Eltern. Er kannte unsere Familie von klein auf. Nachdem sie in ihrer Ecke konferiert hatten, verkündete ihr Sprecher, sie hätten ihre Meinung geändert und wir könnten zu Hause bleiben, müssten aber am ersten März das Land verlassen haben. Wie alle Flüchtlinge dürften wir ein paar persönliche Dinge und den Gegenwert von einem Dollar in bar außer Landes mitnehmen. Ich erinnere mich nicht, ob oder wie wir in dieser Nacht wieder ins Bett fanden.

Jetzt liefen die Vorbereitungen für unseren Aufenthalt in England auf Hochtouren. Freunde in Wien arrangierten, dass meine Mutter und ich mit den McCleans, einem englischen Ehepaar, das auch zu jener Zeit noch in einem österreichischen Winterkurort weilte, als deren Gäste nach England einreisen würden. Dies würde uns ermöglichen, ein Besuchervisum zu beantragen, die einzige Art Visum, die man zu der Zeit noch bekam.

Unsere alte Näherin, Fräulein Schmidt, verbrachte ein paar Tage bei uns und nähte mir mehrere viel zu große Kleider »zum Hineinwachsen«. Eins davon, mit einem kleinen blau-weißen Karomuster und einem weißen Kragen, trage ich auf einem Foto, das etwa zwei Jahre später an meiner englischen Schule entstand. Da ist das Kleid bereits sichtlich zu klein und spannt über meinen Brüsten. Meine Mutter packte sorgsam ausgewählte Dinge in einen riesigen braunen Koffer, während ich darauf bestand, einen großen Teil desselben mit meinen Lieblingskinderbüchern zu füllen.

Martha erbot sich, sich um meinen Vater zu kümmern, wenn wir weg wären. Sie versprach auch, für meinen Hund Struppel und meinen Kanarienvogel Pipsi zu sorgen, wenn mein Vater das Land ebenfalls verlassen hätte.

Unsere Abreise wurde auf Ende Januar festgesetzt. Wir würden mit dem Mitternachtsexpress nach Wien fahren, dort unsere englischen Gastgeber treffen und uns unsere Visa auf dem britischen Konsulat beschaffen. Mein Vater und Struppel begleiteten meine Mutter und mich durch die verschneiten Straßen zum Bahnhof. Ich war nervös, aber auch aufgekratzt wegen des vor mir liegenden Abenteuers. Meine Eltern waren still. Der Zug glitt um zehn vor zwölf heran. Wir ließen uns mit unserem Handgepäck, in dem der Schmuck meiner Mutter zwischen Unterwäsche versteckt war, im Abteil nieder. Aufgeregt winkte ich meinem Vater, der mit Struppel an der kurzen Leine auf dem Bahnsteig stand. Ich sollte ihn nie wiedersehen.

Unsere Situation in dieser Woche in Wien war prekär. Wir hatten meinen Vater in unserer Heimatstadt zurückgelassen in der Hoffnung, dass er später nachkommen könnte. Jetzt sollten meine Mutter und ich von den McCleans, die in den Bergen in der Nähe von Wien gekurt hatten, als deren Gäste nach England mitgenommen werden. Wir verbrachten viele Stunden in Wartezimmern des britischen Konsulats. Als wir schließlich zum Konsul Seiner Majestät vorgelassen wurden, sahen wir uns einem großen zugeknöpften Mann gegenüber, der sich widerwillig bereitfand, die nötigen Papiere zu unterschreiben.

An jene Tage in Baronin Inas Wiener Wohnung (die wir dank den Sobeck-Skals bewohnen durften) habe ich wirre, surreale Erinnerungen. Wie schliefen inmitten von Zeugnissen einer romantischen, fast schon religiösen Verehrung der charismatischen Kaiserin, die 1898 von einem fanatischen Anarchisten erstochen worden war. Draußen sahen wir Nazi-Aufseher gut gekleidete Jüdinnen zum Schneefegen zwingen. Zwischen diese Szenen schiebt sich das verschlossene, undurchdringliche Gesicht des britischen Konsuls, der unser Leben in der Schwebe hielt.

Zwei Wochen nach unserer Ankunft in England begann meine Mutter, die jetzt achtunddreißig war, als Hausangestellte bei der Familie des Reverend Daunton-Fear in Lindfield zu arbeiten. Dieses malerische Dorf in Sussex besteht aus einer langen geschwungenen Straße, die von einem Ententeich leicht bergauf zu einer Kirche mit hohem Spitzturm führt.

Meine Mutter und ich bekamen ein Dienstbotenzimmer, beheizt mit einem Gaskaminofen, der beunruhigend knallte und zischte. Er war zwar leichter zu betreiben als die majestätischen Kachelöfen, die unsere Räume zu Hause geziert hatten, spendete aber weder deren behagliche Wärme, noch besaß er deren beruhigende Ästhetik. Meine Mutter sagte, da sie jetzt die Haushaltshilfe sei, sei sie froh, dass sie keine Asche ausräumen und keine Kohlen heranschleppen müsse. Aber ich fand es schrecklich, weil man, wenn man nicht in nächster Nähe dieser Gasvorrichtung mit ihren bläulich-rosa Flammen kauerte, kaum Wärme spürte. In diesem kalten Februar zogen wir uns morgens immer dicht am Gasfeuer an und wärmten unsere Kleidung vor, damit sie nicht so klamm war.

Reverend Daunton-Fear war ein großer fröhlicher Mann mit einer dröhnenden Stimme und einer kernigen Art. Seine Familie bestand aus seiner eleganten, zierlichen blonden Frau, die sich offenbar ständig die Hände wusch, da sie immer nach Pears-Seife roch, und der zweijährigen Tochter, deren Kindermädchen Cheggy meiner Mutter bald eine gute Freundin und große Stütze wurde. Mrs. Daunton-Fear hatte ein kleines Wohnzimmer mit dem ersten Teppichboden, den ich je sah. Der Teppichboden und die Polstermöbel waren von einem zarten Wedgwood-Grün. In diesem Zimmer wurden alle wichtigen Entscheidungen getroffen und verkündet. Hier wurde mir mitgeteilt, dass ich St. Clair besuchen würde, eine Schule im nahe gelegenen Haywards Heath, zuerst als Externe und später vielleicht als Interne.

Am ersten Samstagmorgen nach unserer Ankunft in Lindfield fuhr der Pfarrer meine Mutter und mich nach Haywards Heath, zu einem Gespräch mit Miss Stevens, der Leiterin der St. Clair-Mädchenschule. Miss Stevens sprach hauptsächlich mit mir, stellte viele Fragen zu meinem Leben in Troppau und dem, was ich an meiner alten Schule gemacht hatte. Tatsächlich war es eine Prüfung, aber eine so subtile, dass ich es gar nicht bemerkte. Mir war nicht klar, dass meine Aufnahme an dieser Schule ein Geschenk von Miss Stevens wäre, weil St. Clair ihre private Gründung war und alle anderen Schülerinnen Schulgeld zahlen mussten.

»Wann möchtest du anfangen?«, fragte mich Miss Stevens.

Miss Stevens war mehr als nur die administrative Leiterin ihrer Schule. Sie war die zentrale, bestimmende Figur. Sie hatte die Regie über alles. Sie wählte die Lehrkräfte und das Internatspersonal aus. Sie führte Aufnahmegespräche mit Eltern und Schülerinnen, kümmerte sich um den Wohnbereich und die Mahlzeiten und beaufsichtigte sämtliche Arbeiten auf dem Gelände. Sie unterrichtete viele Fächer in den oberen Klassen. Sie gab den Internen einen Gutenachtkuss und war ebenso auf deren seelisches Wohl bedacht wie auf ihr körperliches.

Am Ende meines ersten Trimesters am St. Clair befand Miss Stevens, es wäre besser, ich wohnte im Internat, solange meine Mutter weiter als Hausangestellte in verschiedenen englischen Haushalten arbeitete.

Zu den ersten Dingen, die passierten, als ich Schülerin des St. Clair wurde, zählte, dass mir eine Uniform beschafft wurde. Wir trugen marineblaue Serge-Wickelröcke, in denen wir gut rennen konnten, und tomatenrote Oberteile, deren kleine Kragen mit zwei weißen Perlmuttknöpfen geschlossen wurden. Miss Stevens fand mehrere Mütter, deren Töchter aus ihrer Uniform herausgewachsen waren und die bereit waren, mir die Sachen zu überlassen. Mir sagte man nur, dass man mir eine Uniform beschafft habe, und ich trug sie mit Stolz. Ich hatte noch nie eine Schuluniform getragen, für mich war das aufregend. Lange Zeit bekam ich gar nicht mit, dass andere Kinder ihre Uniform kaufen mussten. Mit der Zeit wurde die Uniform auch deshalb sehr nützlich, weil sie verbarg, dass meine eigenen Sachen mir schnell viel zu klein und außerdem schäbig wurden und wir kein Geld für neue hatten.

Manchmal war ich zum Tee oder Abendessen bei einer der externen Schülerinnen zu Hause eingeladen. Einmal, als ich gerade mit meiner Freundin Joyce am anderen Ende der Stadt gemütlich beim Tee saß, wackelte das Haus, und wir hörten einen mächtigen dumpfen Schlag. Gleich darauf klingelte das Telefon, und Joyce' Mutter sagte, Miss Stevens wolle, dass ich sofort käme. Ich wurde abrupt in die Schule zurückgebracht. Miss Stevens erwartete mich am Tor, ihren Hund Robin auf dem Arm und einen Verband um den Kopf.

Susan Bell (zweite von rechts) mit ihrer Lehrerin, Miss Wiltshire,
und Mitschülerinnen, 1941

Erschrocken lief ich zu ihr, und sie führte mich wortlos in das Studien-/Esszimmer, wo sie ihren Tee eingenommen hatte, während Robin in seinem Körbchen schlief. Das Fenster war zerborsten, und überall lagen Scherben, im Raum und draußen im Garten. Ein deutscher Bomber war, von Flugabwehrgeschützen getroffen, in der Gegend abgestürzt und samt seinen nicht abgeworfenen Bomben explodiert. Miss Stevens und ich überstanden diesen Vorfall, ohne allzu traumatisiert zu sein. Aber der arme kleine Robin war schwer geschockt und würde für den Rest seines Lebens panisch auf laute Geräusche reagieren.

So seltsam es klingen mag, diese Bombenexplosion war das Luftangriffsähnlichste, was ich während des ganzen Krieges miterlebte. Dank einer Mischung aus Glück und weitsichtiger Vorsorge meiner Mutter und ihrer Freunde entging ich durch mehrfache Ortswechsel in England und Wales den schlimmsten Bombardements, die die britischen Inseln trafen.

Die Kinder nahmen mich ohne viel Aufhebens und mit einer gewissen freundlichen Neugier auf. Ich fühlte mich sehr schnell heimisch. Ich war irgendwo in der Mitte; die Kleineren hatten, wenn sie überhaupt einen Gedanken an mich verschwendeten, Ehrfurcht vor einer Fremden; die Älteren behandelten mich wie ein Maskottchen, und die Mädchen meiner eigenen Altersgruppe betrachteten mich bald als ihresgleichen. Jedenfalls empfand ich es so. Was hinter den Kulissen vorging, weiß ich nicht. Vielleicht wurde ihnen ja eingeschärft, wie man sich einem Flüchtlingskind gegenüber zu benehmen hatte. Wenn ja, habe ich nichts davon mitbekommen. Gelegentlich fragte mich jemand, warum ich ein Flüchtling sei. Wenn ich ihnen das mit Hitler und den vier jüdischen Großeltern zu erklären versuchte, sagten sie: »Aber du bist doch kein bisschen jüdisch.« Es störte mich nicht, obwohl ich nicht wusste, wie sie das meinten, zumal mir unklar war, wie man jemandem seine Religion ansehen konnte. Sehr viel später erst ging mir auf, dass das, was diese Kinder mit »jüdisch« gemeint hatten, ihr Bild von armen jüdischen Londonern aus dem East End war oder von einer Art Shylock.

Es stellte sich bald heraus, dass ich mit meinem Wissen außer in englischer Sprache und Literatur den gleichaltrigen Mitschülerinnen etwas voraus war, was meinen allzu freien Umgang mit ihrer Sprache wettmachte. Gleichzeitig lenkten meine Aussprachefehler, mein jämmerlicher Stil und meine mehr als originelle Rechtschreibung von jeder Gescheitheit ab, die ich an den Tag legen mochte. Auftrumpfen stand nicht auf der Agenda.

Im Sommer 1942 waren meine Mitschülerin Sheila und ich so weit gekommen, wie uns das St. Clair schulisch bringen konnte. Wir unterzogen uns beide den Prüfungen für den mittleren Schulabschluss, sorgenvoll beobachtet von Miss Stevens. Sie dachte, ich würde es schwer haben, die Prüfungen zu bestehen, vor allem in Geschichte und Englisch. Tatsächlich schlugen wir uns beide ziemlich gut. Sheila behauptete, ich müsse »ein echtes Genie« sein, weil ich es geschafft hätte, Miss Stevens' Erwartungen zu übertreffen. Sie strebte ein Mathematikstudium an, und ich, die ich in die Geisteswissenschaften wollte, ging auf die Croydon High School, wo ich mich noch zwei Jahre auf die Hochschulreifeprüfung vorbereiten konnte.

Das Jahr 1942 war ein Wendepunkt. Drei wichtige Dinge geschahen: Ich bestand die mittlere Schulabschlussprüfung, was hieß, ich musste Miss Stevens' St. Clair verlassen, wo ich mich so zu Hause gefühlt hatte; die britische Regierung hob die Beschränkungen auf, die Ausländer wie meine Mutter zwangen, in Privathaushalten zu arbeiten; und in Prag schickten die Nazis – ohne dass wir es in England erfuhren, weil wir keine Kommunikationsmöglichkeit dorthin hatten – alle Juden in Konzentrationslager. So auch meinen Vater. Ich wusste nur, dass die besorgten Briefe, die er mir, seit wir in England waren, geschrieben hatte und die ich immer bei mir trug, nicht mehr kamen.

Zur selben Zeit, als ich mich darauf vorbereitete, von Haywards Heath auf die Croydon High School zu wechseln, wurde es meiner Mutter also gestattet, sich eine andere Arbeit als die im Haushalt zu suchen. Da eine Million britischer Bürokräfte freiwillig zum Militär gegangen oder eingezogen worden war, zwang der Mangel an Arbeitskräften im zivilen Bereich die Regierung jetzt, »freundliche« Ausländer diese Arbeiten übernehmen zu lassen. Nach der Schule, als junge Frau, hatte meine Mutter als Anwaltsgehilfin bei ihrem Vater gearbeitet, und jetzt erwog sie, wieder etwas in dieser Art zu tun. Ihre Arbeitgeberin in Haywards Heath, Mrs. Gold, lud ihren Vetter Leslie Gunn und dessen Frau Mary ein, in ihrem Haus Zuflucht zu nehmen. Onkel Leslie, wie ich Mrs. Golds Vetter bald schon nannte, war ein wohl situierter Londoner Anwalt. Onkel Leslie war hilfsbereit und fand über seine beruflichen Beziehungen eine renommierte Kanzlei in Bishopsgate in der City, die meiner Mutter eine Stelle anbot.

Bald darauf ging ich nach Croydon, zum Aufnahmegespräch bei Miss Adams, der Direktorin der Croydon High School. Die Schule bestand aus einer einschüchternd großen, düsteren Ansammlung von Backsteingebäuden aus dem neunzehnten Jahrhundert. Miss Adams war eine kleine rundliche Frau, energisch, effizient und weitaus respekteinflößender als Miss Stevens, die ich quasi als ein Mitglied meiner Familie betrachtet hatte. Aber sie war nett und schien zu verstehen, wie fremd ich mich in dieser neuen Umgebung fühlte. Und sie kümmerte sich auch um meine Unterbringung. Die Gunns hatten meiner Mutter für die Eingewöhnungszeit auf ihrer neuen Stelle ein Zimmer in ihrem Haus angeboten, aber sie hatten keinen Raum für mich und für die Komplikationen, die eine Jugendliche für den Haushalt bedeuten würde. Miss Adams erklärte mir, es gebe da eine Croydoner Familie, die Mutter und die drei Töchter seien allesamt »Ehemalige«; diese Leute beherbergten seit Jahren vor den Nazis geflohene Schülerinnen der Croydon High School. Sie würden sich freuen, eine weitere aufzunehmen, und wollten mich gern kennenlernen.

So begann meine lang andauernde Beziehung zu einer faszinierenden Familie, den Crags, deren soziale Ader und schräger trockener Humor mich immer wieder überraschten und inspirierten. Die Eltern, Chris und Iris, besaßen ein großes freistehendes dreistöckiges Haus namens Waxham, nicht weit vom Haus der Gunns in South Croydon, wo meine Mutter jetzt wohnte. Hier lebten sie mit ihren beiden jüngsten Adoptivkindern und einer bunt gemischten Gruppe von Hausgästen. Ihre vier leiblichen Kinder waren bereits erwachsen und standen auf eigenen Beinen. Aber vier Kinder waren Chris und Iris nicht genug gewesen, und so adoptierten sie weiter oder nahmen sie – wie in meinem Fall – in Pflege. Ich wusste, sobald ich einen Fuß in ihr Haus gesetzt hatte, dass es mir bei Chris und Iris gefallen würde.

Eines der größten Probleme in den Kriegsjahren war es, insbesondere in großen zugigen Häusern wie Waxham, nicht zu frieren. Die Gänge und Schlafzimmer und das Bad bei Chris und Iris waren unangenehm kalt, auch wenn wir genügend Kohlen oder Koks hatten, um das Feuer im Wohnzimmer in Gang zu halten. Chris hasste den eisigen Luftzug in den ungeheizten Korridoren und WCs genauso wie wir Übrigen. Und manchmal überraschten wir Kinder ihn fasziniert dabei, wie er in den Ausguss der Spülküche pinkelte, wenn er niemanden in der Nähe wähnte. Wir Mädchen kicherten über diese Problemlösung, aber obwohl wir ihn vergötterten, ärgerte es uns doch auch, dass er als Erwachsener und als Mann einen so unfairen Vorteil hatte.

Im Sommer 1943 wurde ich zum wiederholten Mal in einem Brief vom Bildungsressort der tschechischen Exilregierung aufgefordert, deren kostenlose, aus Regierungsmitteln finanzierte Internatsschule zu besuchen, die junge tschechische Flüchtlinge wie mich darauf vorbereite, nach dem Krieg in ihre Heimat zurückzukehren. Dort würden wir dann dringend gebraucht, um beim Wiederaufbau unseres Landes zu helfen, das unter dem Naziregime seit Jahren so gut wie kein höheres Schulwesen mehr besaß. Plötzlich schien mir das der einzig vernünftige Plan für meine unmittelbare Zukunft. Ich war jetzt in einem Alter, in dem die tschechische Schule für mich nicht nur wie ein aufregender Ort klang, sondern der Idealistin in mir auch die Möglichkeit bot, an der Er-

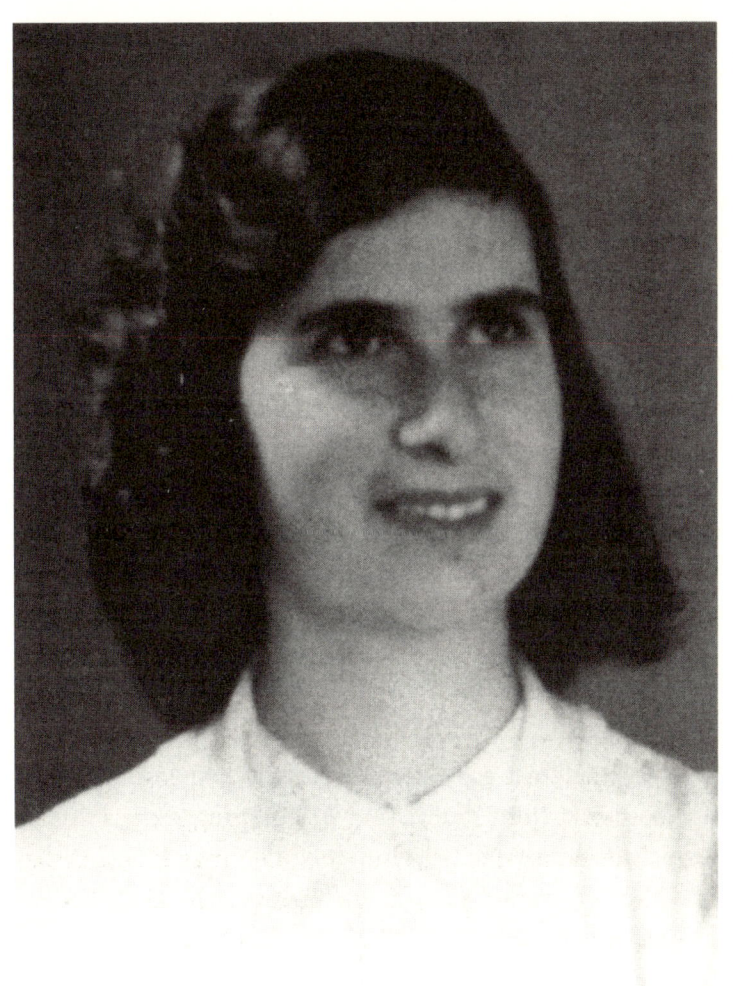

Die sechzehnjährige Susan Groag Bell in England, 1942

schaffung einer besseren Welt mitzuwirken, wenn der Krieg gewonnen war. Außerdem ging ich davon aus, dass meine Zukunft ohnehin in der Tschechoslowakei lag, und dann würde ich mehr über dieses Land wissen müssen, als ich an meinen englischen Schulen lernen konnte.

So gern ich bei Chris und Iris wohnte, so wenig gefiel es mir an der Croydon High School. In der intimen Atmosphäre des St. Clair waren meine schulischen Leistungen gut gewesen, aber hier in Croydon fühlte ich mich überfordert. Die Schule war sehr groß, und es waren mir einfach zu viele Schülerinnen in meiner Klasse. Ich hasste den Sportunterricht, vor allem die obligatorischen Hockeyspiele, von denen ich immer mit blau geschlagenen, zerschundenen Fußgelenken heimkam. Mir gefielen nicht mal die Tanztees, zu denen mich manchmal Klassenkameradinnen einluden.

Also ging ich zu meiner Mutter, um mit ihr über den Vorschlag der tschechischen Regierung zu sprechen. Sie war in mehrfacher Hinsicht skeptisch. Sie hatte Zweifel, ob ich mich unter Flüchtlingskindern wohlfühlen würde, da ich in der ganzen Zeit in England nie mit Flüchtlingen zu tun gehabt hatte. Außerdem war sie selbst gerade im Begriff, als Pensionsgast zu Chris und Iris zu ziehen, und hatte sich darauf gefreut, zum ersten Mal, seit wir aus der Tschechoslowakei geflohen waren, mit mir unter einem Dach zu leben. Doch je länger ich diese neue Idee auf mich wirken ließ, desto reizvoller erschien sie mir. Und so überzeugte ich schließlich mich selbst und meine Mutter, dass es am besten wäre, wenn ich für den Rest meiner Schulzeit auf die tschechische Schule ging.

Also stand ich zu Beginn des nächsten Trimesters mit etwa hundert anderen jungen tschechischen Flüchtlingen auf dem Bahnsteig des Bahnhofs Euston. Der Zug, der uns von London nach Llanwrtyd Wells in Wales brachte, war voll mit Kindern und Jugendlichen, von denen sich die meisten seit Jahren kannten. Sie waren alle auf der tschechischen Schule in Shropshire gewesen, bevor diese erweitert wurde. Jetzt hatte die Exilregierung das luxuriöse Abernant Lake Hotel in der Moorlandschaft von Breconshire gemietet und dort ihr »Gymnasium« eingerichtet. Finanziert wurde alles von der tschechischen Regierung – die Gehälter und Lebenshaltungskosten der Lehrkräfte ebenso wie das Schulgeld, die Unterbringung und das Essen der Schüler. Diese Schule, auf die ich jetzt mit siebzehn gehen und wo ich zwei Jahre bleiben würde, war anders als alles, was ich je erlebt hatte. Erstens hatte sie eine politische Mission, die all unsere Aktivitäten durchdrang, zweitens war sie ein koedukatives Internat, und drittens befand sie sich in einem Luxushotel in landschaftlich schöner Umgebung.

Es stellte sich heraus, dass ich hier von den Lehrern und von den Mitschülern mit Ausnahme meiner engsten Freunde schlicht Groagovà genannt werden würde. Ich war schüchtern und fühlte mich etwas unbehaglich unter all diesen Jungen und Mädchen, die sich nicht nur untereinander kannten, sondern auch so leicht vom Englischen ins Tschechische überzuwechseln schienen, als wäre beides ein und dieselbe Sprache. Was ich als Kind an Tschechisch gelernt hatte, schien längst verflogen, und ich musste wieder von vorn anfangen. Zudem war Tschechisch die offizielle Sprache an der Schule. Der gesamte Unterricht, die Hausaufgaben, der Sport und die meisten außerunterrichtlichen Aktivitäten – alles fand auf Tschechisch statt. Es war klar, dass wir alle tschechisch sprechen und fühlen sollten, da uns die Schule ja darauf vorbereiten wollte, die von den Nazis zerstörte Republik wieder aufzubauen.

Viele Schüler, vor allem die älteren Jungen, interessierten sich sehr für den militärischen und politischen Fortgang des Krieges. Morgens, vor Beginn der ersten Stunde, stand immer eine Gruppe in gespanntem Ernst beim Kamin, las Zeitung und diskutierte über die neuesten Nachrichten. Sie sprachen von Churchill, Roosevelt, Stalin und (dem tschechischen Exilpräsidenten) Beneš, aber auch von diversen Generälen, Admirälen und sonstigen Befehlshabern wie von persönlichen Bekannten. Sie debattierten leidenschaftlich darüber, wie diese Männer bestimmte militärische und diplomatische Dinge handhaben.

Obwohl uns England eine gastliche Zuflucht geboten hatte, war es doch schwer zu vergessen, wie Chamberlain beim Münchner Abkommen die Tschechoslowakei verraten und verkauft hatte. Unter den Schülern der Schule gab es starke Sympathien für Roosevelt, aber auch für Stalin. Zwar hatten viele von ihnen wegen des Antisemitismus der Nazis die Tschechoslowakei verlassen, aber viele andere, Tschechen wie Sudetendeutsche, hatten wegen der sozialistischen Überzeugung ihrer Eltern fliehen müssen, was natürlich eine prosowjetische Einstellung förderte.

Jedes wichtige Datum der Entstehung und Entwicklung der Tschechoslowakei wurde feierlich begangen. Mitglieder der Exilregierung waren eingeladen, hielten Reden und sprachen mit uns und den Lehrkräften. Für solche Anlässe wurde aus dem großen Ballsaal des Hotels ein politisches Auditorium, geschmückt mit den Fahnen der Hauptalliierten. So war etwa am 28. Oktober 1944, dem Jahrestag der Gründung der Republik im Jahr 1918, der zentrale Blickfang an der Wand hinter der Bühne eine riesige Karte der Tschechoslowakei mit deren Wappen und dem Motto PRAVDA VITEZI (die Wahrheit siegt). Am Tag nach dem 8. Mai 1945, der bedingungslosen Kapitulation Deutschlands, bestand die Dekoration der Bühne einfach nur aus den Fahnen der Tschechoslowakei, Großbritanniens, Amerikas und der Sowjetunion, angeordnet in der Form eines V für »victory«.

Unverzüglich wurde uns mitgeteilt, die tschechische Regierung in London treffe Vorkehrungen dafür, dass diejenigen von uns, die es wollten, jetzt in die Tschechoslowakei zurückkehren könnten. Die Regierung würde uns weiter unterstützen, solange wir studierten: Die berühmte Karlsuniversität in Prag, die bald wiedereröffnet würde, lockte. Also bestieg ich Ende August 1945 mit den meisten meiner furchtlosen Freunde den amerikanischen Liberator-Bomber, der mich Prag und dem Schock der Desillusionierung entgegentrug.

Bevor ich nach Prag ging, hatte mich meine Mutter behutsam darauf vorbereitet, dass mein Vater womöglich nicht überlebt hätte. An dem Morgen, als wir in ihrem Zimmer im Bett lagen und sie das sagte, war ich nicht willens gewesen, es als reale Möglichkeit zu akzeptieren. In Prag angekommen, wo alle meine Mitheimkehrer mit ähnlich traumatischen Dingen konfrontiert waren, ging ich zu der Stelle vom Roten Kreuz, wo man Informationen über vermisste Personen bekommen konnte. Wenn ich mich daran zu erinnern versuche, ist da in meinem Kopf nichts. Ich erinnere mich an viele wichtige und weit weniger wichtige Momente meines Lebens kristallklar, aber was diese schmerzhafte Eröffnung betrifft, ist es, als hätte sie nie stattgefunden. Es ist, als hätte mir irgendein fähiger Arzt oder eine Ärztin (vielleicht die Natur selbst) ein Narkosemittel verabreicht, sodass ich nach der Operation mit einem dumpfen Schmerz erwachte, der anhielt, solange ich in Prag war, ja, letztlich bis heute.

Ein paar Einzelheiten über das Schicksal meines Vaters erfuhr ich von meiner Kindheitsfreundin Hanni, mit der ich große Teile meiner ersten zwölf Lebensjahre in Troppau verbracht hatte. Sie und ihre ganze Familie waren erst kürzlich nach Prag zurückgekehrt, aus dem Konzentrationslager Theresienstadt, wo sie meinem Vater begegnet waren. Theresienstadt war kein Vernichtungslager, sondern vor allem Sammel- und Durchgangslager für tschechische Juden. Es gab dort ein Lagerkrankenhaus, in dem Hannis Mutter, Tante Boeszi, irgendeine untergeordnete Arbeit verrichtete. Sie erzählte mir, mein Vater sei kurz nach seiner Ankunft in Theresienstadt in diesem Lagerkrankenhaus an Lungenentzündung gestorben. Ich befürchtete, dass sie mir eine tröstliche Lüge erzählte, war aber zu feige, um nachzubohren.

Meine Familie – Tanten, Onkel, Cousins und Cousinen – war offenbar völlig ausgelöscht worden. Zudem war die Tschechoslowakei, in die ich zurückgekehrt war, ein fremder, liebloser Ort, nicht nur, weil ohne meine Familie nichts mehr da war, was ich als »Zuhause« hätte wiedererkennen können. Es dauerte eine Weile, bis ich begriff, warum man mir so unfreundlich begegnete.

Allmählich erkannte ich, dass ich als deutschsprachige, im Sudetenland geborene Bürgerin der Tschechoslowakei hier

Persona non grata war. Es hätte mir wohl früher klar sein müssen, doch da wir in England uneingeschränkt als tschechische Bürger akzeptiert worden waren und die Lehr- und Verwaltungskräfte wie auch die Schüler der tschechischen Schule in Wales mich nicht diskriminiert hatten, kam ich zuerst gar nicht auf die Idee, dass Menschen, die sechs Jahre unter brutaler deutscher Herrschaft gestanden hatten, nicht selbstverständlich zwischen Sudetendeutschen, die von den Nazis vertrieben worden waren, und solchen, die mit ihnen kollaboriert hatten, unterscheiden würden.

In meiner geschützten Situation in England hatte ich gar nicht mitbekommen, dass die alte Feindseligkeit zwischen Sudetendeutschen und Tschechen während des Krieges mit Macht wieder aufgebrochen war.

Es folgte eine lange Phase des Bemühens, das nötige Visum für meine Rückkehr nach London zu bekommen. Das britische Konsulat beharrte darauf, dass ich repatriiert worden und somit tschechische Bürgerin der Tschechoslowakei sei. Ich begriff, dass mein Gefühl »hier nicht herzugehören« die Konsulatsbeamten nicht erweichen würde, und argumentierte daher, dass ich als Minderjährige zu meiner einzigen lebenden Angehörigen gehörte, meiner Mutter, die in London lebte und bald britische Staatsbürgerin werden würde. Ein Jahr zog sich dieses Ringen hin.

Gelegentlich reiste ich auch in andere Teile des Landes. Aus Nostalgie besuchte ich meine frühere Heimatstadt Troppau, die jetzt nur bei ihrem tschechischen Namen genannt wurde: Opava. Die Stadt hatte direkt in der Feuerlinie der anrückenden Roten Armee gelegen. Nach offiziellen Angaben waren sechzig Prozent der Stadt zerstört, als ich sie wiedersah. Trotzdem war vieles, was ich kannte, noch da, auch wenn mir wie zu erwarten alles viel kleiner erschien, als ich es in Erinnerung hatte.

Eines Nachmittags während meines Aufenthalts in Troppau besuchte ich die Schwester meiner geliebten Tante Grete, Alice, eine Zahnärztin, die ich nur flüchtig gekannt hatte. Alice, bleich und von Krankheit gezeichnet, war kürzlich aus Theresienstadt zurückgekehrt und jetzt wieder mit ihrem arischen tschechischen Mann vereint. Sie litt an einer schweren Thrombose und saß in einem abgedunkelten Zimmer, das Bein auf einem Kissen gelagert. Plötzlich bat Alice ihren Mann, ihr ein kleines Holzkästchen zu holen. Sie öffnete es behutsam und gab mir den Inhalt. In meinen zitternden Händen hielt ich die silberne Taschenuhr meines Vaters, die er ihr zur Aufbewahrung gegeben hatte. Als meine Finger sich um das Rund der Uhr schlossen, spürte ich die ganze Realität meines Verlusts, und zum ersten Mal, seit ich von dem Unglück wusste, das mich getroffen hatte, überwältigten mich die Tränen.

Kapitel 7

Den Nyilas entkommen

Der ungarische Holocaust

ROBERT »BOB« BERGER wurde 1929 im ungarischen Debrecen geboren. Mit dreizehn musste er aus dem Ghetto fliehen, um dem Abtransport in ein Konzentrationslager zu entgehen. Seine Eltern und seine beiden Schwestern entkamen separat nach Budapest. Bob beteiligte sich an zahlreichen Widerstandsaktivitäten, von denen einige in diesem Text beschrieben werden. Nach dem Krieg landete er in verschiedenen Displaced Persons Camps in Deutschland, gelangte dann aber 1947 nach Amerika. Hier wurde er ein Pionier der Herz- und Lungenchirurgie. Unter anderem wirkte er an der Entwicklung des Kunstherzens mit.

Mein Mann, der Psychiater Irvin Yalom, lernte Bob 1953 kennen, als sie beide im zweiten Jahr Medizin an der Boston University studierten. Sie wurden enge Freunde, und bis zu Bobs Tod 2016 sprachen sie wöchentlich miteinander und besuchten sich oft. Obwohl sie sich so gut kannten, dauerte es ein halbes Jahrhundert, bis Bob mit Irv offen über das redete, was er als jüdisches Kind im von den Nazis besetzten Ungarn erlebt hatte.

Irvs Kindheitserfahrung, was den Holocaust betraf, ähnelte eher meiner, hinterließ aber tiefere Narben. Über die längste Strecke seines Lebens hielt er es nicht aus, Bilder des Holocaust zu sehen oder über die begangenen Gräueltaten nachzudenken. Schließlich fand er einen Weg, sich dem Thema literarisch zu nähern, indem er seinen Roman Das Spinoza-Problem schrieb.

Irvs und Bobs Gespräche über Bobs damalige Erlebnisse wurden die Grundlage von ihrem Buch *I'm Calling the Police (Ein menschliches Herz)*, dem das Folgende entnommen ist.

Als das Abschiedsbankett zum fünfzigjährigen Approbationsjubiläum meines Studienjahrgangs allmählich zu Ende ging, gab mir Bob Berger, mein alter Freund, mein einzig verbliebener Freund aus den Zeiten meines Medizinstudiums, zu verstehen, dass er unbedingt mit mir reden wolle. Obwohl wir unterschiedliche berufliche Wege eingeschlagen hatten, er zur Herzchirurgie und ich zur Gesprächstherapie für gebrochene Herzen, hatten wir eine enge Beziehung aufgebaut, die, wie wir beide wussten, ein Leben lang halten würde. Als Bob mich nun am Arm nahm und zur Seite zog, wusste ich, dass etwas im Argen lag. Bob berührte mich so gut wie nie. Uns Seelenärzten fällt so etwas auf. Er beugte sich zu mir und krächzte mir ins Ohr:

»Etwas Schwerwiegendes passiert gerade… die Vergangenheit kocht hoch… meine beiden Leben, Nacht und Tag, fließen ineinander. Ich muss mit dir reden.«

Ich verstand. Seit seiner Kindheit, die er während des Holocaust in Ungarn verbracht hatte, führte Bob zwei Leben: eines tagsüber als umgänglicher, engagierter und unermüdlicher Herzchirurg und ein nächtliches, in dem Bruchstücke entsetzlicher Erinnerungen durch seine Träume geisterten. Ich wusste alles über sein Leben, das er tagsüber führte, aber in unserer fünfzig Jahre dauernden Freundschaft hatte er nie etwas von seinem nächtlichen Leben preisgegeben. Auch hatte er mich niemals ausdrücklich um Hilfe gebeten: Bob war selbstgenügsam, mysteriös, geheimnisvoll. Das hier war ein anderer Bob, der mir ins Ohr flüsterte. Ich nickte, ermutigte ihn. Ich war besorgt. (…)

Aber war ich bereit zuzuhören? War ich jemals bereit gewesen zuzuhören? Erst nachdem ich meine psychiatrische Ausbildung begonnen, meine eigene Analyse gemacht und ein paar Feinheiten der zwischenmenschlichen Kommunikation verstanden hatte, begriff ich etwas Entscheidendes über meine Beziehung zu Bob. Es war nicht nur so, dass Bob über seine Vergangenheit schwieg: Es war auch so, dass ich nichts davon hatte wissen wollen. Was sein langes Schweigen betraf, hatten wir beide unseren Teil dazu beigetragen.

Ich weiß noch, wie ich als Teenager erstarrt, entsetzt und krank vor Ekel war, als ich die Nachkriegs-Wochenschauen verfolgte, welche die Befreiung der Konzentrationslager dokumentierten. Ich wollte hinschauen, ich hatte das Gefühl, ich sollte hinschauen. Dies waren meine Leute – ich musste hinschauen. Aber immer, wenn ich hinschaute, war ich bis ins Mark erschüttert, und bis zum heutigen Tag bin ich unfähig, mit diesen grausamen Bildern umzugehen – dem Stacheldraht, den rauchenden Öfen, den paar überlebenden Skelettgestalten in gestreiften Lumpen. Ich hatte Glück: Ich hätte eines dieser Skelette sein können, wären meine Eltern nicht emigriert, bevor die Nazis an die Macht gekommen waren. Und am grausamsten von allem waren die Bilder der

Bagger, die riesige Leichenberge bewegten. Einige dieser Leichen stammten aus meiner Familie: Die Schwester meines Vaters wurde in Polen ermordet und die Frau meines Onkels Abe und drei Kinder ebenso. Er war 1937 in die USA gekommen und wollte seine Familie nachholen, doch die Zeit war ihm davongelaufen.

Die Bilder wühlten so viel Entsetzliches auf und erzeugten so schreckliche Fantasien, dass ich sie kaum ertragen konnte. Wenn sie mitten in der Nacht in meine Gedanken drangen, war es mit dem Schlafen vorbei. Und sie waren unauslöschlich: Sie verblassten nie. Lange bevor ich Bob kennenlernte, hatte ich mich schon entschlossen, diesem Portfolio in meinem Gedächtnis keine weiteren Bilder dieser Art hinzuzufügen, und ich begann, mich Filmen und schriftlichen Abhandlungen über den Holocaust zu verweigern.

Und nun suchten wir uns, nachdem unsere Kommilitonen den Bankettsaal des Hotels unter gegenseitigen Versicherungen »Bis demnächst einmal« oder »Lass uns mal was miteinander machen« endlich verlassen hatten – auch wenn jeder einzelne dieser fünfundsiebzigjährigen weißhaarigen Zausel tief in seinem Inneren bereits wusste, dass ein Wiedersehen höchst unwahrscheinlich war –, eine ruhige Ecke an der Hotelbar, um uns zu unterhalten. Wir bestellten Weinschorle, und Bob begann seine Geschichte.

»Vorige Woche war ich auf Geschäftsreise in Caracas.«

»Caracas? Wieso ausgerechnet Caracas? Bist du verrückt? Bei den politischen Zuständen?«

»Genau das ist der Punkt. Von unserer Gruppe wollte keiner hin. Sie hielten es für zu gefährlich.«

»Und für dich ist es das nicht – für einen fünfundsiebzigjährigen halben Krüppel mit drei Stents im Herzen?«

»Willst du jetzt die Geschichte hören, oder willst du bei deinem einzigen Freund wieder einmal Therapeut spielen?«

Er hatte Recht. Bob und ich neckten einander ständig. Eine Art des Umgangs, die nur für unsere Beziehung galt. Ich machte es bei keinem meiner anderen Freunde. Ich bin sicher, dass unser Geplänkel ein Zeichen großer Zuneigung war, vielleicht die einzige Möglichkeit, die wir fanden, einander nahe zu sein. Die Narben, die er als Kind erlitten hatte, und seine zahlreichen Verluste hatten dazu geführt, dass er unfähig war, seine Verletzlichkeit zu zeigen oder offen Zuneigung zu bekunden.

Unfähig, Frieden oder Sicherheit zu finden, hatte er immer schon mit atemberaubender Geschwindigkeit gearbeitet und mindestens siebzig bis achtzig Stunden pro Woche im Operationssaal oder bei der postoperativen Versorgung verbracht. Obwohl er mit täglich zwei bis drei Operationen am offenen Herzen sehr gut verdiente, hatte Geld für ihn nur einen geringen Stellenwert: Er lebte genügsam und spendete den überwiegenden Teil seiner Einkünfte nach Israel oder an Wohltätigkeitsorganisationen für Opfer des Holocaust. Als guter Freund lag ich ihm ständig mit seiner Arbeitsüberlastung in den Ohren. Einmal verglich ich ihn mit der Ballerina mit den roten Schuhen, die nicht aufhören konnte zu tanzen. Er reagierte sofort und sagte, dass bei ihm das genaue Gegenteil der Fall sei: Die Ballerina tanzte sich zu Tode, aber er tanzte, um am Leben zu bleiben.

Sein erstaunlich fruchtbarer Geist schuf ständig neue Ideen, und er war berühmt dafür, dass er einen nicht enden wollenden Strom neuer chirurgischer Verfahren entwickelte, die das Leben schwerstkranker Menschen retteten. Als er sich aus der aktiven Chirurgie zurückzog, fiel er in eine lange, tiefe Depression, die er jedoch auf bemerkenswerte Art überwand. Er spezialisierte sich auf den Holocaust und beteiligte sich an der hitzigen Kontroverse darüber, ob die moderne Medizin Forschungsergebnisse der Nazis aus den Konzentrationslagern nutzen sollte. Letztendlich erledigte Bobs ausführliche Abhandlung im *The New England Journal of Medicine* die ganze Debatte, indem er bewies, dass die Forschungen der Nazis größtenteils Betrug waren. Aktivität und Effektivität machten seinen Depressionen schnell ein Ende.

Ich wusste, dass er nicht aufhören konnte zu tanzen. Und ich konnte nicht aufhören, ihm nutzlose Ratschläge zu erteilen, es langsamer angehen zu lassen, das Leben zu genießen und sich Zeit zu nehmen, seine Freunde anzurufen. Aber jetzt, an jenem Abend unseres fünfzigjährigen Jubiläums, hatte sich etwas verändert. Zum ersten Mal bat er mich um Hilfe, und ich war entschlossen, sie ihm zu geben.

»Bob, erzähl mir genau, was in Caracas passiert ist.«

»Ich hatte gerade eine dreitägige Tour zu Ende gebracht. Wegen des erheblichen Risikos von Raubüberfällen oder Entführungen folgten mir meine Medizinerkollegen während der ganzen Reise auf Schritt und Tritt. Bei unserem letzten Abendessen sagte ich ihnen allerdings, dass sie mich nicht zum Flughafen zu begleiten brauchten: Mein Flug ging ganz früh am Morgen, und das Hotel wollte für meinen Transport sorgen. Sie wollten es sich nicht ausreden lassen, aber ich bestand darauf und nahm die hoteleigene Limousine. Sie kam mir sicher vor.«

»Sicher? Sicher? Bei dem, was momentan in Venezuela los ist?« Seine Einschätzung ließ bei mir die Alarmglocken schrillen, und ich wollte schon loslegen, aber er drohte nur mit dem Finger und sagte: »Geht das schon wieder los – zum Anmeckern brauche ich keinen Seelenklempner, so was krieg ich an jeder Straßenecke.«

»Es ist nur ein Reflex, Bob. Ich kann nichts dafür. Es macht mich nur verrückt, wenn ich höre, dass du dich einer solchen Gefahr aussetzt.«

»Irv, erinnerst du dich noch an gestern, als wir nach dem Mittagessen im Deli zum Auto gegangen sind?«

»Ja, ich erinnere mich an das Mittagessen. Aber was hat die Tatsache, dass wir zum Auto gegangen sind, damit zu tun?«

»Weißt du noch? Wir bogen um eine Straßenecke und gingen durch die Seitenstraße zum Auto.«

»Richtig. Richtig. Ich hab dich noch angemeckert, weil du mitten auf der Straße gelaufen bist, und hab dich gefragt, ob es in Ungarn keine Gehwege gab.«

»Da war noch mehr.«

»Mehr? Was noch? Ach ja, später hab ich noch gesagt, dass es einem auf der Straße irgendwie sicherer vorkommt, weil man von dort besser gesehen wird.«

»Also, gestern war ich ja zu höflich, um es dir ins Gesicht zu sagen, aber du hattest vollkommen Unrecht: Es war genau das Gegenteil – ich ging auf der Straße, eben weil es gefährlicher war. Genau das ist der Punkt – und das hast du nie verstanden. Ich bin mit der Gefahr aufgewachsen. Sie ist bei mir einprogrammiert. Ein bisschen Gefahr beruhigt mich. Ich habe gerade erst herausgefunden, dass der Operationssaal quasi ein Ersatz für mein gefährliches Leben im Widerstand gewesen ist. Im Operationssaal lebte ich mit der Gefahr und sah ihr mit riskanten, aber lebensrettenden Herzoperationen ins Auge. Der OP war der Ort, an dem ich mich immer am wohlsten gefühlt habe. Muttermilch.« Kapiert?, fragte seine Miene.

»Ich bin nur ein Seelenspezialist, der mit gehfähigen Verletzten arbeitet. An solche extremen Störungen bin ich nicht gewöhnt.«

»In Wirklichkeit«, fuhr Bob fort und wischte damit meinen Kommentar beiseite, »habe ich mir jahrelang nicht eingestanden, dass ich anders war. Ich hielt es für ganz normal, dass einer, der sein Geld wert ist, in der Herzchirurgie arbeitet und das Spiel von Leben und Tod spielt: Diejenigen, die mit der Herzchirurgie nichts am Hut oder keinen Zugang zu diesem Fachgebiet hatten, verpassten für mich die größte Herausforderung, die einem das Leben stellt. Erst in den letzten Jahren habe ich meine Lust am Risiko mit meiner Vergangenheit in Verbindung gebracht. Vor ungefähr fünfundzwanzig Jahren gründete die Boston University in meinem Namen einen Stiftungslehrstuhl und brachte zu diesem Anlass eine schicke Hochglanzbroschüre heraus. Auf dem Cover war ich im Operationssaal zu sehen, umringt von Assistenten, alle in Chirurgentracht, mit allen Gerätschaften und so, und der Titel lautete ›Um Leben zu retten, die nicht zu retten waren‹. Jahrzehntelang war dieser Titel in meinen Augen nichts als ein Trick der Madison Avenue gewesen, um mehr Geld aufzutreiben. Erst neulich ist mir klar geworden, dass wer immer diesen Text erfunden hat, mich besser kannte als ich mich damals selbst.«

»Ich habe dich vom Thema abgebracht. Reden wir wieder

über Caracas. Was passierte, als dich die Limo am Morgen abgeholt hat?«

»Abgesehen davon, dass mich der Fahrer übers Ohr gehauen hat, verlief die Fahrt zum Flughafen ohne besondere Vorkommnisse. Ich bat den Fahrer, mich zum Haupteingang des Flughafens zu bringen, aber er meinte, dass es näher zum Check-in-Schalter sei, wenn er mich an einer Seitentür absetze. Als ich den Flughafenterminal betrat, sah ich den Schalter der Fluggesellschaft in nur vierzig oder fünfzig Metern Entfernung, und ich sah die Passagiere, die durch das Gate geleitet wurden. Ich war gerade ein paar Schritte gegangen, als ein junger Mann mit beiger Hose und weißem kurzärmeligem Hemd auf mich zukam und mich in passablem Englisch bat, ihm mein Flugticket zu zeigen. Ich fragte ihn, wer er sei, und er sagte, er sei Sicherheitsbeamter. Ich wollte seinen Ausweis sehen, und er zückte eine Plastikkarte mit spanischem Text und seinem Bild. Ich gab ihm mein Ticket. Er sah es sich genau an und wollte dann wissen, ob ich genug Geld hätte, um die Flughafensteuer zu bezahlen. ›Wie viel?‹ ›Sechstausend Bolivar‹, sagte er. Das sind an die zwanzig Dollar.

Ich antwortete: ›Das ist okay.‹ Als er meine Brieftasche mit dem Geld sehen wollte, versicherte ich ihm noch einmal, dass ich genügend Geld für die Flughafensteuer hätte. Dann sagte er mir, dass mein Flug verspätet sei und ich ihn die Treppe hinaufbegleiten und in einem anderen Wartebereich warten solle. Er sagte, dass er mir mit meinem Gepäck helfen wolle, und nahm meinen Koffer. Dann fragte er mich nach meinem Pass. Meinem Pass? Da klingelte es plötzlich bei mir. Mein Pass war meine Identität, meine Sicherheit, meine Fahrkarte in die Freiheit. Bevor ich damals meine amerikanische Staatsangehörigkeit und meinen Pass bekommen hatte, war ich ein nomadisierender, staatenloser Jude gewesen. Ohne Pass würde ich nicht nach Hause nach Boston kommen. Damit wäre ich abermals ein Vertriebener.

Etwas stank hier zum Himmel, das war mir klar, und ich schaltete auf Autopilot. Ich legte die Hand auf mein Handy an meinem Gürtel, sah ihn scharf an, legte meinen Finger auf die kurze Antenne, die oben rechts herausragte, und sagte: ›Das hier ist ein Funksender mit einer direkten Verbindung zur Polizei. Geben Sie mir sofort den Koffer zurück, sonst drücke ich auf den Knopf. Ich werde die Polizei rufen.‹

Er zögerte.

›Ich rufe die Polizei‹, sagte ich. Und dann wiederholte ich lauter: ›Ich rufe die Polizei!‹

Er zögerte ein paar Sekunden, ich packte meinen Koffer, riss ihn ihm aus der Hand, fing zu brüllen an – ich weiß nicht mehr, was – und rannte zum Sicherheitscheck. Als ich mich kurz umsah, sah ich, wie mein Mann genauso schnell in die entgegengesetzte Richtung rannte. Am Sicherheitscheck erzählte ich dem Beamten atemlos, was gerade passiert war. Er rief sofort die Polizei, und als er den Hörer auflegte, meinte er: ›Sie hatten sehr viel Glück. Beinahe wären Sie entführt worden. Im letzten Monat hatten wir am Flughafen sechs Entführungen, und von einigen Entführten fehlt seither jede Spur.‹«

Bob holte tief Luft, trank einen großen Schluck Weinschorle und sah mich an: »So viel zu der Geschichte, die in Venezuela passiert ist.«

»Das ist wahrlich eine Geschichte!«, sagte ich. »Gibt es noch eine Fortsetzung davon?«

»Sie hat gerade erst angefangen. Eine Zeit lang war mir nicht wirklich klar, was eigentlich passiert ist. Ich konnte es einfach nicht abrufen: Ich war fassungslos, fühlte mich wie im Nebel. Aber ich wusste nicht, warum.«

»Immerhin war es eine Beinahe-Entführung – da wäre jeder neben der Spur.«

»Nein, wie ich schon sagte, ist das erst der Anfang. Hör zu. Ich kam ohne Probleme durch den Sicherheitscheck und war immer noch wie benebelt, als ich zum Gate ging und mich hinsetzte. Ich schlug ein Magazin auf, konnte aber kein einziges Wort lesen. Ich musste ungefähr eine Stunde warten, konnte keinen klaren Gedanken fassen und stieg dann wie ein Schlafwandler ins Flugzeug nach Miami.

In Miami hatte ich drei Stunden Aufenthalt und setzte mich mit einer Cola Light still in einen bequemen Sessel. Und als ich eindöste, passierte es: Etwas, woran ich seit fast sechzig Jahren nicht mehr gedacht hatte, verschaffte sich wieder Zugang zu meinem Gedächtnis. Zuerst war es nicht richtig greifbar, aber ich hielt mich mit aller Kraft daran fest und bemühte mich, alle Einzelheiten zusammenzubekommen. Und dann sah ich es klar und deutlich vor Augen: ein Vorfall, der sich vor sechzig Jahren in Budapest zugetragen hatte, als ich fünfzehn war. Eine Flut von Bildern stürzte auf mich ein, und ich durchlebte jede Einzelheit noch einmal. Als ich dann ein paar Stunden später ins Flugzeug nach Boston stieg, war ich erleichtert und fast frei von Angst.«

»Erzähl mir, was du gesehen hast. Erzähl mir alles… jedes kleine Detail.« Ich sah meine Aufforderung als einen Akt der Zuneigung und Freundschaft. Ich spürte, dass es für Bob eine Erleichterung wäre, sein Erlebnis mit mir zu teilen, doch mir graute vor dem, was ich zu hören bekommen sollte. Aber mir war auch klar, dass es an der Zeit war, meinen Freund in seinen Alptraum zu begleiten.

Mit einem letzten großen Schluck leerte er sein Glas und lehnte sich zurück. Er schloss die Augen und erzählte:

»Ich war damals fünfzehn. Ich war aus einer Marschkolonne ausgebrochen, die die Nazis vom Ghetto zum Bahnhof trieben, um sie zu deportieren. Ich schlug mich wieder nach Budapest durch, wo ich als Christ mit falschen Ausweispapieren lebte. Alle in meiner Familie waren schon verhaftet und deportiert worden. Ich mietete mir ein Zimmer mit einem Freund, der 1942 aus der Tschechoslowakei nach Ungarn geflüchtet war. Er hatte schon einige Zeit mit falschen Ausweispapieren gelebt und kannte alle Schliche. Er nannte sich Paul. Ich weiß nicht mehr, welchen Familiennamen er benutzte, und seinen wirklichen Namen kannte ich gar nicht. Wir wurden sehr enge Freunde. Außer den Erinnerungen an ihn habe ich noch ein altes, verknittertes, vergrößertes Bild von ihm auf meinem Schreibtisch im Arbeitszimmer. Ich hatte noch einen anderen engen Freund, Miklos, den die Nyilas ein paar Monate vorher ermordet hatten ...«

»Nyilas?«

»Pfeilkreuzler, die ungarischen Nazis. Es waren Unmenschen, eine Miliz bewaffneter Schläger, die die Straßen unsicher machte, Juden zusammentrieb und sie entweder gleich an Ort und Stelle ermordete oder sie in ihre Parteigebäude schaffte, dort folterte und dann tötete. Sie gingen mit den Juden noch grausamer um als die Deutschen oder die ungarische Polizei. Der Begriff Nyilas kommt von dem ungarischen Wort für ›Pfeil‹. Ihr Wappen bestand aus zwei gekreuzten Pfeilen, ähnlich dem Hakenkreuz.

Paul und ich standen uns sehr nahe. Als wir von einem Aufstand der Juden gegen die Nazis in der Slowakei hörten, wollten wir uns sofort dem dortigen Widerstand anschließen. Da ich kein Slowakisch sprach, hielt er es für das Beste, vorauszugehen und die Lage zu sondieren. Falls alles okay war, wollte er einen Untergrundkanal ausfindig machen, um nach Budapest zurückzukommen und mich zu holen. Ich begleitete ihn bis zum Budapester Hauptbahnhof, und als der Zug aus dem Bahnhof fuhr, war ich sicher, ihn in ein paar Wochen wiederzusehen. Aber ich habe nie wieder von ihm gehört. Nach dem Krieg habe ich nach Pauls Verbleib geforscht, aber keine Spur von ihm gefunden. Ich bin sicher, dass die Nazis ihn ermordet haben.

Ich erledigte mehrere Aufträge für die Widerstandsbewegung, und ich tat, was ich konnte, wenn sich die Gelegenheit dazu bot. Ich wurde ziemlich geschickt im Fälschen von Dokumenten für Juden, die als Christen durchgehen wollten. Tagsüber verdiente ich mir meinen Lebensunterhalt als Laufbursche in einer kleinen Fabrik, die Arzneimittel für die ungarische Armee herstellte.

Und jetzt werde ich dir erzählen, woran ich mich seit voriger Woche am Flughafen von Miami wieder erinnere. Ich war damals fünfzehn. Einmal war ich am Morgen spät dran und hatte es ziemlich eilig, zur Arbeit zu kommen. Unterwegs sah ich auf der anderen Straßenseite einen dieser Nyilas-Schläger – er trug ein Armeekäppi, einen Gürtel vom Militär, eine

Pistole im Halfter und die Nyilas-Armbinde mit den beiden gekreuzten schwarzen Pfeilen. Er hielt eine Maschinenpistole in der Hand, die er auf ein unglückseliges älteres jüdisches Paar richtete, das einen Meter vor ihm herstolperte. Die Juden, sie waren so um die sechzig, trugen den obligatorischen zwölf Zentimeter großen gelben Stern an der linken Brust. Der alte Mann war allem Anschein nach geschlagen worden, wahrscheinlich erst vor wenigen Minuten; sein Gesicht war so verschwollen und verfärbt, dass man seine Augen kaum erkennen konnte. Seine Nase war ebenfalls geschwollen und blaurot, stand schief zur Seite und blutete. Hellrotes Blut rann ihm von seinem grauen Haaransatz auf die Stirn und tröpfelte von da über sein Gesicht. Seine Ohren waren groß, rot und verstümmelt. Die Frau, die neben dem Mann ging, weinte. Ich sah, wie sie den Kopf drehte, um den Schläger anzuflehen, doch der stieß ihren Kopf mit dem Kolben der Waffe einfach wieder zurück.

Vergiss nicht, dass so etwas damals nicht ungewöhnlich war. Ich weiß, es ist schwer vorstellbar, aber das war in der ganzen Stadt mehrmals am Tag eine völlig normale Situation. Juden wurden häufig auf der Straße aufgegriffen und manchmal gleich an Ort und Stelle erschossen. Die Leichen blieben dann ein oder zwei Tage auf dem Straßenpflaster liegen, bis sie abgeholt wurden. Ohne jeden Zweifel sollte dieses Paar in ein Parteigebäude der Nyilas gebracht werden, wo es verhört, gefoltert, durch einen Kopfschuss hingerichtet oder mit einem Klavierdraht an einem Haken an der Zimmerdecke aufgehängt werden würde. Oder sowohl erschossen als auch ertränkt – was zu den bevorzugten Methoden gehörte. Die Nyilas marschierten dann mit einer Gruppe Juden ans Donau-

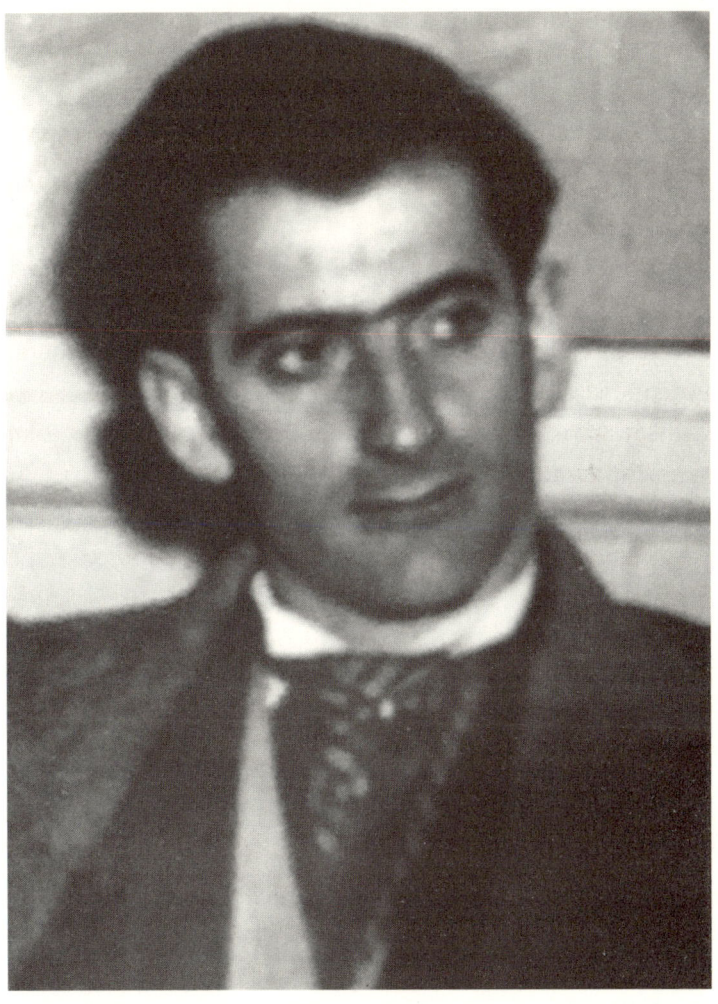

Robert »Bob« Berger als Trauzeuge bei der Hochzeit eines Freundes,
Boston, ca. 1950

ufer, erschossen sie und warfen sie in den eiskalten Fluss. Manchmal banden sie auch drei Juden zusammen, erschossen nur einen, warfen aber alle ins Wasser. Die anderen beiden starben dann durch Ertrinken oder sie erfroren.«

Unwillkürlich zuckte ich zusammen, und mir war klar, dass sich das Bild dieser drei aneinandergebundenen, im eisigen Fluss treibenden Leichen in der kommenden Nacht in meine Träume drängen würde. Aber ich sagte nichts.

Bob merkte, wie ich zusammenzuckte, und schaute weg. »Man gewöhnt sich daran, Irv. Es ist schwer zu glauben, aber man gewöhnt sich daran. Nicht einmal ich kann heute noch glauben, dass das Ganze wirklich passiert ist, und trotzdem war es damals ein alltäglicher Vorfall. Ich habe mehrere dieser Massenerschießungen miterlebt und wusste, dass die Opfer, auch wenn die Schüsse nicht tödlich waren, keine Überlebenschance hatten, sobald sie ins eisige Wasser geworfen worden waren.

Am Kopf und am Ende einer jeden jüdischen Marschkolonne, die durch die Straßen von Budapest getrieben wurde, gingen immer Nyilas-Wachen. Manchmal, besonders abends, wenn es dunkel war, folgte ihnen ein Widerstandskämpfer (ich selbst habe das auch ab und zu gemacht), warf eine Handgranate auf die Wachen und hoffte, die Nyilas-Verbrecher zu töten. Natürlich tötete die Granate auch Juden, aber diese waren ohnehin dem Tod geweiht, und in dem Durcheinander gelang es manchmal einigen von ihnen zu fliehen. Solche Erinnerungen an meine Arbeit beim Widerstand bekomme ich nicht aus dem Kopf. Ich weiß, dass es dich entsetzt, so etwas anhören zu müssen, aber ich will dir sagen, dass dies die prägendsten Erlebnisse meines Lebens waren.

Ein weiterer Auftrag beim zionistischen Widerstand bestand darin, den Juden, die von Nyilas-Schlägern durch die Straßen getrieben wurden, bis zu einem Parteigebäude der Nyilas zu folgen und sich die Adresse aufzuschreiben. Diese Häuser lagen überall in der Stadt verstreut, und wenn die Berichte der einzelnen Späher, von denen ich auch einer war, darauf hinwiesen, dass eine große Anzahl Juden in einem bestimmten Haus festgehalten wurde, haben wir dieses Gebäude angegriffen. Jüdische Jugendliche im Widerstand fuhren dann auf Motorrädern am Parteigebäude vorbei, warfen Handgranaten ins Haus und nahmen es mit Maschinenpistolen unter Feuer.

Obwohl wir normalerweise auf die oberen Stockwerke des Gebäudes zielten und die Gefangenen sich im Keller aufhielten, war uns klar, dass auch Gefangene unter den Opfern sein würden, aber solche Gedanken verdrängten wir – die jüdischen Gefangenen waren so oder so verloren. Wir versuchten einfach nur, Nazis umzubringen. Und gleichzeitig hofften wir, dass in dem Durcheinander, das bei dem Angriff entstand, vielleicht ein paar jüdische Gefangene fliehen konnten. Insgesamt gesehen waren unsere sporadischen Angriffe bestimmt nicht besonders wirkungsvoll, aber wenigstens haben wir damit gezeigt, dass mit uns zu rechnen war, und die Nyilas wussten, dass sie Juden nicht gänzlich ungestraft ermorden konnten; wir wollten ihnen klarmachen, dass sie ebenfalls in Gefahr waren.

Immer mehr Einzelheiten drangen in mein Gedächtnis. Ich weiß noch, dass ich zweimal kurz zu dem misshandelten Mann und seiner weinenden Frau hinüberschaute. Obwohl ich nur einen Moment stehen geblieben war und geschaut hatte, nicht länger als vielleicht drei oder vier Sekunden, war der Nyilas-Schläger auf mich aufmerksam geworden, richtete nun von der anderen Straßenseite die Waffe auf mich und bellte: ›Du da – du, sofort herkommen.‹

Ich überquerte die Straße und versuchte, lässig zu bleiben. Brenzligen Situationen und Todesgefahren gegenüberzustehen, war nichts Neues für mich, und deshalb bewahrte ich einen kühlen Kopf. Ich bin sicher, dass ich innerlich Angst hatte, aber ich konnte es mir nicht leisten, mich von ihr überwältigen zu lassen: Ich musste mich darauf konzentrieren, heil aus dieser Situation herauszukommen. Damals brauchte man eine ganze Menge Ausweise, wenn man sich auf die Straße wagte, und obwohl meine gefälscht waren, waren sie gut gemacht und wirkten echt. Er fragte mich, ob ich Jude sei. Ich sagte: ›Nein‹, und zeigte ihm ein Ausweispapier nach dem anderen. Er fragte mich, wo ich wohne und mit wem. Als ich ihm sagte, dass ich in einem Fremdenheim wohne, wuchs sein Misstrauen anscheinend, und er fragte: ›Wie das?‹ Ich erzählte ihm, dass ich in einer Fabrik arbeite, welche Arzneimittel für die Armee herstellte, und dass ich mit dem Geld meine arme, verwitwete Mutter und meine Großmutter unterstütze, die auf dem Land lebten. Und ich erzählte ihm auch, dass mein Vater ein ungarischer Soldat gewesen sei, der an der russischen Front im Kampf gegen die Kommunisten gefallen war. Aber nichts davon konnte diesen Dreckskerl beeindrucken. Seine Antwort war knapp: ›Du siehst wie ein Jude aus.‹ Dann richtete er seine Waffe auf mich und schnarrte: ›Du gehst da vorn mit den anderen zwei Juden mit. Und jetzt beweg deinen Arsch.‹«

Meine Angst wurde übermächtig. Bob sah, wie ich den Kopf schüttelte, und schaute mich fragend an.

»Das ist so grausam, Bob. Ich höre jedes Wort, das du sagst. Aber ich kann es kaum ertragen. Mein Leben war immer so sicher, so … so friedlich, so bar jeglicher Bedrohung.«

»Denk daran, dass ich tagtäglich mit solchen Vorfällen konfrontiert war. Als ich neben dem jüdischen Paar herging, war mir klar, dass ich schon jetzt in ziemlichen Schwierigkeiten steckte, aber es gab noch etwas, was mir plötzlich dämmerte. Ich hatte nämlich etwas in der Tasche, was mir wirklich gefährlich werden konnte: drei offizielle ungarische Gummistempel der Regierung. Ich hatte sie am Tag zuvor aus einem Geschäft gestohlen, das diese Stempel herstellte, weil ich noch am selben Abend meine Kumpels vom Widerstand treffen und Dokumente für Juden fälschen wollte, die eine christliche Identität annehmen wollten. Es war dumm von mir, wirklich dumm, den ganzen Tag mit derart belastendem Zeug herumzulaufen, aber ich war fest entschlossen, das zu erledigen, was ich in jener Nacht erledigen sollte. Wir alle lebten damals ständig am Rand des Abgrunds.

Das also war das wirklich große Problem. Ich wusste, dass sie mich durchsuchen würden, und wenn sie diese Stempel bei mir fänden, hätte ich gar keine Chance mehr. Null Chance. Sie würden mich beschuldigen, ein Spion zu sein oder für den Widerstand zu arbeiten. Sie würden mich foltern, um Informationen über den Widerstand herauszupressen – Standorte, die Namen meiner Kumpel. Nach der Folter würden sie mich erschießen oder aufknüpfen. Und ich hatte Angst davor, dass ich zusammenbrechen und reden könnte. Ich musste die Stempel loswerden.

Glücklicherweise hatte ich ein paar echte Geschäftsbriefe aus der Fabrik bei mir, die ich einwerfen sollte und die an das Hauptquartier der Armee adressiert waren. Als wir weitermarschierten, entdeckte ich einen Briefkasten auf der anderen Straßenseite, und ich realisierte, dass das die große Chance war, die ich mir nicht entgehen lassen durfte. Ich riss die Briefe an die ungarische Armee aus der Tasche, zeigte sie dem Nyilas und sagte, dass mein Boss mir aufgetragen hätte, sie heute noch aufzugeben, da sie Dosierungsanweisungen für Medikamentengaben enthielten, die an die russische Front geschickt wurden.

Ich sagte dem Nazi, dass ich diese beiden Briefe in den Briefkasten auf der anderen Straßenseite werfen müsse. Er senkte die Waffe, sah sich die Briefe genau an, nickte dann, warnte mich aber, nicht auf dumme Gedanken zu kommen. Als ich über die Straße zum Briefkasten ging, fischte ich die Gummistempel aus meiner Tasche – Gott sei Dank hatte ich nur das Gummiteil ohne den Holzgriff eingesteckt –, legte sie zwischen die Briefe, machte die Klappe des Briefkastens auf und ließ alles in den Blechbehälter fallen. Mir fiel ein Stein vom Herzen: Ich war ein wichtiges, belastendes Beweisstück losgeworden. Jetzt musste ich mich nur noch aus den Fängen dieser Bestie befreien und ihn davon überzeugen, dass ich kein Jude war. Denn es bestand immer noch die Möglichkeit, dass er mir die Hose herunterzog und nachschaute, ob ich beschnitten war. Wie ich schon sagte, wusste ich, dass meine Chancen gleich null waren, falls sie die Stempel entdeckten, aber ich wusste auch, dass ich weniger als fünf Prozent Überlebenschance hatte, falls es ihm gelingen sollte, mich ins Parteigebäude zu schaffen.«

Ich konnte nicht mehr still sitzen. Ich war so aufgewühlt, mein Herz pochte so heftig, dass ich einfach etwas sagen musste, irgendetwas.

»Bob, ich habe keine Ahnung, wie du das geschafft hast – wie du das durchgestanden und dann noch all das in deinem Leben erreicht hast, was du erreicht hast. Wie hat es in dir ausgesehen? Wenn ich mich in deine Lage versetze, als Fünfzehnjähriger, den fast sicheren Tod vor Augen … also, ich meine, ich kann es mir eigentlich überhaupt nicht vorstellen. Als Teenager war mein größtes Trauma, dass ich zu Silvester vielleicht ohne Rendezvous dastehen könnte. Es ist armselig. Ich weiß nicht, wie du dem Tod einfach so ins Gesicht sehen konntest … ich meine, ich kann mich mittlerweile mit dem Gedanken an den Tod befassen: Ich bin sechsundsiebzig, ich habe gut gelebt, all meine Hoffnungen haben sich erfüllt. Ich bin vorbereitet. Aber damals, mit fünfzehn … die paar Male, die ich mich daran erinnere, dass ich damals an den Tod dachte … es war wie – wie eine Falltür, die sich plötzlich unter mir auftat … zu schrecklich, um sich damit zu befassen. Ich meine, dass die Quelle deiner nächtlichen Ängste und Träume kein wirkliches Geheimnis ist. Ich bekomme es schon mit der Angst zu tun, wenn ich dir nur zuhöre, wie du mir von deinem Leben als junger Mensch berichtest. Wahrscheinlich träume ich heute Nacht von deinem Erlebnis.«

Bob klopfte mir auf die Schulter. Man stelle sich vor: Er musste mich trösten. »Man gewöhnt sich daran. Denk daran: Das war nur eine von vielen Situationen, die denkbar knapp ausgingen. Ich glaube, dass man sich sogar an eine übermächtige Todesgefahr gewöhnen kann. Und denk bitte auch daran, dass ich zu sehr mit dem Überleben beschäftigt war, um an den Tod zu denken. Es ging nur ums Überleben. Hätte ich mir damals Gefühle erlaubt – oder auch noch zwanzig Jahre später, hätte ich es nicht durchgestanden. Bist du jetzt bereit, dir den Rest anzuhören?«

Ich bemühte mich, mein Zittern zu verbergen, und nickte: »Natürlich.« Jetzt, da Bob mir endlich das Privileg gewährt hatte, mir seine Geheimnisse anzuvertrauen, beschloss ich, ihn niemals wieder am Erzählen zu hindern.

»Nachdem wir noch einmal ungefähr eine Viertelstunde weitergegangen waren«, fuhr er fort, »sah ich, wie ein ungarischer Polizist um die Ecke bog und auf uns zukam. Ich war mit den Nerven am Ende, und als ich ihn sah, ging mir wahrscheinlich auf, dass dies die Chance, meine einzige Chance war, mich zu retten, und ich sagte zu mir: ›Ich werde die Polizei rufen.‹

Ich rief: ›Herr Polizist, Herr Polizist, bitte, ich möchte mit Ihnen sprechen. Ich wollte gerade zur Arbeit gehen, und dieser Mann hier hat mich aufgehalten und mich nicht weitergehen lassen. Er will mich irgendwohin mitnehmen. Er behauptet, dass ich Jude bin, aber das stimmt nicht. Ich hasse Juden, und ich habe Ausweise, die beweisen, dass ich ein Christ bin. Wenn er mich nicht gehen lässt, verliere ich einen ganzen Tageslohn und kann kein Geld an meine verwitwete Mutter und an meine Großmutter schicken. Hier, bitte sehen Sie sich meine Ausweispapiere an. Ich bin Christ: Diese Papiere werden es Ihnen beweisen, und dann werden Sie mich zur Arbeit gehen lassen.‹ Ich hielt ihm meine Ausweispapiere hin und wedelte damit vor seiner Nase herum.

Als der Polizist sich beim Nyilas erkundigte, was für ein Problem es gebe, schnauzte der Schläger ihn an: ›Er ist Jude.

Ich werde mich um den da und die zwei anderen Juden schon kümmern.‹

›Aber nicht hier‹, herrschte der Polizist ihn an. ›Diese Straße ist mein Revier. Ich werde mich selbst darum kümmern.‹

Sie diskutierten kurz miteinander, bis dem Polizisten der Geduldsfaden riss, er seine Pistole zog und wiederholte: ›Das hier ist mein Zuständigkeitsbereich. Ich patrouilliere hier, und ich werde diesen Jungen mit aufs Polizeirevier nehmen.‹ Der Nyilas wurde erstaunlich kleinlaut und sagte nur noch, dass er mich dem Polizeibeamten übergeben werde, sich aber im Polizeirevier erkundigen wolle, ob ich wirklich dort abgeliefert worden sei. Dann marschierte er weiter und trieb das alte Paar mitten auf der Straße vor sich her. Der Polizist, der seine Pistole immer noch in der Hand hielt, befahl mir, vor ihm herzugehen. Ich drehte mich um und warf einen letzten Blick auf das todgeweihte jüdische Paar. Es gab nichts, was ich für sie tun konnte.

Zwischen den Nyilas und der Polizei herrschte eine ziemlich feindselige Atmosphäre: In den Augen der Polizei waren die Nyilas keine professionellen Ordnungshüter, sondern nichts als eine Horde Strolche, die widerrechtlich Polizeigewalt ausübten. Konfrontationen zwischen der Polizei und den Nyilas, wie ich sie provoziert hatte, waren an der Tagesordnung.«

Bob drehte sich zu mir um – bis jetzt hatte er die Augen geschlossen gehabt, während er erzählte, oder den Blick in die Ferne gerichtet, als träumte er. Seine Pupillen waren riesig, und ausnahmsweise schaute ich ihm direkt in die Augen und ermunterte ihn: »Und dann?«

»Der Polizist und ich gingen los, und nach der nächsten

Straßenecke steckte er seine Pistole wieder in das Holster. Er stellte keine Fragen, und ich sagte auch nichts. Nachdem wir noch ein paar Straßen weitergegangen waren, schaute er sich um und sagte dann: ›Und jetzt hau ab und geh an deine Arbeit.‹ Ich bedankte mich bei ihm und sagte noch, dass ich ein ungarischer Patriot sei und dass meine Mutter es ihm nie vergessen werde. Ich ging weiter, wurde immer schneller, schaute mich aber nicht um. Kaum war ich um eine Ecke gebogen und außer Sichtweite des Polizisten, rannte ich fast, und als eine vorbeifahrende Straßenbahn langsamer wurde, sprang ich auf. Ich war davon überzeugt, dass mir jemand folgte. Ich entdeckte einen Polizisten, der im hinteren Teil des Wagens stand, und arbeitete mich langsam nach vorne durch. Nach ein paar Häuserblocks wurde die Straßenbahn wieder langsamer, ich sprang ab und nahm ein paar Umwege zur Arbeit in Kauf, bis ich sicher war, dass niemand hinter mir her war. Als ich in der Fabrik eintraf, in der ich arbeitete, fragte mich mein Chef, warum ich mich verspätet hätte. Offenbar reichte ihm meine Antwort, dass mein üblicher Weg zur Arbeit blockiert gewesen sei, weil wegen des Bombenangriffs von letzter Nacht einige Straßen voller Schutt und deshalb gesperrt waren.

Das ist also die Geschichte.« Bob setzte sich auf und schaute mich wieder direkt an. »Was hältst du davon? Zu so etwas sagt man vermutlich Verdrängung, oder? Ein halbes Jahrhundert des Vergessens?«

»Zweifellos«, sagte ich. »Das klarste Beispiel für Repression und für De-Repression, das ich je gehört habe. Eigentlich sollten wir die Geschichte für ein psychoanalytisches Lehrbuch aufschreiben.«

»Nun ja«, meinte Bob, »vielleicht wusste dein Freud ja, wovon er sprach. Wusstest du übrigens, dass Freud einer von uns war? Fast wäre er Ungar gewesen – sein Vater kam aus Mähren, und die ganze Region gehörte damals zum österreichisch-ungarischen Kaiserreich.«

»Besonders interessant für mich ist der Auslöser, der es dir erlaubt hat, die Geschichte aus den Tiefen deines Unbewussten auszugraben. Der Ausspruch ›Ich werde die Polizei rufen‹ – das war das Bindeglied: Er hat dir vergangene Woche in Venezuela bei deiner Beinahe-Entführung das Leben gerettet, und er hat dir damals das Leben gerettet, als du fünfzehn Jahre alt warst. Sag mal, Bob, warum hat der ungarische Polizist dich eigentlich laufen lassen?«

»Ja, Boychik, das ist eine gute Frage. Eine Zeit lang hat mich das regelrecht verfolgt, aber dann ging das Leben weiter. Ich habe mir eine Menge Fragen gestellt: Wusste er, dass ich Jude war? War er ein anständiger Mensch, der eine anständige Tat begehen wollte? Hat er mir aus reiner Großzügigkeit das Leben gerettet? Oder war es so, dass er einfach keine Lust hatte, seine Zeit mit jemand so Unwichtigem wie mir zu verschwenden? Oder hatte das alles gar nichts mit mir zu tun – war es vielleicht reiner Zufall? Hatte ich einfach nur Glück gehabt und von seinem Hass auf die Nyilas profitiert? Ich werde es nie erfahren.«

»Kam anschließend noch etwas hoch?«, fragte ich. »Was ist in der Woche los gewesen, nachdem du wieder zurück warst?«

»Kaum war das Flugzeug gelandet, fuhr ich vom Flughafen direkt in mein Bostoner Büro (zwischen Boston und Caracas gibt es keinen Zeitunterschied). Meinen Kollegen erzählte ich nichts davon, weil eine Beinahe-Entführung die Gruppe vielleicht abgeschreckt hätte, die klinische Studie in Venezuela durchzuführen. In den nächsten beiden Wochen werde ich noch ein halbes Dutzend weiterer Städte besuchen.«

»Das ist verrückt, Bob. Was machst du da? Du bringst dich um! Du bist siebenundsiebzig. Ich bin schon erschöpft, wenn ich mir nur deinen Terminplan anhöre.«

»Ich weiß, dass die neue Technik Leuten helfen kann, die an einem Emphysem leiden, die nach Luft ringen und langsam, aber sicher ersticken. Das, was ich mache, mache ich gern. Was gäbe es Wichtigeres?«

»Bob, der Text ist ein anderer, aber die Musik ist dieselbe. Als du noch operiert hast, hast du vermutlich mehr Operationen am offenen Herzen geleitet als irgendein anderer Chirurg. Tag und Nacht – sieben Tage die Woche. Alles exzessiv. Nichts moderat.«

»Was für ein Seelenklempner-Freund bist du eigentlich? Warum hast du mich nicht davon abgehalten?«

»Ich habe getan, was ich konnte. Ich weiß noch genau, dass ich auf dich eingeredet habe, dich angemeckert, angebrüllt, gewarnt, ermahnt habe, und zwar genau bis zu dem Tag, an dem du mir eine Antwort gegeben hast, die mich kalt erwischte. Das habe ich nie vergessen.«

Bob schaute auf. »Was habe ich denn gesagt?«

»Das hast du vergessen? Nun, wir unterhielten uns darüber, aus welchen Gründen du so viel Zeit deines Lebens im Operationssaal verbringst. Das Hauptargument, mit dem ich aufwartete, war, dass du im Operationssaal alles unter Kontrolle hast. Es neutralisierte dein Gefühl der Hilflosigkeit, die du damals empfunden haben musst, als du mit ansehen musstest, wie deine Familie und deine Freunde verschwanden. Obwohl du im Widerstand aufregende Momente durchlebt hast, warst du die meiste Zeit machtlos – wie Millionen Juden. Vor allem musstest du überleben. Seit damals bist du unstillbar aktiv. Du rettest Leben. Im Operationssaal hast du fast alles unter Kontrolle.

Das jedenfalls war meine Einschätzung«, fuhr ich fort. »Aber eines Tages hast du mir etwas anderes erzählt. Ich weiß noch genau, wann und wo das war. Wir waren bei dir zu Hause und saßen unter dieser riesigen Kreidezeichnung, auf der ein Berg verrenkter, nackter Leichen abgebildet ist. Das ist immer dein Lieblingsplatz gewesen. Du hattest mit dem Bild anscheinend keine Probleme. Ich konnte es allerdings nicht ertragen. Ich versteifte mich, wenn ich es sah, und wäre immer am liebsten in ein anderes Zimmer gegangen. Und genau dort hast du mir erzählt, dass du nur dann wirklich das Gefühl hast, am Leben zu sein, wenn du ein schlagendes menschliches Herz in deinen Händen hältst. Das hat jedes weitere Wort von mir im Keim erstickt. Darauf hatte ich keine Antwort.«

»Wie? Du hattest keine Antwort? Das sieht dir aber gar nicht ähnlich.«

»Was hätte ich denn sagen sollen? Im Endeffekt hattest du mir ja zu verstehen gegeben, dass du dich in der hauchdünnen Membran zwischen Leben und Tod aufhalten musst. Ich verstand, dass du diese Gefahr brauchtest, diesen Druck, um dieses tote Gefühl in dir zu überwinden. Das Entsetzen darüber, was du erlebt hast, hat mich damals mehr als je zuvor überwältigt. Dem hatte ich einfach nichts entgegenzusetzen. Ich wusste nicht, was ich sagen sollte. Wie konnte ich mit

Worten gegen die Leblosigkeit ankämpfen? Ich glaube, ich habe es mit Aktivitäten versucht. Wir hatten so schöne gemeinsame Erlebnisse, wir haben so viel unternommen – du und ich und dann unsere Frauen und unsere Kinder und unsere gemeinsamen Ausflüge. Aber war das für dich real? So real wie deine nächtliche Realität? Oder war es eher nebensächlich? Drang es nur wenige Millimeter tief ein? Mir ist klar, Bob, dass ich entweder tot wäre oder mir zumindest tot vorkäme, wenn ich das durchgemacht hätte, was du durchgemacht hast. Wahrscheinlich wollte ich dann auch ein schlagendes Herz in den Händen halten.«

Bob sah ergriffen aus. »Ich höre dich. Glaub ja nicht, dass ich dich nicht höre. Ich weiß, du denkst, dass ich mit meiner Hilflosigkeit ringe, mit der Hilflosigkeit aller Juden, Zigeuner, Kommunisten, die in Gewehrläufe geblickt haben oder in die Gaskammern marschiert sind. Du hast Recht: Ich weiß, dass ich mich stark fühle, wenn ich etwas leiste, wenn ich alles unter meine Kontrolle bringe, was im Operationssaal passiert. Und ich weiß, dass ich die Gefahr brauche, den Balanceakt auf dem dünnen Drahtseil zwischen Leben und Tod. Ich habe alles aufgenommen – alles, was du gesagt, alles, was du getan hast.

Aber«, fuhr Bob fort, »es gibt noch etwas, vielleicht etwas noch Größeres, wovon du bis jetzt noch nichts weißt. Etwas, von dem ich dir gleich erzählen werde. Dieses Etwas gibt es nur in meinem zweiten Leben – in meinem nächtlichen Leben. Es erschien in meinem Traum.«

Ich schaute überrascht auf. »Wie? Du willst mir einen Traum erzählen? Das hast du bis jetzt noch nie gemacht.«

»Betrachte es als Geschenk zu unserem fünfzigjährigen

Jubiläum. Wenn deine Interpretation eine gute Note verdient, werde ich dir zu unserem fünfundsiebzigsten noch einen erzählen. Meine Träume… sie handeln fast immer von zwei Themen – vom Holocaust oder vom Operationssaal. Entweder vom einen oder vom anderen, und manchmal verschmilzt beides ineinander. Und irgendwie führen diese Träume dazu, auch wenn sie noch so schrecklich, brutal, blutrünstig sind, dass ich wie neugeboren in den nächsten Tag starte. Sie sind wie ein Ventil, wie eine Art Mahlstrom, der schreckliche Erinnerungen zuerst zur Schau stellt und sie dann verschwimmen lässt.

Also zurück zur letzten Woche, zu dem Tag, der mit der Beinahe-Entführung in Caracas begann. Ich kam nach Hause und erzählte niemandem, was passiert war. Ich war erschöpft, zu müde, um etwas zu essen, schlief schon vor neun Uhr ein und hatte einen machtvollen Traum. Vielleicht habe ich ihn ja für dich geträumt – ein Geschenk an meinen Freund, den Seelenklempner. Das hier ist der Traum:

Es ist mitten in der Nacht. Ich bin im Wartebereich einer Notaufnahme, die wie die Notaufnahme im Boston City Hospital aussieht, wo ich viele Jahre viele Nächte zugebracht habe. Ich schaue Patienten an, die darauf warten, aufgerufen zu werden. Meine Aufmerksamkeit richtet sich auf einen alten Mann, der auf einer Bank sitzt und auf dessen Mantel ein leuchtend gelber Stern prangt. Ich meine, ihn zu erkennen – aber ich bin mir nicht sicher, wo ich ihn hinstecken soll.

Dann bin ich plötzlich im Umkleideraum des Operationssaals und will mir einen OP-Kittel anziehen. Ich finde aber

nirgends einen, und so laufe ich mit dem gestreiften Schlaf-
anzug in den OP, den ich unter meinem Anzug trage. Die
Streifen sind blau und grau – richtig, sie sehen wie die Streifen der Häftlingskleidung in den Konzentrationslagern aus.

Der OP ist leer, unheimlich – keine Schwestern, keine
Assistenten oder Techniker, keine Anästhesisten, keine mit
blauem Stoff abgedeckten Gestelle, auf denen Operationsbesteck in Reih und Glied ausliegt, und – für meinen Beruf am
wenigsten verzichtbar – auch keine Herz-Lungen-Maschine.
Ich komme mir allein vor, verloren, verzweifelt. Ich schaue
mich um. Die Wände des OP sind mit abgewetzten, gelben
Lederkoffern zugestellt, die von einer Ecke zur anderen
aufgereiht und vom Boden bis zur Decke aufgestapelt sind.
Es gibt keine Fenster – überhaupt gibt es nicht einmal eine
einzige freie Fläche an der Wand für den Röntgenschirm –
nichts als Koffer – Koffer, die aussehen wie der, den der alte
Jude in Budapest in der Hand hielt, als ihn dieser verbrecherische Nyilas mit der Maschinenpistole im Anschlag vor sich
hertrieb.

Auf dem Operationstisch sehe ich einen nackten Mann
liegen, der geräuschlos um sich schlägt. Ich gehe zu ihm hinüber. Er kommt mir bekannt vor. Es ist derselbe Mann, den
ich in der Notaufnahme gesehen habe. Und dann weiß ich
wieder, dass er der todgeweihte alte Mann mit dem Koffer
ist, den ich auf dieser Straße in Budapest gesehen habe. Jetzt
blutet er aus zwei Einschusslöchern in einem gelben Davids-
stern, der auf seiner nackten Brust festgenäht ist. Er muss
sofort versorgt werden. Ich bin ganz allein, keiner da, der mir
helfen kann, und kein Operationsbesteck. Der Mann stöhnt.
Er stirbt, und ich muss ihm die Brust öffnen, damit ich an

sein Herz kommen und die Blutung stillen kann. Aber ich habe kein Skalpell …

Als Nächstes sehe ich seinen weit geöffneten Brustkorb. Sein Herz, in der Mitte des Einschnitts zu sehen, ist schlaff und der Herzschlag schwach. Bei jedem Schlag spritzt hellrotes Blut von der Vorderwand des Herzens durch die beiden Einschusslöcher heraus, spritzt gegen die Glasabdeckung der OP-Leuchte, taucht das grelle Licht in einen roten Schleier und tropft dann auf die nackte Brust des Mannes zurück. Die Löcher im Herzen müssen geschlossen werden, aber ich habe keine Dacron-Pflaster, mit denen ich sie schließen könnte.

Dann halte ich plötzlich eine Schere in der rechten Hand und schneide einen runden Flicken aus meiner gestreiften Pyjamahose. Ich nähe das Pflaster über eines der Löcher im Herzen. Die Blutung stoppt. Das Herz füllt sich mit Blut, und der Herzschlag wird kräftiger. Aber dann schießen aus dem zweiten offenen Loch plötzlich Geysire aus Blut. Der Herzschlag wird langsamer, und die Blutfontänen werden träge und spritzen nicht mehr bis zur Lampe, sondern tropfen zurück auf meine Hände, während ich arbeite. Ich lege eine Hand über das Loch und schneide einen zweiten runden Flicken aus meinem Pyjama. Ich nähe ihn an den Rändern des zweiten Lochs im Herzen fest.

Die Blutung stoppt wieder, aber nach kurzer Zeit entleert sich das Herz, der Herzschlag wird kraftlos und stoppt dann ganz. Ich versuche, das Herz zu massieren, aber meine Hände bewegen sich nicht. Inzwischen strömen Leute in den Operationssaal, der jetzt eher wie ein Gerichtssaal aussieht. Sie schauen mich alle anklagend an.

Ich wachte schweißgebadet auf. Mein Bettlaken und das

Kissen waren klatschnass, und während ich allmählich zu mir kam, dachte ich immer noch:

›Hätte ich nur sein Herz massieren können, hätte ich ihm das Leben retten können.‹ Dann war ich plötzlich hellwach, erkannte, dass alles nur ein Traum gewesen war, und ich fühlte mich weniger niedergeschlagen. Aber selbst im wachen Zustand sagte ich immer wieder leise zu mir: ›Hätte ich nur sein Leben retten können.‹«

»Hättest du nur sein Leben retten können, dann … dann … Bob, nicht aufhören.«

»Aber ich konnte sein Leben nicht retten. Ohne Instrumente. Nicht ein einziges Pflaster oder Nahtmaterial. Ich konnte es nicht.«

»Richtig, du konntest ihn nicht retten. Du warst im OP nicht darauf eingerichtet, um ihn retten zu können. Und du warst als fünfzehnjähriger verängstigter Junge, der sich an jenem Tag kaum selber hat retten können, auch nicht darauf eingerichtet. Ich glaube, das ist der Schlüssel zu dem Traum. Du hättest nichts anders machen können. Und trotzdem stellst du dich Nacht für Nacht selbst vor Gericht und erklärst dich für schuldig und hast dein ganzes Leben mit Sühne verbracht. Ich habe dich lange beobachtet, Robert Berger, und ich bin zu einem Urteil gekommen.«

Bob hob den Kopf. Ich hatte seine Aufmerksamkeit geweckt.

»Ich erkläre dich für unschuldig«, sagte ich. Zum ersten Mal blieb Bob die Sprache weg.

Ich stand auf, zeigte mit dem Finger auf ihn und wiederholte: »Ich erkläre dich für unschuldig.«

»Ich bin mir nicht sicher, ob Sie alle Beweise gewürdigt

haben, Herr Richter. Sagt der Traum denn nicht aus, dass ich ihn durch Selbstaufopferung hätte retten können? Im Traum zerschneide ich meine Gefängniskluft, um ihn zu retten. Aber vor sechzig Jahren in Budapest auf der Straße habe ich keinen weiteren Gedanken an den alten Mann und seine Frau verschwendet. Ich habe nur versucht, mich selbst zu retten.«

»Aber Bob, der Traum beantwortet deine Frage. Explizit. Im Traum hast du alles hergegeben, was du hattest. Du hast sogar deine eigene Kleidung zerschnitten, und es hat immer noch nicht gereicht. Sein Herz blieb trotzdem stehen.«

»Ich hätte etwas tun können.«

»Hör auf den Traum: Seine Wahrheit kommt aus deinem Herzen. Du konntest ihn nicht retten. Und die anderen auch nicht. Damals nicht und heute nicht. Du bist unschuldig, Bob.«

Bob nickte langsam, blieb eine Weile still sitzen und schaute dann auf die Uhr. »Elf. Um diese Zeit bin ich sonst immer schon im Bett. Ich gehe jetzt *schlofn*. Wie hoch ist dein Honorar?«

»Astronomisch. Das kann ich ohne Taschenrechner gar nicht ausrechnen.«

»Egal, wie viel es ist: Ich werde es kurz mit meinen nächtlichen Geschworenen besprechen. Vielleicht verleihen sie dir ja einen Orden oder vielleicht einen Bagel mit Lachs zum Frühstück.«

Er drehte sich zu mir um, schaute mich direkt an, und wir umarmten uns so lange wie noch nie. Dann wanderte jeder von uns seiner Nacht der Träume entgegen.

Kapitel 8

Wenn die Erinnerung spricht

Als ich mitten in der Arbeit an diesem Buch war, bemerkte mein Freund Bram Dijkstra, der Kunst- und Literaturkritiker, ich müsse den Wahrheitsgehalt von Kindheitserinnerungen hinterfragen, die dreißig bis siebzig Jahre später niedergelegt worden seien. Die Erinnerung sei launisch. Sie vergesse das meiste, was gewesen sei, halte bruchstückhafte Einzelheiten fest, lösche Schmerzliches aus, tauche anderes in ein positiveres Licht und erfinde Geschehnisse, um unbewusste Wünsche zu befriedigen. Wie also könne sich ein verlässliches Buch auf solch unverlässliche Berichte gründen?

Praktisch im selben Atemzug erzählte er mir von einem Vorfall, den er während der Kriegszeit in Holland erlebt hatte, als er zwei Jahre alt war. Hier seine Version des Geschehnisses, die ich ihn aufzuschreiben bat.

Wir wohnten in Den Haag, am Mezenplein 16, in einer gutbürgerlichen Nachbarschaft im Vogelviertel, wo alle Straßen nach Vogelarten benannt waren; Mezen heißt Meisen. Die Häuser standen um einen Plein – Platz –, bestehend aus einer großen, sehr grünen Grasfläche, umge-

ben von einem brusthohen, von mehreren Lagen Stacheldraht gekrönten Metallzaun.

Es war ein herrlicher Tag, warm und sonnig, was in Holland selten ist. Meine drei Schwestern, zehn, acht und fünf Jahre älter als ich, spielten mit einem Ball: prall, hüpfend, unberechenbar. Ich muss wohl mit ihnen hinter dem Ball hergerannt sein. Dann kickte ihn eine von ihnen über den Metallzaun weit auf die verbotene Grünfläche, unerreichbar. Aber meine älteste Schwester wusste sich zu helfen: Groß und kräftig, hievte sie mich über den Stacheldraht, ließ mich ins Gras hinab und befahl mir, den Ball zu holen – was ich auch tat. Da brach plötzlich die Hölle los: Zuerst war da das sehr laute Geräusch von Flugzeugen, gleich darauf ohrenbetäubender Krach, Explosionen überall, wenn auch nicht in unmittelbarer Nähe der Grünfläche.

Plötzlich sah ich meine Mutter die Stufen unseres Hauses herabgerannt kommen, genau auf die Stelle zu, wo ich stand und nicht wusste, was tun. Sie schrie meinen Namen und bedeutete mir gestikulierend, an den Zaun zu kommen; ich tat es inmitten des ganzen Krachs. Sie war sehr erregt und langte mit beiden Armen über den Zaun, um mich hochzuheben, zog mich so schnell hinauf, dass die Stacheln des Stacheldrahts meine Kleidung aufrissen und meine Brust so zerkratzten, dass meine Mutter Kühlpflaster auf die Kratzer tun musste.

Das ist genau die Art Geschehnis, die ein Kind in Erinnerung behalten würde, nicht nur, weil es im betreffenden Moment so intensiv war – sich buchstäblich ins Fleisch einschrieb und mit ohrenbetäubenden Explosionen einherging –, sondern auch, weil es für das ganze weitere Leben dieses Menschen symbolischen Wert behielt.

Dennoch versah Bram die Geschichte mit einem Warnhinweis, die Verlässlichkeit von Kindheitserinnerungen betreffend:

Eine der interessantesten Fragen, was die Verlässlichkeit von Kindheitserinnerungen und deren Auswirkung auf die psychische Entwicklung des Kindes betrifft, ist letztlich, wie stark die Details solcher Erinnerungen durch das simultane Erleben der Menschen in der Umgebung des Kindes beeinflusst, verzerrt oder verändert wurden. Im Fall meines Erlebnisses mit zwei Jahren weiß ich, es war real, unauslöschlich, unvergesslich. Noch achtundsiebzig Jahre später fühle ich das Kratzen des Stacheldrahts und habe die Szenerie, die Farben, das Geschehen vor Augen.

Doch alles, was ich niedergeschrieben habe, stützt sich auch auf das, was mir andere – hauptsächlich meine Mutter und meine Schwestern – darüber erzählt haben. Viel später erfuhr ich, dass dieser Vorfall sich wenige Tage nach dem Einmarsch der Deutschen in den Niederlanden im Juni 1940 ereignete. Das gesamte Gebiet jenseits der Straße, die von dem Platz abging, an dem wir wohnten, wurde in Grund und Boden gebombt. Nichts stand mehr. Die verdammten deutschen Teufel hatten einen Teil der Stadt zerstört, in der wir lebten. Fünfzig Meter weiter, und wir wären womöglich auch umgekommen. Das glaubte ich die meiste Zeit meines Lebens, ausgehend von der brutalen Unmenschlichkeit der deutschen Invasoren.

Dann, vor etwa fünfzehn Jahren, erfuhr ich, dass dieser Teil unserer Stadt von britischen Flugzeugen bombardiert worden war! Es war einer der größten Verluste an zivilen Menschenleben in Den Haag während des gesamten Krieges. Die Briten hatten den Angriff, der dieses Gebiet zerstörte und seine Bewohner tötete, in dem vergeblichen Versuch geflogen, eine Verteidigungslinie gegen die Invasoren zu schaffen.

Mit anderen Worten, was ich erlebte, war real und blieb mir plastisch in Erinnerung. Es trug zweifellos dazu bei, meine Realitätsvorstellung zu formen. Aber die Geschichte drum herum, die ich im Lauf der Jahre unter Zuhilfenahme von Erinnerungen meiner Familie und Erinnerungen von Freunden meiner Familie entwickelte, ist eben nur so korrekt, wie es diese Erinnerungen anderer sind.

Hier bin ich etwas anderer Meinung als Bram. Selbst wenn das, was er über viele Jahre glaubte, durch spätere Erkenntnisse widerlegt wurde, war doch das Geschehnis selbst real und in seiner Lebensgeschichte bedeutsam. Selbst wenn es in der Zwischenzeit verändert, verzerrt oder überzeichnet wurde – nimmt ihm das die Auswirkungen auf Körper und Psyche des Kindes? Macht es das ursprüngliche Erlebnis weniger traumatisch? Es stellt sich heraus, dass die Bomben nicht von den Deutschen, sondern von den Briten abgeworfen wurden. Ändert das rückwirkend etwas an unseren jeweiligen moralischen Zuschreibungen von gut und böse? Was wir »auswählen«, um es in Erinnerung zu behalten, ist mehr als nur das Geschehnis selbst, es ist auch der begleitende Affekt. In diesem Fall ist der Affekt die Angst, die Bram Dijkstra nach fast achtzig Jahren noch immer bewusst und unbewusst in sich trägt. Er hat mir kürzlich anvertraut, dass der Krieg die Wurzel einer Phobie war, die ihn bis in späte Jahre daran gehindert hat zu fliegen.

Wenn ich jetzt die Geschichten anderer europäischer Kinder lese – französischer und deutscher etwa –, die Bombardierungen durch amerikanische und britische Flugzeuge durchmachen mussten, schaudert es mich, und ich stelle die Frage, ob diese Bombardierungen ziviler Ziele wirklich nötig waren. Wir haben noch längst nicht mit den Brandbombenangriffen auf Hamburg und Dresden abgeschlossen, geschweige denn mit den Atombombenabwürfen auf Hiroshima und Nagasaki.

Gerhard Casper, ehemaliger Präsident der Stanford University, erinnert sich, was im Juli 1943 Hamburg geschah, als Luftangriffe von Briten und Amerikanern die halbe Stadt zerstörten und etwa fünfzigtausend Menschen töteten. In seinem Buch *The Winds of Freedom* (Yale, 2014) schreibt Casper:

Meine Eltern, mein Bruder und ich beobachteten diese Wolke von fern. Zu den Überlebenstechniken meines Vaters hatte auch das (natürlich illegale) Hören deutschsprachiger Radiosendungen aus London gehört. Aufgrund britischer Warnungen vor dem, was Luftmarschall Harris »Operation Gomorrha« getauft hatte, waren meine Eltern mit meinem Bruder und mir vor Beginn der Angriffsserie in ein Dorf fünfzig Kilometer östlich von Hamburg geflüchtet. Von dort aus sahen wir den glühend orangefarbenen Widerschein von »Gomorrha« am Horizont.

Alles, woran ich mich aus den Kriegsjahren erinnere,
sind die Luftangriffe und ein tiefes Gefühl der Angst und
Unsicherheit. Sicher fühlten wir uns nur, wenn wir wuss-
ten, dass Hamburg kein Angriffsziel war. Ich werde nie
jene sternenklare Sommernacht vergessen, in der wir alle
auf der Straße standen, während Bomber über uns hin-
wegzogen: Wir waren »sicher«, weil ihr Flugmuster und
ihre Höhe anzeigten, dass sie auf dem Weg nach Lübeck
waren, der nächsten größeren Stadt in östlicher Rich-
tung.

Casper war bei Kriegsende sieben, und er erinnert sich, wie
er in den Trümmern seiner zerstörten Heimatstadt spielte.
Er erinnert sich auch an die amerikanische Lebensmittelhilfe
nach dem Krieg, organisiert von Herbert Hoover, der von
1929 bis 1933 Präsident der USA gewesen war und sich schon
seit dem Ersten Weltkrieg für humanitäre Hilfe in Übersee
engagierte. Casper hörte den Namen des Ex-Präsidenten
erstmals in Zusammenhang mit der »Hoover-Speisung«, die
von deutschen Schulen ausgegeben wurde. Die Ironie der
Geschichte, so Casper, bestand darin, dass er vierzig Jahre
später buchstäblich auf Hoovers Spuren wandeln sollte.

Natürlich hätte 1945 weder ich noch sonst jemand ge-
dacht, dass ich eines Tages Präsident von Hoovers Alma
Mater werden würde. Und es hätte auch niemand ge-
dacht, dass meine Frau Regina und ich eines Tages im
Lou Henry Hoover House wohnen würden, dem Haus der
Hoovers auf dem Stanford-Campus, das Herbert Hoover
im Jahr 1945, dem Jahr, in dem der Zweite Weltkrieg

endete, der Universität übertrug, damit dort künftig die
Stanford-Präsidenten wohnen könnten.

Wenn ich Caspers Erinnerungen lese, versuche ich, mich in
die Kinder hineinzuversetzen, für die die Bombardierungen
durch mein Land Angst und Schrecken bedeuteten. Dennoch ändert der Abscheu, den diese Geschehnisse jetzt in
mir auslösen, nichts an der Tatsache, dass ich als Kind ap-
plaudiert habe, wenn Wochenschauaufnahmen die Zerstörung deutscher und japanischer Städte zeigten.

Wenn man sich an weit zurückliegende Ereignisse erinnert, ist es oft schwer, eine Überlagerung der Erinnerung
durch später erlangtes Wissen zu vermeiden. Philippe Martial beispielsweise schildert unmittelbare Erinnerungen an
die Frauen im Waschhaus des Dorfes, den unterirdischen
Schutzraum, in dem er und seine Schwestern sich bei Luftangriffen zusammendrängten, und den triumphalen Einzug
der ersten amerikanischen Soldaten. Das alles klingt nach
unauslöschlichem Erleben und nicht überformter Wahrheit.
Doch an anderen Stellen des Memoirs mischt sich der erwachsene Mann ein. Ein Beispiel sind Martials Ausführun-
gen über Rassismus und Antisemitismus: Das Kind wusste
vermutlich nichts von dem Dekret der Vichy-Regierung,
das die Bewegungsfreiheit von Juden, Schwarzen und allen
»dunkelhäutigen Personen« einschränkte. Für ihn und seine
Schwestern genügte schon das persönliche Erleben von Rassismus, wenn die Dorfkinder sie *bamboulas* nannten.
So würde auch Susan Groag Bell nie den Tag vergessen,
an dem sie zum Direktor gerufen wurde und er ihr sagte, sie

müsse wegen ihrer jüdischen Vorfahren die Schule verlassen. Noch im späten Erwachsenenalter sah sie den »massigen, rotgesichtigen Mann« vor sich, der ihr nicht in die Augen schauen konnte, und hörte sein »Zögern, Räuspern und Hüsteln«, während ihr ansonsten die meisten Kindheitserinnerungen fehlten. Wie sie zu Beginn ihres Memoirs erklärt, hatten ihre Schwierigkeiten, sich an ihre Kindheitsjahre zu erinnern, zweifellos mit dem »unaufgelösten Schock« zu tun, ihr stabiles Zuhause und »viele der Menschen, die es ausmachten« jäh zu verlieren. Alles, was von der Zeit vor ihrem elften Lebensjahr blieb, war ein »Nebel der Nostalgie«. Es war, als ob das Ereignis im Büro des Direktors die Tür hinter einer ungetrübten Kindheit geschlossen und eine Zeit der Entwurzelung und Sorge eingeleitet hätte.

Im Gegensatz zu Susan Bell hatte Winfried Weiss ein unglaubliches Erinnerungsvermögen, das bis ins Alter von zwei, drei Jahren zurückreichte. In unseren langen Gesprächen zog ich immer wieder die Richtigkeit seiner Erinnerungen in Zweifel. Er begann, ein Geschehnis so detailliert zu erzählen, dass ich ihn unterbrechen und fragen musste: Wie alt warst du da? Wie kannst du dich so genau erinnern? Bist du sicher, dass du dir das nicht ausdenkst? Schließlich überzeugte er mich, dass es alles da in seinem Kopf war, und ich überzeugte ihn, dass er seine Erinnerungen niederschreiben musste, woraus dann *A Nazi Childhood* wurde.

Und doch fügte er bei der Gestaltung seines schriftlichen Berichts dokumentarische Einzelheiten hinzu, an die er erst als Erwachsener gekommen war. So recherchierte er etwa ausgiebig zu den Angriffen auf seine Stadt, den britischen und amerikanischen Flugzeugtypen, die diese Zerstörung angerichtet hatten, und zahlreichen anderen Fakten, die ein kleiner Junge nicht wissen konnte. Diese Informationen verleihen seinem Bericht historische Glaubwürdigkeit, ändern aber nichts an seinen basalen Erinnerungen. Was in erster Linie zum Ausdruck kommt, sind die Bilder, Geräusche, Gerüche, Leidenschaften und Ängste im Erleben eines Kindes, das in eine Welt verstrickt ist, die es ganz fraglos akzeptiert. Natürlich liebte Winfried seinen Vater ebenso wie seine Mutter, und er hielt noch an der Erinnerung an die väterliche Liebe fest, als er schon längst verstanden hatte, welche Gräueltaten dieser Mann als Nazi begangen hatte. Winfried versuchte, seine Kindheit so wieder zu erschaffen, wie er sie erlebt hatte, ohne die urteilende Haltung eines Erwachsenen, der den Vater von vornherein verteufelt hätte. Er verbirgt vielmehr weder seine kindliche Liebe zum Vater noch seinen Stolz auf die militärische Macht Deutschlands, bis 1943 sein Vater an der Ostfront stirbt und das Kriegsgeschehen sich gegen sein Heimatland wendet. Seine Begeisterung für die Amerikaner im Frühling 1945 verlangte eine Abkehr von seiner Vergangenheit, die aber dennoch in ihm blieb wie eine Art schlangenverseuchtes Paradies. Winfried hielt hartnäckig an einer Form von Verehrung des Vaters fest, als er schrieb: »Mein Vater; das Rätsel meines Lebens. Er wurde ein Vorbild, nach dem ich mich formen sollte. Aber seine Abwesenheit machte es unmöglich. Er wurde eine Metapher. Sooft etwas schieflief, war da die Erinnerung an ihn und an vergangene Zeiten, da seine Anwesenheit die Ordnung und den reibungslosen Gang der Dinge garantiert hatte.«

Er hielt auch an einem idyllischen Bild seiner frühen

Kindheit fest, trotz der Ungeheuerlichkeiten, die er später erkannte.

Stina Katchadourians Vorteil war die sorgsam aufbewahrte Korrespondenz ihrer Eltern aus den Jahren 1926 bis 1945, die sie erst viel später las. Sie besuchte auch Archive in Stockholm, in Lappland und in Helsinki, um ihre Erinnerungen mit dokumentarischem Material zu unterfüttern. Außerdem erzählten ihr auch ihre sechs Jahre ältere Schwester und ein älterer Cousin, woran sie sich erinnerten.

Schon die wenigen Geschichten in diesem Buch zeigen deutlich, wie stark sich das Erinnerungsvermögen von Person zu Person unterscheidet. Doch Umfang und Exaktheit dahingestellt – die hier wiedergegebenen Erinnerungen waren für diejenigen, die sie aufschrieben, von lebenslanger Bedeutung. Und für mich klingen sie wahr, ob nun mit oder ohne spätere Hinzufügungen.

So verschieden diese Geschichten auch sein mögen, weisen sie doch auch gemeinsame Themen auf. In allen bis auf eine geht es ganz wesentlich um die kriegsbedingte Abwesenheit des Vaters. Philippe Martial verlor seinen Vater drei Monate vor Kriegsbeginn und nahm die Identität eines »Waisenkinds« an, die er sein Leben lang beibehielt. Winfried Weiss verlor seinen Vater an der russischen Front und Susan Bell den ihren in einem Konzentrationslager der Nazis. Auch wenn man spontan zu der Sichtweise neigen mag, dass Winfrieds Vater bekam, was er verdiente, während Susans Vater ein unschuldiges Opfer war, liebten und vermissten doch beide Kinder ihre Väter lebenslang.

Alain Briottet fehlte in seiner frühen Kindheit der Vater, weil dieser über fünf Jahre in deutscher Kriegsgefangenschaft war. Robert Berger wurde in der Adoleszenz von seinen Eltern getrennt und nie wieder wirklich mit ihnen vereint, obwohl Vater und Mutter die Lager überlebten und nach Australien auswanderten. Stina Katchadourian musste den Vater entbehren, während er gegen die Russen kämpfte, hatte aber das Glück, dass er wohlbehalten aus dem Krieg zurückkam und sie wieder in einer intakten Familie leben konnte.

Die Abwesenheit des Vaters während des Zweiten Weltkriegs betraf nicht nur europäische Kinder. Aus fast jeder fünften amerikanischen Familie befand sich ein Mitglied in den US-Streitkräften, so berichtet William M. Tuttle in seinem aufschlussreichen Buch *Daddy's Gone to War* (Oxford University Press 1993). Im Vorwort erzählt Tuttle von der Abwesenheit seines eigenen Vaters:

Im Jahr 1937 geboren, war ich ein Heimatfront-Kind. Mein Vater ging gegen Ende 1942 zur Army und kehrte drei Jahre später zurück; in der Zwischenzeit hatten wir uns alle sehr verändert. Ich erinnere mich an vieles aus der Kriegszeit: Wie ich mein Wägelchen um den Block ziehe und Bündel von alten Zeitungen sammle, wie ich auf dem unbebauten Grundstück neben unserem Haus in Detroit Krieg spiele und wie ich mit meiner Mutter in der Küche sitze und die Kriegsnachrichten im Radio höre. Das Radio und das Kino waren wichtige Bestandteile meiner Heimatfront-Welt. (…)

Mir ist klar, dass mein kleiner Bruder George und ich während des Krieges in einer Familie von Frauen lebten, angeführt von meiner Mutter, meiner Großmutter und meiner großen Schwester Susan. Unser Leben war fried-

*lich und aus meiner Sicht glücklich. Aber ich fragte mich,
wie unser Leben wohl sein würde, wenn mein Vater zurückkam, und ich fragte mich auch, wie er wohl sein
würde. (…)*

*Ich war sieben, als mein Vater heimkehrte. Da ich ihn
gar nicht richtig gekannt hatte, bevor er zur Army gegangen war, konnte ich nicht sagen, was der Krieg mit ihm
gemacht hatte. (…) Uns fehlten wichtige gemeinsame
Jahre, und diese Kluft konnten wir nie überbrücken. Mein
Vater starb 1962 mit siebenundfünfzig Jahren. Ich glaube,
mit der Zeit wären wir Freunde geworden, aber wir hatten keine Gelegenheit dazu. Das ist die wichtigste Hinter-
lassenschaft des Krieges für mich, und es ist eine traurige.*

Tuttle gehörte zu den Glücklichen, deren Väter zurückka-
men, und dennoch hinterließ die Abwesenheit des Vaters
während der prägenden Jahre des Sohnes einen emotionalen Bruch, der nie mehr ganz gekittet wurde. Es steht außer
Zweifel, dass die Abwesenheit oder der endgültige Verlust
des Vaters während des Krieges bei Kindern schwerwie-
gende psychische Störungen und anhaltendes Leid verursachte, egal, ob sie in den USA oder in Europa lebten. Um die
Leerstelle zu füllen, die ihre Ehemänner hinterließen, übernahmen die Mütter die gesamte Kontrolle des Haushalts,
manchmal mit Hilfe ihrer eigenen Mütter oder Schwestern.
Viele nahmen auch Arbeit außerhalb des Hauses an. Doch
amerikanische Mütter sahen sich – so auch meine Mutter –
oft dem Vorwurf ausgesetzt, ihre Kinder zu »vernachläs-
sigen«. Es formierte sich ein öffentlicher Diskurs über die
»Schlüsselkinder«, deren Mütter als egoistisch galten, weil

sie in der Fabrik oder im Büro arbeiteten, statt sich um den Nachwuchs zu kümmern.

In Europa fanden sich fast alle Frauen, ob erwerbstätig oder nicht, plötzlich in Rollen, die vorher Männer innegehabt hatten. Susan Bells Mutter ging mit ihrer Tochter nach England und arbeitete dort, um sie beide zu ernähren, als Hausangestellte – ein harter Kontrast zu ihrem vorherigen Leben als verwöhnte Ehefrau eines wohlhabenden Anwalts. Alain Briottets Mutter bewerkstelligte den schwierigen Umzug ihrer Familie aus dem besetzten Paris in die »freie Zone«, wo sie für ihre Kinder sorgte und gleichzeitig in der Résistance aktiv war. Stina Katchadourians Mutter brachte ihre beiden Töchter sicher von Helsinki ins ferne Lappland und ruderte sie dann, als es in Finnisch-Lappland zu gefährlich wurde, über den Grenzfluss ins friedliche Schweden, wo sie Arbeit in einer Flüchtlingsunterkunft fand.

Doch manchmal war, wie in Winfried Weiss' Fall, die alles bestimmende Gegenwart der Mutter ein zweifelhafter Segen. Nachdem sein Vater an der russischen Front verschwunden war, lebte Winfried in einer »Welt von Frauen«, die »alles machten«. Seine Identifikation mit den Frauen und seine Sehnsucht nach dem Vater sollten dazu beitragen, dass es ihn zeitlebens nach starken männlichen Figuren verlangte, selbst solchen, die ihm – wie Ray in seinem Memoir – Schmerzen zufügten.

Bei Kriegsbeginn zog Philippe Martial in die Nähe seiner Großeltern. Nicht seine Mutter, sondern sein Großvater hat in Philippes Narrativ über die Kriegsjahre die Heldenrolle inne. In den vielen Gesprächen, die wir im Lauf der Jahre geführt haben, hatte Philippe kaum je ein gutes Wort über seine

Mutter zu sagen, aber sein Großvater, sein Vater und sein Patenonkel Gaston Monnerville sind ihm als inspirierende Männerfiguren in Erinnerung geblieben. Er neigt dazu, seinen Vater, den er nur während seiner ersten fünf Lebensjahre kannte, zu idealisieren – wobei der Vater allem Anschein nach tatsächlich ein bewundernswerter Mensch war. Dennoch ist die Idealisierung des verlorenen Vaters vielen früh verwaisten Kindern gemeinsam. In der Folgezeit entwickelte Philippe eine gewisse Verehrung für Monnerville, seinen Paten, der ihm Ersatzvater und Mentor wurde. Und Monnerville, der mit Philippes Vater aus Französisch-Guayana gekommen war, war zweifellos auch eine verehrungswürdige Figur. Philippe schreibt an anderer Stelle: »Schon 1933, als er noch Abgeordneter in der Nationalversammlung war, hielt Monnerville im Trocadéro eine Rede, in der er die deutsche Judenverfolgung anprangerte. Um den Kampf fortzuführen und für seine antinationalsozialistischen Überzeugungen einzutreten, ging Monnerville dann in die Résistance. Damals konnte niemand vorhersehen, dass er eines Tages das zweithöchste politische Amt in Frankreich bekleiden würde: das des Senatspräsidenten von 1947 bis 1968. Natürlich machte das mich und meine Schwestern sehr stolz.«

Nur Robert Berger hatte wenig über seinen Vater zu sagen. Er wurde als Dreizehnjähriger von seinen Eltern getrennt und schaffte es irgendwie, im Ungarn der Kriegszeit allein zu überleben, indem er sich als Christ ausgab. Bob musste die schlimmsten antisemitischen Untaten mit ansehen: wie Juden brutal geschlagen, erschossen oder in einem Fluss ertränkt wurden, nicht nur von Deutschen, sondern auch von ungarischen Nazis. Als Jugendlicher schloss er sich Widerständlern an und übte Vergeltung, indem er Handgranaten in Nazi-Parteigebäude warf. Es verwundert nicht, dass er viele seiner schlimmsten Erinnerungen verdrängte, von denen dann allerdings einige nach fünfzig Jahren wiederkehrten und ihn verfolgten.

Die Erinnerung hat ihre ganz eigene Logik. Wir brauchen sie als etwas, das unserem Leben Sinn und Orientierung gibt. Meine Erinnerungen an den Zweiten Weltkrieg, der mit meiner glücklichen Kindheit verschmolzen ist, präsentieren sich mir im rosigen Kontext von Familie, Freunden und Patriotismus. Erst nach dem Krieg, mit der Nachricht von der Ermordung meiner Verwandten, fühlte ich etwas vom unsäglichen Horror des Holocaust.

Meine Mutter Celia war einundvierzig, als sie 1945 vom Roten Kreuz die Bestätigung erhielt, dass ihre Schwester Regina in einem Konzentrationslager umgekommen war. Celia sollte noch lange leben, drei Kinder großziehen, vier (!) Männer in Folge heiraten und begraben und mit zweiundneunzig friedlich sterben. Einige Monate vor ihrem Tod sagte sie zu mir, sie habe Briefe von ihrer Schwester Regina bekommen. Verdutzt fragte ich, ob ich die Briefe sehen könne. Leider nicht möglich – sie habe sie »verlegt«. Warum sie vorher nie etwas von ihrer Schwester gehört habe, fragte ich. Nun ja, ihre Schwester habe sie nicht ausfindig machen können, weil sie, meine Mutter, vier Mal geheiratet und jedes Mal ihren Namen geändert habe. Ich erinnerte meine Mutter behutsam daran, dass ihre Schwester vor Jahrzehnten umgekommen war. Sie weigerte sich, mir zu glauben. Ich bestand nicht darauf. Über fünfzig Jahre hatte meine Mutter die Erinnerung an die Ermordung ihrer Schwester schweigend ausgehalten, dann aber verwandelte sie, um friedlich sterben zu können, diese Erinnerung in etwas, das sie besser ertragen konnte.

Ich nehme an, ich habe dieses Buch deshalb geschrieben – jetzt, lange nach dem Ende des Zweiten Weltkriegs –, weil ich schon mein Leben lang das Gefühl mit mir herumtrage, in der Schuld der Millionen Menschen zu stehen, die an meiner Stelle litten. Und es macht mich verzweifelt zu sehen, wie viele andere immer noch leiden. Bis heute kreisen die Worte des in Vietnamkriegszeiten berühmt gewordenen Protestsongs in meinem Kopf: »Wann wird man je versteh'n? Wann wird man je versteh'n?«

EPILOG

Kriegskinder als Erwachsene

Die sechs in diesem Buch vorgestellten Erinnerungsberichte versetzen uns in die Erfahrungswelt von Kindern im Zweiten Weltkrieg – Kindern, die den Krieg überlebten und Erwachsene wurden. Irgendwie haben sie es alle geschafft, ihre Kindheitserinnerungen in ihre Erwachsenenpersönlichkeit zu integrieren, ohne übermäßig verbittert oder zynisch zu werden. Als ich ihnen begegnete, waren sie allesamt anständige, kultivierte, ehrbare Menschen geworden. Ich schildere sie und ihr weiteres Leben hier in der Reihenfolge, in der ich sie als Erwachsene kennenlernte.

Robert Berger kam 1947 aus einem europäischen Displaced Persons Camp in die USA. In nur einem Jahr auf der Highschool lernte er ausreichend Englisch und erwies sich als vielversprechend genug, um an der Harvard University angenommen zu werden. Von dort ging er zum Graduiertenstudium an die medizinische Fakultät der Boston University und wurde schließlich ein herausragender Herzchirurg.

Er und mein Mann, Irv, wurden Freunde, als sie beide Medizin studierten, und blieben es bis zu Bobs Tod 2016. Diese Freundschaft schloss auch mich und Bobs Frau Pat ein, die wir regelmäßig in Boston oder im Sommerhaus der Bergers auf Cape Cod und manchmal auch bei uns in Palo Alto trafen.

Bobs Erlebnisse während des Krieges waren zentral für seine Erwachsenenidentität. So erwuchs seine Entscheidung für die Medizin und dann speziell für die Herzchirurgie aus dem Wunsch, ein Gegengewicht zu all dem Schlimmen zu schaffen, das er als Jugendlicher miterlebt hatte. Er erzählte mir einmal, nachdem er gesehen habe, wie leicht und wie grausam Menschen vernichtet wurden, gebe es seinem Leben einen fundamentalen Sinn, Leben »reparieren« zu können.

Bob hatte das Glück, eine Frau zu heiraten, die ebenso hohe moralische Maßstäbe hatte wie er. Pat Berger praktizierte als Internistin und war gleichzeitig die Hauptbezugsperson für die beiden Töchter. Bob war als Arzt ein Getriebener, behandelte und operierte eine enorme Zahl an Patienten. Er arbeitete exzessiv, forschte, veröffentlichte Hunderte von wissenschaftlichen Aufsätzen und wurde schließlich Professor für Chirurgie an der medizinischen Fakultät der Boston University.

Eine wichtige Konzession, die Pat machte, war der Übertritt zum Judentum. Das war alles andere als selbstverständlich, da ihr Großvater, Harry Emerson Fosdick, Gründer der überkonfessionell-christlichen, gesellschaftspolitisch und sozial engagierten River Side Church in Upper Manhattan gewesen war. Bob bezeichnete seine Frau und deren unverwüstliche Mutter (sie ist jetzt, da ich dies schreibe, 108!) voll Stolz als »Yankees«, und durch sie fand er in Amerika ein echtes Zuhause.

Doch die schrecklichen Erinnerungen an den Zweiten

Bob Berger, Marilyn Yalom und Irvin Yalom
auf einer Tropenreise nach Belize, ca. 1990

Weltkrieg ließen Bob nie los. Er litt oft unter Alpträumen und depressiven Episoden. In dem Text, den er mit Irv zusammen verfasst hat, wird deutlich, dass einige seiner schlimmsten Erlebnisse über ein halbes Jahrhundert verdrängt blieben, nur um dann wieder hochzukommen, als er auf einer Auslandsreise mit einer neuen, akuten Gefahr konfrontiert war. Er transzendierte seine Kriegserinnerungen, indem er Herzen operierte und die Situation auf Leben und Tod indirekt wieder durchlebte, sooft er ein menschliches Herz in der Hand hielt, massierte oder transplantierte. Auf diese Weise beschwichtigte er das Schuldgefühl des Überlebenden und reparierte symbolisch das Trauma, das er als Junge erlebt hatte.

In einer besonders langen Depressionsphase, die schon mehrere Jahre anhielt, fand Bob eine geniale Methode, gegen seinen Zustand anzukämpfen. Als er nicht mehr operieren konnte, nutzte er sein Wissen in medizinischer Methodologie, um einige der sogenannten Forschungsexperimente, die Nazi-Ärzte in den Konzentrationslagern durchführten, kritisch zu durchleuchten, und er konnte nachweisen, dass die Nazi-Forschung extrem fehlerhaft gewesen war und falsche Ergebnisse hervorgebracht hatte. Das war mehr als nur ein symbolischer Sieg über seine Feinde im Krieg. Es half ihm, die psychische Stabilität wiederzuerlangen, die er brauchte, um seine ärztliche Tätigkeit fortzusetzen.

Als ich Stina Katchadourian und ihren Mann Herant 1966 kennenlernte, hatte er gerade eine Stelle am Fachbereich für Psychiatrie der Stanford University erhalten, wo mein Mann bereits lehrte. Zwischen uns entwickelte sich eine Freundschaft, die auch unsere Kinder Ben und Nina einschloss und bis heute gehalten hat.

Mir war von Anfang an klar, dass Stina multikulturell geprägt und multilingual war. Als Angehörige der schwedischsprachigen Minderheit in Finnland konnte sie von klein auf Schwedisch und Finnisch. In der Schule lernte sie Deutsch, Englisch und Französisch, was sie später durch Aufenthalte in Ländern vertiefte, wo diese Sprachen gesprochen werden. Ihr vorletztes Collegejahr verbrachte sie in den USA. Nach dem Abschluss machte sie fast zwei Jahre Sozialarbeit in Peru und lernte dort fließend Spanisch. Durch einen späteren Aufenthalt im Libanon, wo sie ihren armenischen Mann kennenlernte, kam noch Armenisch hinzu.

Stina wurde Journalistin, literarische Übersetzerin und Autorin. Sie übersetzte schwedische und finnische Literatur ins Englische: Gedichte von Edith Södergran und Tua Forsström, einen Versroman von Märta Tikkanen und auch Prosawerke, die auf der Lebensgeschichte von Frauen beruhen. Außer ihren Erinnerungen an die Kriegsjahre hat sie noch ein sehr ungewöhnliches Buch verfasst, basierend auf den Erinnerungen ihrer Schwiegermutter, die diese auf Armenisch niederschrieb und die ihr Sohn Herant dann ins Englische übersetzte (*Efronia: An Armenian Love Story*, 1993). Ein Theaterstück, ein auf Schwedisch geschriebenes Kinderbuch und ein multikulturelles Kochbuch kamen bald hinzu.

Das alles wusste ich. Doch erst nach der Lektüre ihres Memoirs über die Kriegszeit, das sich auf ihre eigenen Erinnerungen und die Korrespondenz ihrer Eltern gründet, begann ich zu verstehen, wie sie der empathische und großherzige Mensch wurde, der sie ist. Wie ihr Memoir zeigt, hat sie Mangel und Hunger erlebt. Sie weiß aus eigener Erfahrung, was es bedeutet, Flüchtling zu sein. Sie hatte Freunde und Freundinnen, die ihre Väter im Krieg verloren. Sie hat in Luftschutzkellern gesessen und gefroren und Angst gehabt. Sie kennt das Gefühl, nicht zu wissen, was der morgige Tag bringen wird. Sie ist sich der Kostbarkeit und Fragilität des Lebens zutiefst bewusst.

Stina Katchadourian, ca. 2013

Wohl deshalb machte es sich Stina später zur Aufgabe, Leiden zu lindern: durch ihre journalistische Tätigkeit, durch ihr soziale Tätigkeit in Peru und durch ihr Engagement in Organisationen wie Amnesty International und dem Global Fund for Women. Ihre Erfahrungen während der Kriegszeit hinterließen eine tiefe Dankbarkeit dafür, überlebt zu haben, und die Bereitschaft, im täglichen Leben überall dort Hilfe anzubieten, wo sie sah, dass Hilfe gebraucht wurde.

Stina ist eine weitgereiste Frau, als Begleiterin und manchmal auch Assistentin ihres Mannes auf Studienreisen für die Stanford University ist sie in der ganzen Welt herumgekommen. Doch jeden Sommer kehrt sie auf eine kleine Insel vor der finnischen Küste zurück, wo ihre Familie seit vier Generationen ein Ferienhaus besitzt. Dort haben sie und Herant 2019 ihren fünfundfünfzigsten Hochzeitstag gefeiert. Und mit ihren beiden Enkeln pflückt sie jetzt Blaubeeren zum Kuchenbacken in demselben Wald, in dem ihre Mutter während des Krieges welche pflückte, damit ihre Familie etwas zu essen hatte.

Winfried Weiss kam mit achtzehn aus Deutschland in die USA, um hier bei seiner Schwester zu leben, die einen amerikanischen GI geheiratet hatte. Winfried ging zunächst an die University of North Carolina und dann zum Graduiertenstudium in vergleichender Literaturwissenschaft nach Harvard. Von dort holten wir ihn ans California State College in Hayward, wo ich Mitte der Sechzigerjahre lehrte. »Von Harvard nach Hayward«, sagte er einmal ironisch.

Von der ersten Minute an bestand zwischen Winfried und mir etwas, das sich wohl mit dem Wort Wahlverwandtschaft beschreiben lässt. Auf der Grundlage ähnlicher literarischer und kultureller Interessen begannen wir einen lebhaften Austausch, der fünfundzwanzig Jahre währen sollte. Ich war fasziniert von seinem hübschen dunkelhaarigen Äußeren, das eine eigentümliche Ähnlichkeit mit Fotos von Kafka aufwies, die ich gesehen hatte – mehr als nur Zufall. Ich sollte erfahren, dass sich hinter diesem guten Aussehen tatsächlich eine an Kafka erinnernde Gequältheit verbarg, die auf Winfrieds Kindheit im Zweiten Weltkrieg zurückging.

1966, an Winfrieds neunundzwanzigstem Geburtstag, brachte ich zur Arbeit eine Geburtstagstorte mit, deren Reste wir in seinem nahe gelegenen Garten aßen. Da erzählte er mir etwas, womit ich nicht gerechnet hatte. Sein Vater war Nazi gewesen. Ein Polizeioffizier, der in den Dreißigerjahren in die NSDAP eingetreten war. Ein echter ausgewiesener Nazi.

Im Stillen geißelte ich mich: Wie konnte ich, eine Jüdin, deren Verwandte in einem deutschen Todeslager umgebracht worden waren, mit dem Sohn eines Nazis eine Geburtstagstorte essen? Dann, als ich die Sprache wiederfand, fragte ich: »Was ist aus ihm geworden?«

Die Beantwortung dieser Frage würde das Initialmoment für Winfrieds viele Jahre später erschienenes Memoir sein.

Als Dozent für Fremdsprachen und Literatur war Winfried bei Studierenden und Kollegen beliebt. Er veröffentlichte ausreichend wissenschaftliche Aufsätze, um akademisch voranzukommen, aber sein wahres Talent war das literarische Schreiben, wie sein Memoir *A Nazi Childhood* und andere Werke, darunter das posthum veröffentlichte *Stations*, bezeugen. Der Impetus für *Stations* war seine langjährige Beziehung mit Robert Hagopian – ein Thema, das einer größeren Leserschaft zu unterbreiten, er zu Lebzeiten nicht bereit war.

Es dauerte lange, bis Winfried mir sagte, dass er sich mehr zu Männern hingezogen fühlte als zu Frauen (was ihn natür-

Winfried Weiss im Haus der Yaloms mit Marilyn und deren Söhnen Reid
(stehend) und Benjy (vor Marilyn), ca. 1973

lich in Nazi-Deutschland nicht erwünschter gemacht hätte als meine jüdischen Verwandten). Obwohl er kürzere und auch ein paar ernsthaftere Beziehungen mit Frauen hatte, erklärte er mir, dass ihm Männer wichtiger seien und er sich nicht vorstellen könne zu heiraten, weil ihm klar sei, dass er auf sexuelle Begegnungen mit Männern nicht würde verzichten können. Ihm war bewusst, dass die Fixiertheit auf Männer mit der Ankunft der amerikanischen GIs 1945 und seiner eigentümlichen Begegnung mit Ray Gestalt angenommen hatte, wenngleich sie vermutlich schon zuvor inhärent gewesen war.

Als ich für mein Vorwort zu *Stations* (2000) noch einmal ins Jahr 1973 zurückging, in dem Winfried Robert Hagopian (Bob) kennenlernte, stand für mich fest, dass Bob das Beste war, was Winfried passieren konnte. Nach einer Reihe überwiegend unpassender Liebhaber hatte Winfried jemanden gefunden, der kulturell und intellektuell mit ihm auf Augenhöhe war. Außer einem Doktortitel in Musik und einem herausragenden Talent als Pianist hatte Bob auch eine enorme persönliche Ausstrahlung. In den Siebzigerjahren, als Schwule in der San Francisco Bay Area sich zu outen begannen, wurden Winfried und Bob ein bekennendes Paar. Bobs armenische Familie akzeptierte Winfried, ohne viel zu fragen, und fast zehn Jahre genossen die beiden Männer ihr gemeinsames Leben.

Wer konnte damals ahnen, dass eine tödliche Krankheit über eine ganze Generation von schwulen Männern hereinbrechen und nur wenige am Leben lassen würde? Selbst die Ärzte wussten nicht, womit sie es zu tun hatten. Was ich von diesem unsäglichen Jahr ab Sommer 1983, als Bob das erste Mal ins Krankenhaus kam, bis zum Sommer 1984, als er starb, am deutlichsten in Erinnerung habe, ist die un-ermüdliche Hingabe, mit der Winfried für ihn da war. Ich habe kaum jemanden – ganz gleich, in welcher Art von Be-ziehung – sich je mit solch steter Liebe und Aufmerksamkeit um den sterbenskranken Partner kümmern sehen.

Winfried lehrte, reiste und schrieb weiter, aber nach Bobs Tod verlor er viel von seiner Lebenslust. Als Winfried 1991 Aids bekam, ging es sehr schnell. Am 10. November feier-ten wir seinen vierundfünfzigsten Geburtstag, noch immer in der Hoffnung auf ein Wundermittel. Zwei Wochen später war er tot.

Philippe Martials Familie zog nach dem Krieg nach Paris, wo er und seine beiden Schwestern auf Internate kamen. Er wollte eigentlich Mathematik studieren, aber seine Gesund-heit machte ihm einen Strich durch die Rechnung. Er erlitt einen Nervenzusammenbruch und kam zudem mit Tuber-kulose ins Krankenhaus. Für Philippe steht fest, dass seine Erlebnisse während des Krieges ihn erheblich gezeichnet haben. Schließlich war er in der Lage, ein Studium am Ins-titut d'Études Politiques de Paris aufzunehmen, einer Hoch-schule für Internationale Studien, die darauf ausgerichtet ist, die politische Elite Frankreichs hervorzubringen. In Philip-pes Fall führte dieses Studium in die Abteilung Kultur der Verwaltung des französischen Senats, in dem sein Pate Gas-ton Monnerville bereits als einflussreiches Mitglied wirkte.

Als ich Philippe Mitte der Siebzigerjahre kennenlernte, leitete er die Abteilung Kultur der Verwaltung des franzö-sischen Senats. Im Lauf seiner über vierzigjährigen Karriere wurde er schließlich Direktor der Senatsbibliothek, eine sehr angesehene Position, die große Verantwortung und großen Einfluss beinhaltete. Wann immer eine Frage zum Senat selbst – zu dessen Geschichte, zu dessen Sitz, dem Palais du Luxembourg mit dem davor liegenden Jardin du Luxembourg oder zu dessen Kunstsammlung – auftauchte, lautete die Standardantwort: »Fragen Sie Martial.«

Philippe veröffentlichte nicht nur Bücher über den Senat, sondern auch Lyrik, unter anderem den Gedichtband *Récital*, für den er den Preis der Académie Française erhielt.

Philippe Martial und Marilyn Yalom besichtigen das Haus des Schriftstellers Chateaubriand in Châteney-Malabry, ca. 2010

Es erstaunt nicht, dass eines der Hauptthemen seiner Gedichte der Krieg ist. Für seine herausragenden Leistungen wurde er von der französischen Regierung zum Ritter der Ehrenlegion, zum Offizier des Ordens der Künste und Literatur und zum Kommandeur des nationalen Verdienstordens ernannt.

In den Auszügen aus ihrer Autobiografie schildert Susan Bell, wie sie und ihre Mutter 1939 aus der Tschechoslowakei nach England fliehen mussten, nachdem Hitler das Sudetenland annektiert hatte. Susans Jugendjahre in England waren im Großen und Ganzen eine schöne Zeit, aber nach dem Krieg hatte sie es nicht leicht, ihren Weg zu finden. Der Versuch, in die Tschechoslowakei zurückzukehren, erwies sich für sie als Irrweg, und wieder in England erkrankte sie an Tuberkulose und verbrachte fast ein Jahr in der Klinik. Nach einer kurzen ersten Ehe lernte sie Ronald Bell kennen, einen britischen Physiker, und heiratete ihn 1959. Kurz darauf bekam er eine Stelle an der Westküste der USA.

1964, mit Mitte dreißig, machte Susan den Bachelor in Geschichte an der Stanford University. Als man ihr die Aufnahme ins geschichtswissenschaftliche Doktorandenprogramm in Stanford wegen ihres Alters verweigerte, machte sie ein Masterstudium an der nicht weit entfernten kleineren Santa Clara University. Ihr Schwerpunktthema waren autodidaktische Schriftstellerinnen. Dies resultierte schließlich in einem Pionierwerk der Frauengeschichte: *Women: From the Greeks to the French Revolution*.

Ich lernte Susan Bell 1976 kennen, als ich eine leitende Position am neu geschaffenen Frauenforschungszentrum (später umbenannt in Clayman Institute for Gender Research) der Stanford University angenommen hatte. Da sie eine Reihe von Publikationen in Frauengeschichte vorzuweisen hatte, war Susan Bell eine der Ersten, die wir als affiliierte Wissenschaftlerinnen an das Zentrum holten. Wir beide hatten viele gemeinsame Interessen, und so entwickelte sich eine enge Freundschaft, die bis zu Susans Tod 2015 anhielt.

In den 1980er- und 1990er-Jahren hielten Susan und ich mehrere gemeinsame Lehrveranstaltungen, und wir organisierten einen Kongress, aus dem ein Buch hervorging: *Revealing Lives: Autobiography, Biography and Gender*. Angesichts ihres ereignisreichen eigenen Lebens schien es nur natürlich, dass Susan irgendwann ihre Erinnerungen niederschreiben würde. Als sie mir eine Arbeitsfassung zum Lesen gab, spornte ich sie an, ihre britische Zurückhaltung zu überwinden und mehr von ihren Gefühlen zu offenbaren. Ich musste sie überreden, überhaupt etwas über den Tod ihres Vaters zu schreiben. Letztlich war es dann die sehr verhaltene Beschreibung des Moments, als sie die Taschenuhr ihres Vaters erhielt, die ihren tiefen Verlustschmerz zum Ausdruck brachte. Im Endergebnis schuf sie einen Text, der ihre persönliche Geschichte in dem historischen Kontext darstellt, der ihr Leben geprägt hat.

Susan hatte keine eigenen Kinder, half aber mit, Ronald Bells Kinder großzuziehen, und hatte später ein enges Verhältnis zur Familie seines Sohnes.

Leider litt ihre Ehe nach gut fünfzehn Jahren unter dem Konflikt, dass Ron ganz in England leben wollte, Susan aber in Kalifornien. Schließlich ließen sie sich scheiden.

Etwa um diese Zeit passierte etwas Überraschendes, das ihr Leben verändern sollte. Sie erhielt einen Anruf von Peter Stansky, einem Professor der geschichtswissenschaftlichen Fakultät von Stanford, ebenjener Fakultät, die ihr die Aufnahme in ihr Doktorandenprogramm verweigert hatte. Stansky lud sie ein, an einem Meeting der Pacific Coast Conference on British Studies in Stanford teilzunehmen. Nicht

Susan Bell, aus ihrem Buch *Between Worlds*, 1990
Foto: Jerry Bauer

nur wurde sie damit als Pionierin der Frauenforschung anerkannt, es entwickelte sich auch eine enge Beziehung zwischen ihr und Peter Stansky, die bis an ihr Lebensende halten sollte.

Sie fuhren zusammen zu Kongressen über britische Geschichte und trafen sich sowohl in Kalifornien als auch in London, wo Susan die Wohnung ihrer Mutter behalten hatte. Sie reisten in die Tschechoslowakei, um Susans Heimatstadt zu besuchen. Susan hatte endlich den perfekten Partner gefunden und sagte mir oft, Peter sei die Liebe ihres Lebens. Bis zuletzt konnte sie ihr Glück kaum fassen – nach all den Schicksalsschlägen in ihren jungen Jahren.

Alain Briottet lernte ich zu Beginn des 21. Jahrhunderts kennen, als ich Miteigentümerin einer Pariser Wohnung war, wo ich mich jedes Jahr im Frühling und im Herbst einige Wochen aufhielt. Alain wohnte nur ein paar Häuser weiter, und wir entdeckten rasch viele gemeinsame Interessen wie etwa das französische Theater. Unsere junge Freundschaft weitete sich bald auch auf meinen Freund Philippe Martial aus, und unser Dreiergespann bildete schließlich die Keimzelle dieses Buches.

Alain war bis zu seiner Pensionierung Diplomat – »eine Berufswahl, die zweifellos eine Reaktion auf den Horror des Krieges war«, schreibt er in seinen 2016 erschienen Erinnerungen *Sine Die: Gross-Born en Poméranie*. Ein früheres Buch von ihm, *Boston, Un Hiver si Court* (2007), auf Englisch 2020 unter dem Titel *Boston, My Blissful Winter* erschienen, ist eine Sammlung von Kurzgeschichten, inspiriert durch seine Zeit als französischer Generalkonsul in Boston von

1985 bis 1990. Anschließend war er französischer Botschafter in Burma, Finnland und Bangladesch. Von 2006 bis 2012 war er Generalsekretär der Association Georges Pompidou. Für seine Verdienste wurde er 2011 zum Kommandeur der Ehrenlegion ernannt.

Als Alain Briottet fünfzig Jahre nach Kriegsende als Botschafter in Finnland erstmals die Ostsee sah, kehrten seine Gedanken zur Gefangenschaft seines Vaters in Pommern zurück – der Region im Nordosten Deutschlands und Nordwesten Polens, die an die Ostsee grenzt. Er schreibt: »Die Ostsee hat meine Kindheit überspült. Sie war Teil unserer Familiengeschichte… von den Lagern Groß Born bis Arnswalde war mein Vater immer im Ostseegebiet.« *Sine Die* zu schreiben war eine Hommage an seinen Vater und andere gefangene Offiziere, deren Schicksal aus dem historischen Gedenken Frankreichs verschwunden war.

Als ich Alain kürzlich fragte, welche langfristigen Folgen die Abwesenheit des Vaters in seiner Kindheit gehabt habe, schickte er mir die folgende Schilderung einer Situation aus seiner Zeit als Botschafter in Burma.

Es war Anfang September 1992. Ich war auf dem Flughafen Roissy, um nach Rangoon zurückzukehren, und rief meine Eltern an. Mein Vater nahm ab, obwohl sonst immer meine Mutter ans Telefon ging. Seine tiefe Stimme, die mich bei seiner Heimkehr aus der Gefangenschaft im Mai 1945 beeindruckt hatte, klang jetzt, übers Telefon, noch schwächer und müder. Er sagte: »Deine Mutter und ich haben auf deinen Anruf gewartet.« Ich hatte das Gefühl, dass er auf meinen Anruf gewartet hatte.

Er fuhr fort, aber seine Worte schienen von woanders und von jemand anderem zu kommen. »Ich hoffe, du hast nichts vergessen. Hast du genug Briefmarken für künftige Briefe dabei? Deine Mutter und ich erwarten sie immer so ungeduldig. Wir lesen sie dann gleich deiner Schwester vor.«

Nach kurzem Schweigen schien er wieder zu Atem zu kommen und sagte: »Gute Reise.« Und dann mit gepresster Stimme: »Danke für alles, was du für mich getan hast.«

Kurz darauf, am 1. Oktober 1992, starb mein Vater.

Ich verstand lange nicht, was er mit dieser letzten Botschaft gemeint hatte. Inzwischen bin zu einer Erklärung gelangt, die mir ganz einleuchtend erscheint.

Mein Vater war dankbar dafür, dass ich ihm immer den größten Respekt erwiesen habe. Ich habe den Mann – ja, den Mann, nicht den Vater – immer für mutig, zutiefst ehrlich, tüchtig und gütig gehalten. Als Kind war ich brav, später dann ein schüchterner, lerneifriger Jugendlicher. In dieser Phase habe ich meines Erachtens nie seine Entscheidungen infrage gestellt, im Gegensatz zu meinen Geschwistern, die rebellischerer Natur waren und ihre Persönlichkeit behaupten mussten. Als Mann habe ich in Studiums- und Berufsfragen seinen Rat eingeholt. Dieser Respekt entsprach der emotionalen Distanz, die seit seiner Heimkehr zwischen uns bestand. Wir wollten daran nichts ändern, nichts intensivieren. Und mein Vater hat mir die Freiheit gelassen, mein Leben zu leben. Eines Tages sagte er zu mir: »Du bist ein ernsthafter Bursche. Ich habe Vertrauen in dich.«

Wir hatten einen stillschweigenden Pakt gegenseitigen Respekts. Ich respektierte den Capitaine.

Alain Briottet als französischer Generalkonsul
in Boston (1985–1990), 1989

Was Alain Briottet hier nicht anspricht, ist die psychologische Seite dessen, was es bedeutet, wenn ein Vater nach fünf Jahren Kriegsgefangenschaft heimkehrt. In seinem Memoir *Sine Die* äußert er sich dazu sehr klar. 1945, in einem neu konstituierten Haushalt, hatte der Vater seine privilegierte Position verloren. Madame Briottet übernahm nun die mannigfaltigen anspruchsvollen Aufgaben innerhalb der ehelichen Gemeinschaft.

Außerdem hatte Alains Vater, durch sein Unglück verhärtet und durch das, was er durchlitten hatte, von der Familie separiert, einen Schutzpanzer entwickelt, der es ihm schwer machte, sich weit genug zu öffnen, um mit seinem Sohn reden zu können. Alain sprach oft mit mir und Philippe darüber, wie schwierig Gespräche zwischen ihm und seinem Vater für beide Seiten seien. Er war ja in seiner frühen Kindheit im Wesentlichen von der Mutter aufgezogen worden, und der väterliche Einfluss hatte gefehlt. Wie es William M. Tuttle jr. in *Daddy's Gone to War* von sich berichtet, hinterließ die Abwesenheit des Vaters auch bei Alain lebenslange Spuren – und bei Millionen anderer Kinder ebenso.

Diese sechs Kriegskinder, die ich erst als Erwachsene kennenlernte, hatten Schrecken erlebt, von denen ich auf der anderen Seite des Atlantiks verschont geblieben war. Wir waren mehr oder minder um die gleiche Zeit geboren – zwischen 1926 und 1938 –, doch für sie war der Krieg das zentrale Faktum ihrer frühen Jahre, und er holte sie auch in der Lebensmitte und im Alter noch ein. Für mich als Kind war der Krieg etwas, das »dort drüben« passierte, auch wenn mich das Schicksal unserer Soldaten und Verbündeten und meiner in England und Polen lebenden Verwandten beschäftigte. Ich glaube, als ich nach dem Krieg das erste Mal nach Frankreich ging und dann mein ganzes weiteres Leben lang, habe ich mir – bewusst und unbewusst – Menschen gesucht, die ungefähr so alt waren wie ich und den Krieg unmittelbar erlebt hatten. Ich wollte wissen, wie sie es geschafft hatten zu überleben, wer sie beschützt hatte, ob sie Trost in der Religion oder anderen Institutionen fanden.

Viele meiner aus Europa stammenden und in Amerika lebenden Freunde und Freundinnen fanden eine stützende Gemeinschaft an Universitäten, wo auch wir uns kennengelernt haben – kein Wunder, angesichts meiner eigenen Einbettung in die akademische Welt. Bob Berger blieb an der Boston University School of Medicine und Winfried Weiss an der Cal State Hayward (heute Cal State East Bay). Stina Katchadourian und Susan Bell gehörten, wenn auch nicht zum Lehrkörper, so doch eindeutig zur Stanford-Community. Unsere Universitäten waren für uns alle ein zusätzliches »Zuhause«, vor allem aber für Winfried, der keine eigene Familie hatte. Meine französischen Freunde fanden Regierungsinstitutionen, die ihnen berufliche Sicherheit und eine Art »Ersatzfamilie« boten. Ich weiß, dass Philippe sich noch heute, lange nach seinem Eintritt in den Ruhestand, regelmäßig mit seinen Ex-Kollegen trifft und dass sie sogar zusammen Reisen machen.

Was den Halt im Glauben angeht, so unterscheiden sich die sechs beträchtlich. Alain Briottet etwa ist durch seine Mutter im katholischen Glauben verankert und zieht daraus bis heute Kraft, während Philippe Martial schon sehr früh am Katholizismus zu zweifeln begann und später ein dezidierter Atheist wurde. Winfried Weiss hielt an der Ästhetik und den Ritualen des Katholizismus fest – er ging oft der Musik wegen in die Kirche und zündete manchmal Kerzen für die Verstorbenen an. Obwohl er die kirchlichen Dogmen größtenteils ablehnte, verbrachte er bei seinen jährlichen Europareisen regelmäßig eine Auszeit bei den Mönchen von Assisi. Nach seinem Tod schrieb ich als seine Testamentsvollstreckerin einen Brief an Pater Salvatore im Santuario di San Damiano in Assisi, und in der Antwort stand, dass Salvatore weiterhin für Winfried beten würde, »wie es sein aufrichtiger Wunsch war«.

Susan Bell, die trotz ihres jüdischen Erbes als Protestantin aufwuchs, hatte, als ich sie kennenlernte, den Glauben an jede Art von Religion verloren, freute sich aber alljährlich darauf, Weihnachten mit engen katholischen Freunden zu feiern. Robert Berger, der so sehr hatte leiden müssen, weil er Jude war, hielt bis zu seinem Tod an seiner jüdischen Identität fest. Stina Katchadourian wuchs in einer lutherischen Familie auf, wo ein Abendgebet gesprochen und Weihnachten gefeiert wurde. Als kleines Mädchen fragte sie sich jedoch skeptisch, »warum Gott die Russen erschaffen hat«. Zeitlebens haben ihr religiöse Kunst und Musik viel gegeben, und sie schloss die Existenz einer höheren Macht nie ganz aus.

Heute, da die Hälfte dieser Freunde nicht mehr da und meine weitere Lebenserwartung ernstlich begrenzt ist, drängt es mich, diese Erinnerungsberichte zu veröffentlichen, damit die Lehren des Zweiten Weltkriegs nicht vergessen werden. Kinder sind die besten Zeugen. Sie sind unschuldig und für die Grausamkeit der Älteren nicht mitverantwortlich. Auch heute, da die Welt so mit Gewalt aufgeladen ist, gilt: Der Blick auf die Kinder macht immer noch Hoffnung.

NACHWORT

Meine Mutter, Marilyn Yalom, starb im November 2019 in der Schlussphase der Arbeit an diesem Buch. Als uns klar wurde, dass ihr nur noch wenig Zeit blieb, übertrug sie mir die abschließende Überarbeitung des Manuskripts. Beim Durchlesen war ich aufgerüttelt und bewegt von den Geschichten und oft auch froh, mehr über die Verfasserinnen und Verfasser zu erfahren, von denen ich einige schon seit meiner Kindheit kannte. Ich dachte auch lange darüber nach, was das Besondere an dieser Geschichtensammlung ist. Es mangelt ja nicht an Texten über den Zweiten Weltkrieg und auch nicht an solchen über die Schrecken des Krieges für Kinder. Es gibt bergeweise wissenschaftliches Material aus verschiedenen Disziplinen, von Psychologie bis Geschichte und darüber hinaus. Warum also dieses Buch? Warum diese Menschen?

Ich kann an diese Fragen nur aus einem sehr persönlichen Blickwinkel herangehen, indem ich thematische Fäden, die sich durch diese Geschichten ziehen, mit Dingen verbinde, die ich über meine Mutter weiß, und, soweit möglich, auch auf meine Kenntnis der Verfasserinnen und Verfasser zurückgreife.

Meine Mutter war eine Wissenschaftlerin, die es genoss,

viele Stunden allein zwischen Bibliotheksregalen oder in ihrem häuslichen Arbeitszimmer zu verbringen, in Zwiesprache mit Büchern und Ideen. Aber sie war nicht so introvertiert, wie man es von einer solchen Gelehrten erwarten könnte. Im Gegenteil, sie war ein ausgesprochen geselliger Mensch und hatte einen großen Kreis von Kolleginnen und Kollegen, deren Arbeit sie zutiefst interessierte. Sie war immer mit jemandem zum Wandern verabredet und war nie *nicht* dabei, jemandes Manuskript oder neue Publikation zu lesen. Alle Autorinnen und Autoren in diesem Buch gehörten auf die eine oder andere Weise zu diesem Zirkel.

Ich bin in einer kultivierten Welt nahe dem Stanford-Campus aufgewachsen, die Freunde meiner Eltern waren brillante Intellektuelle, faszinierende Schriftsteller und herausragende Ärzte und Naturwissenschaftler. Das lag vor allem an der Begeisterung meiner Mutter für interessante Menschen mit einem aktiven, offenen Geist. Viele dieser Menschen verfügen über hoch spezialisierte fachliche Kompetenzen, aber sie alle besitzen noch etwas anderes: eine neugierige Haltung gegenüber der Welt als Ganzes und die Fähigkeit, Geschehnisse aus einem weiten Blickwinkel zu betrachten, gestützt auf ein breit gefächertes Wissen.

Diese Eigenschaften prägen die hier versammelten Geschichten. Die Protagonisten sind allesamt Menschen mit einem weiten Horizont. Die Erzählungen sind sowohl persönlich als auch weltbezogen, und das macht sie wertvoll, facettenreich und überwältigend menschlich.

Dass es meine Mutter war, die diese Menschen auf diese Weise zusammenbrachte, überrascht nicht. Sie hatte die Fähigkeit, Menschen dabei zu helfen, ihre Gedanken zu artikulieren. Sie interessierte sich für Menschen, für deren Erfahrungen und Reflexionen, und sie war eine Meisterin darin, Menschen nahezu unbemerkt Informationen zu entlocken.

Was all ihre Bücher in meinen Augen am stärksten prägt, ist ihre Fähigkeit, spezifische Ereignisse oder Gedanken mit umfassenderen Ideen in der Geschichte oder Literatur zu verknüpfen. In *Das Herz* oder *Birth of the Chess Queen* etwa konnte sie einen bestimmten simplen Gedanken nehmen und zum Ausgangspunkt für eine breit angelegte Diskussion von Ideen und historischen Entwicklungen machen. Ein Beispiel aus meiner eigenen Erfahrung: Ich bin seit zwanzig Jahren bei foolsFURY, einer kleinen experimentellen Theatergruppe in San Francisco. Eines Abends baten wir meine Eltern, eine Diskussion im Anschluss an eine Aufführung von *The Unheard of World* des französischen Dramatikers Fabrice Melquiot zu leiten. Es ist ein herrlich absurdes Stück, das in einer Stadt zwischen Baumwurzeln spielt, in der die Geister aller Menschen, die je gelebt haben, wohnen. Zu dieser Stadt gehört das Museum der Gipsformen, wo die Form für das erste Exemplar eines jeden Objekts auf der Welt aufbewahrt wird – für das erste Fahrrad, das erste Buch, die erste Hand, die tötete. Diese Formen sind entscheidend für die Handlung, und bei den Proben waren sie ein bizarrkomisches Konzept, mit dem sich wunderbar spielen ließ.

Bei der Diskussion jedoch machte meine Mutter rasch mehr daraus: Sie stellte einen Zusammenhang zu Platons »*forma*« her und brachte die unterirdische Welt selbst mit der Höhle in Platons Gleichnis in Verbindung. Sie sprach zehn, fünfzehn Minuten lang und verankerte dieses schein-

bar so leichte und skurrile Stück tief im Grund der abendlän-
dischen Philosophie und Literatur.

Später sagten mir ein paar Schauspieler, diese Analyse
habe sie erstaunt und beeindruckt, bei der Arbeit am Stück
seien ihnen diese Gedanken gar nicht gekommen. Ich zuckte
nur die Achseln. Diese Art, spielerisch einen intellektuellen
Bogen zu schlagen, war am Esstisch meiner Mutter Standard.
War das nicht überall so? (Heute habe ich drei kleine Kinder,
die ich nicht dazu bringe, länger als neunzig Sekunden am
Esstisch zu sitzen, ehe sie anfangen, mit Essen zu werfen, im
Zimmer auf und ab zu rennen und zu quengeln, ob sie fernse-
hen dürfen. Mein Sinn für Realität hat Fortschritte gemacht.)

Dieser Drang, Ideen miteinander in Verbindung zu bringen und größere Zusammenhänge zu sehen, ist natürlich
nicht nur meiner Mutter zu eigen gewesen. Er spricht aus
allen in diesem Buch enthaltenen Geschichten. Die Verfasserinnen und Verfasser erzählen uns von ihrer Kindheit im
Krieg. Ihre Darstellungen sind voller spezieller Dinge und
Geschehnisse – Rabattmarken oder imaginären Freunden,
dem Ausharren in einem feuchten Keller während eines
nächtlichen Luftangriffs oder dem Schulausschluss aus
einem nicht benannten Grund. Doch das Erzählen erfolgt
durch die Brille der Erwachsenen, ist getönt von Bewusstheit
und Introspektion. So entsteht das kaleidoskopische Bild von
Kindheit in einer traumatischen Zeit, geschaffen von einer
Gruppe kluger und einfühlsamer Menschen.

Diese Fähigkeit, Perspektiven zu verschmelzen, die kindliche und die reflektiertere erwachsene Stimme zu vereinen,
ist ein Merkmal großer Schreibkunst. Und so ist dieses Buch
auch Zeugnis der Liebe meiner Mutter zur Literatur, zu den

Büchern, die die Bücherwände des Heims füllten, das sie und mein Vater sich zusammen erschufen, zur *New York Review of Books* und dem *Times Literary Supplement,* deren Lektüre sie ganze Wochenenden widmete.

Meinen Vater, Irvin Yalom, lernte meine Mutter in der Schulzeit kennen, als sie beide in der Mittelstufe waren. Sie waren siebenundsechzig Jahre verheiratet. Dass ihre Ehe so stabil war, begründete meine Mutter stets mit der »großen Liebesfähigkeit« meines Vaters. Doch obwohl sie für gewöhnlich ihm dieses Verdienst zusprach, besaß auch sie Liebesfähigkeit in hohem Maße.

Liebe und Empathie sind eng miteinander verwoben, und alle Autorinnen und Autoren in diesem Buch sind zutiefst empathische Menschen, voller Wärme und Liebe. Das beschert uns Leserinnen und Lesern eine Reihe überaus sensibler Darstellungen, geprägt von genauer Beobachtung, Lebensklugheit und tiefer, mitfühlender Menschlichkeit. Offenheit des Geistes und des Herzens, für mich ist es letztlich diese Kombination, die die vorliegenden Geschichten so besonders macht.

Es gibt jedoch noch ein weiteres verbindendes Element dieser Geschichten, wobei ich vermute, dass es sich dabei nicht um eine bewusste Absicht meiner Mutter handelt. Die Texte stammen alle von Menschen, die in ihrem Leben etwas bewirkt haben, indem sie sich der Medizin, der Lehre, der Diplomatie, der Schriftstellerei widmeten. Statt zu einer gebrochenen Persönlichkeit zu führen – wie in so vielen Fällen –, scheinen bei diesen Menschen die traumatischen Erfahrungen während des Krieges bestimmte Persönlichkeitszüge gestärkt zu haben: das Bestreben, einen dauerhaften positiven Beitrag zu leisten, eine positive Form von Ehrgeiz und eine tiefe Wärme und Güte. Bob Berger trieben seine Kriegserfahrungen dazu, Herzchirurg zu werden, so viele Menschen wie möglich auf die unmittelbarste und elementarste Art zu retten. Alain Briottet wurde französischer Botschafter und arbeitete dafür, Konflikte auf internationaler Ebene zu vermeiden. Stina Katchadourian fördert seit Jahrzehnten interkulturelles Verstehen durch ihre Tätigkeit als Schriftstellerin und Übersetzerin.

Wer vermag schon zu sagen, was ohne die Erfahrungen der Kriegszeit aus diesen Menschen geworden wäre? Ich kann nur meine Vermutung äußern, dass in ihren Kindheitsgeschichten bereits die Wurzeln dessen angelegt sind, was sie später wurden, und dass die Belastungen des Krieges wie ein Katalysator auf die Entwicklung ihrer besten Eigenschaften gewirkt haben. Wir würdigen oft die Soldaten, die Opfer gebracht haben, um die Achsenmächte zu besiegen, und bezeichnen sie als die »großartigste Generation«. Aber was ist mit denen, die der Krieg um die Unschuld der Kindheit gebracht hat, die inmitten dieser Schrecken aufwuchsen und es dennoch schafften, Hoffnung zu bewahren und Großartiges in der Welt zu realisieren?

In ihren letzten Lebensjahren verzweifelte meine Mutter zutiefst am Zustand der Welt und der Wende zum Populismus, die unser Land vollzogen hat. Sie sah in der derzeitigen Politik in den USA einen bitteren Rückschlag in Sachen Frauenrechte, für die sie jahrzehntelang gekämpft hatte, einen Rückschlag auch für die Minderheitenrechte und eine Gehässigkeit und einen negativen Geist, die sie tief ins Gewebe dieses von ihr geliebten Landes eindringen fühlte. Ich war während der Brett-Kavanaugh-Anhörung bei ihr zu Besuch, und als ich eines Morgens zum Frühstück kam, saß sie verstört bei ihrem Morgentee. Sie habe einen Alptraum gehabt, erzählte sie, in dem eine Gruppe alter weißer Männer sie angeschrien habe. Hier erübrigt sich jede feinsinnige Traumdeutung!

Es bleibt abzuwarten, was diese Ära hervorbringt. Wenn wir Amerikaner auch wahrscheinlich keinen »heißen« Krieg auf unserem eigenen Territorium durchmachen müssen, werden die Erfahrungen dieser Zeit tiefe Auswirkungen auf unsere Kinder haben. Wenn ich mitbekomme, wie meine Kinder Mühe haben, die Welt zu verstehen, versuche ich, ihnen sinnvoll zu erklären, was sie sehen: wenn regelmäßig schwarze Menschen von ebenjener Polizei getötet werden, die sie schützen und ihnen dienen sollte. Wenn Scharen wütender Menschen schreien, dass Ärzte Mörder seien. Oder wenn nur fünfunddreißig Meilen von hier, an der mexikanischen Grenze, Tausende von Kindern buchstäblich ihren Familien entrissen werden, ohne das Versprechen auf eine Wiedervereinigung. Vielleicht ist ja der einzig optimistische Gedanke, den ich meiner Mutter hätte anbieten können, dass auch diese schrecklichen Erfahrungen so anständige, wunderbare Persönlichkeiten hervorbringen werden wie diejenigen, die sie sich als Freunde ausgesucht hat.

Meine Mutter hat mit vielen der hier vertretenen Autorinnen und Autoren gearbeitet, Geschichten zutage gefördert, Manuskripte lektoriert, die- oder denjenigen ermutigt. An diesem Manuskript zu arbeiten, war ein wunderbarer, emotional hoch intensiver Akt der Verbundenheit mit ihr. Ich bin zutiefst dankbar für diese letzte Zusammenarbeit.

BEN YALOM
Juni 2020

DANKSAGUNG

Es war im Oktober 2018 in Paris, als Alain Briottet, Philippe Martial und ich auf die Idee zu diesem Buch kamen. Jeder von uns würde einen Teil beitragen, und wir würden weitere Texte von Freunden sammeln, die im Zweiten Weltkrieg ebenfalls Kinder waren. Nach meiner Rückkehr in die USA begleiteten mich Alain und Philippe per E-Mail durch alle Stadien des Schreibens und Redigierens.

Stina Katchadourian, die einen Teil ihres Memoirs beisteuerte, las ebenfalls das Manuskript und machte wichtige Änderungsvorschläge.

Als das Manuskript fast fertig war, gab die Historikerin Mary Felstiner ein ausführliches kritisches Feedback dazu. Ihre Idee war es, ein Kapitel über die Kriegskinder als Erwachsene hinzuzufügen. Ich danke ihr für die unermüdliche Unterstützung, als es für mich darum ging, dieses Buch so bedeutsam und so lesbar wie möglich zu machen.

Wie immer war mir meine Agentin Sandra Diykstra ein Quell der Ermutigung.

Und vor allem danke ich meinem Mann, Irvin Yalom, für ein langes gemeinsames Leben, geprägt von emotionaler Unterstützung und der Einbettung in ein literarisches Umfeld.

ANMERKUNG DES HERAUSGEBERS

Wie im Nachwort erläutert, übertrug mir meine Mutter, Marilyn Yalom, die Fertigstellung dieses Buches nach ihrem Tod. Diese Bitte zu erfüllen, ließ für mich die alte Bekanntschaft mit vielen der hier vertretenen Autoren und Autorinnen wiederaufleben. Zum Teil konnte ich sie anrufen, wenn Fragen aufkamen. Teilweise musste ich aber auch auf die Quellen und auf meine eigenen Kindheitserinnerungen zurückgreifen. Ich danke Stina Katchadourian, Philippe Martial, Pat Berger und Mary Felstiner für die Hilfe bei der Redaktion und meiner Frau, Anisa Yalom, für die Hilfe überhaupt.

QUELLEN

Kapitel 2: Im amerikanischen Original von Marilyn Yalom ins Englische übersetzte Auszüge aus Alain Briottet, *Sine Die: Gross-Born en Poméranie*, 2016. Mit freundlicher Genehmigung von Éditions Illador.

Kapitel 3: Veröffentlichung mit freundlicher Genehmigung von Philippe Martial

Kapitel 4: Auszüge aus Winfried Weiss, *A Nazi Childhood*, 1983. Mit freundlicher Genehmigung von Mosaic Press.

Kapitel 5: Auszüge aus Stina Katchadourian, *The Lapp King's Daughter: A Family's Journey Through Finland's Wars*, 2010. Mit freundlicher Genehmigung von Fithian Press, einem Imprint von Daniel & Daniel, Publishers.

Kapitel 6: Auszüge aus Susan Groag Bell, *Between Worlds: In Czechoslovakia, England and America*, 1991. Mit freundlicher Genehmigung von Laura Mayhall.

Kapitel 7: Auszüge aus Irvin D. Yalom, Robert L. Berger, *Ein menschliches Herz*, 2009, btb Verlag.

Kapitel 8: enthält Auszüge aus William M. Tuttle, jr., »*Daddy's Gone to War*«: *The Second World War in the Lives of America's Children*, 1993. Mit freundlicher Genehmigung von Oxford University Press. Veröffentlichung von Passagen aus Kapitel 8 mit freundlicher Genehmigung von Bram Dijkstra.

 Dieses Buch ist auch als E-Book erhältlich.

MIX
Papier aus verantwor-
tungsvollen Quellen
FSC
www.fsc.org
FSC® C083411

Penguin Random House Verlagsgruppe FSC® N001967

1. Auflage
Deutsche Erstausgabe Juni 2021
btb Verlag in der Penguin Random House Verlagsgruppe GmbH,
Neumarkter Straße 28, 81673 München
Copyright © 2021 by Marilyn Yalom
Copyright © der deutschsprachigen Ausgabe 2021 by btb Verlag
in der Penguin Random House Verlagsgruppe GmbH,
Copyright © Vorwort 2021 by Meg Waite Clayton
Copyright © Nachwort 2021 by Ben Yalom
Covergestaltung: semper smile, München
nach einem Entwurf von Rob Ehle/Stanford University
Covermotiv: Ernst Voller/Akg-Images
Autorenfoto Umschlag: Reid Yalom
Satz: Uhl + Massopust, Aalen
Druck und Einband: CPI books GmbH, Leck
MK · Herstellung: sc
Printed in Germany
ISBN 978-3-442-77059-5

www.btb-verlag.de
www.facebook.com/btbverlag

Marilyn Yalom
Theresa Donovan Brown

Freundinnen

Eine Kulturgeschichte

416 Seiten, btb 71761
Aus dem Amerikanischen von Liselotte Prugger

In der heutigen westlichen Welt gilt Freundschaft unter Frauen
als Selbstverständlichkeit. Doch ein Blick zurück zeigt: noch
vor einigen Jahrhunderten waren »Freundinnen« so gut wie
unbekannt, Freundschaften unter Frauen waren verpönt.
Anhand zahlreicher Quellen werfen Marilyn Yalom und ihre
Co-Autorin Theresa Donovan Brown einen höchst informativen
und unterhaltsamen Blick auf die Entwicklung und das
Verständnis von Frauenfreundschaft im Wandel der Zeit:
von der Bibel und den Römern bis zur Aufklärung, von der
Frauenbewegung der 60er- Jahre bis zu Sex and the City.

»Ein spannender geschichtlicher Abriss.«
Süddeutsche Zeitung

btb

Marilyn Yalom

Das Herz

Eine besondere Geschichte der Liebe

320 Seiten, btb 71888
Aus dem Englischen von Barbara v. Bechtolsheim

Das Herz begegnet uns überall: ob als Schmuckstück oder auf
dem Grabstein, als Emoji oder auf dem Capuccinoschaum.
Marilyn Yalom, Spezialistin für Gender Studies und erfolgreiche
Sachbuchautorin, wirft einen ebenso fundierten wie spannenden
Blick auf den weltweiten Siegeszug des Symbols für die
Liebe schlechthin. Von den Anfängen des Christentums zu
mittelalterlicher Minne, von Shakespeares Dramen zur Popkultur
unserer Tage. Das Herz steht für die Liebe in allen Facetten:
ob weltlich oder geistig, erotisch oder keusch. Eine wunderbare
Tour de Force durch die Kulturgeschichte des Herzens.

**»Ein charmanter und äußerst ungewöhnlicher Blick auf das
Herz und seine Bedeutung für unsere Kultur«**
Times Literary Supplement

btb

Alexander Granach

Heimat los!
Aus dem Leben eines jüdischen Emigranten

192 Seiten, btb 71760

**Nach Alexander Granachs Autobiografie
die hinreißenden Erinnerungen seines Sohnes Gad**

Die Autobiografie des berühmten Schauspielers Alexander
Granach begeistert mit ihrer Vitalität und Menschlichkeit seit
Jahrzehnten. Sein Sohn Gad erzählt nicht nur die Geschichte
seines Vaters zu Ende. Er entwirft auch ein hinreißendes,
politisch völlig unkorrektes und darum ungemein menschliches
Porträt jener Generation, die sich in den 30er Jahren nach
Palästina retten konnte. Kein einfaches Schicksal für den
lebenshungrigen jungen Gad, der mit Goethe und Tucholsky
im Gepäck aus dem quirligen Berlin kam, um sich auf einmal in
einem dem spröden Land abgetrotzten Kibbuz wieder zu finden
…

Gad Granachs autobiographischer Bericht ist ein Lehrstück über
das Berlin der dreißiger Jahre und über die Entstehung Israels,
ein Dokument voller befreiendem Witz und unbestechlicher
Lebensklugheit - ein Jahrhundertzeitzeuge.

btb